U0104177

文學研究叢書·古典文學叢刊

舟舫、療疾與救國想像

—— 明清易代文人文化新探

林宜蓉　著

謹以此書獻給摯愛的家人——如此無怨無悔的等待與支持
尤其是在二〇一四年九月五日那天
要我們身體健康讀書第一名很勇敢很乖
孩子常喚的　爺爺

茫茫大海中
以雙手圍起救生之圈
以慈愛醞釀成長
以肉身挺成浮島之山
映照　天光雲影 鳶飛魚躍
海面下將永遠　閃耀
記憶之光

——文‧林宜蓉／圖‧葉怡萱

目次

第一章
緒論

　　在遺民、醫療與行旅等諸文化領域中，前賢諸作，早已立下開疆拓土之功；後之來者，多望見其堂廡宏大，而引領企慕，而悵歎徘徊。企慕的是創見之啟示良多，遂油然而生敬佩之意；悵歎的則是，後學如己，可以遊走之罅隙，究竟何在？[1] 此種悵歎，縱然茲書已成，卻未獲稍減，反倒與日聚增，若鬢之華髮。

　　諸章各有其肌理姿態，而輻輳於「身體」。「身體」作為一種權力場域[2]，以及文化語彙[3]，於諸章又各有發皇。鼎革之際，文人選擇不進入新政權所在的空間，而有所謂「不入城市」之舉；遊走山巔水涯，又假「舟舫」這個移動空間，以進行書畫雅聚、暢敘情懷。「遺民」透過了「移動

---

[1]　本書係延續筆者長期對於「文人型態」之研究關懷，繼「山人」（碩論）、「狂士」（博論）而擴及「遺民」，根據《貧病、療疾與救國——明清易代文人徐枋之身分認同與遺民論述》（2014 年 3 月）版本，增補、修訂、改版後刊印，較之前書增加近六萬字。尤其是結論部分，更是研究新意之總說。本書最末，更新添入 2010 年〈山光／粉黛共消遙？——晚明文人江南歷遊之文藝再現與敘述策略〉一文。該文係探究晚明旅遊書寫中，「自然山水」與「城市粉黛」交相輝映的文化意義，與本書二章中探討「不入城」遺民秘會於江南暗夜水徑之舟舫雅聚，適足以為對照與互映例證。

[2]　關於「身體作為權力的場域」之諸多闡述，可參見周慶華，《身體權力學》（臺北市：弘智文化事業公司，2005 年）；〔英〕克里斯・希林著，李康譯，《身體與社會理論》（北京市：北京大學出版社，2010 年 9 月）；汪民安主編，《身體的文化政治學》（開封市：河南大學出版社，2003 年）等書。至於「身體」的文化建構，可於疾病、巫術、妖法等諸面向中考察，詳參〔美〕安德魯・斯特拉森（Strathern, Andrew）著，〔美〕帕梅拉・斯圖瓦德著；梁永佳，阿嘎佐詩譯，《人類學的四個講座：謠言・想像・身體・歷史》（北京市：中國人民大學出版社，2005 年）。

[3]　此語點化自〔日〕栗山茂久之書名。見氏著，陳信宏、張軒辭譯，《身體的語言——古希臘醫學和中醫的比較》（上海市：上海書店出版社，2009 年 3 月）。

中的身體」[4]，與「空間」產生互動，表述了自我存在與身分認同。

至若「疾病」，則非徒顯示著生理狀態，而意味著心理情志的「身體」，係承天受苦、不被馴化，更甚者，還有著抗議天理不明、等待天地大義彰顯之殷殷期許等多重文化意蘊。至於題為「想像」，主要是受到「想像的共同體」[5]的啟發；「遺民」之身分認同，心繫故去之王朝，又所言所論雖涉「治國」「救國」，但朝代已然更迭，無復歸返，所欲救之國，只剩想像式的心理認同，此乃謂之「想像」的第一層意義；至於遺民疾病書寫中，運用強烈用語，諸如妖孽、邪祟、鼠輩等符碼，皆意有所指；然而，就歷史發展而言，並無翻轉局勢之實際成果與行動，此謂之「想像」之第二層意義。由人身之療疾，而及國家之治理救弊，遂有「療疾／救國」論述譜系之建構與氛圍論述之追索，其推論闡述之路徑，大抵如此。諸章之綰合聯繫，由此綿密相生，而成茲書樣態。

全書立基於文人徐枋之個案研究[6]，而拓展於明清易代場域論述。徐

---

[4]　詳參〔美〕理查・桑內特（Richard Sennett, 1943-）著；黃煜文譯，《肉體與石頭：西方文明中的人類身體與城市》（臺北市：麥田出版有限公司，2003 年）。

[5]　〔愛爾蘭裔〕班納迪克・安德森（Benedict Anderson）論民族認同時所提出，詳參氏著，吳叡人譯，《想像的共同體：民族主義的起源與散布》（臺北市：時報文化出版公司，1999 年）。

[6]　有關徐枋之近人研究，大致聚焦於三大領域，其一為書畫藝術，諸如專研藝術史之白謙慎、石守謙、王正華等學者，主要針對遺民之書畫、題跋及文化場域進行析論。然而，相較於傅山，有關徐枋的研究則仍顯單薄而破碎。其二為遺民身分，諸如史學界王汎森、趙園等人，關注了堅守遺民心志與不入城之舉。但皆置於集體士人心態下附帶論及，並非專就個案而研究。詳參王汎森《晚明清初思想十論》（上海市：復旦大學出版社，2004 年）、趙園《明清之際的思想與言說》（香港：三聯書店，2008 年 10 月）等專著。其三為詩文詞賦之風格，中以鄭毓瑜教授之論尤為佼佼，深度闡述了徐枋作品中窮愁懷國的遺民心緒，見氏著《文本風景：自我與空間的相互定義》（臺北市：麥田出版公司，2005 年），頁 170-171。此外，謝明陽著書專論遺民覺浪道盛、方以智、錢澄之、屈大均等六家時，附帶言及徐枋，見氏著《明遺民的莊子定位論題》（臺北市：臺大出版社，2001 年），頁 235。

　　　大陸學界的徐枋研究，大抵就「遺民」之生命樣態、交遊網絡、詩詞風格、畫學論述等面向，進行歸納與分析，學位論文如溫世亮《明遺民徐枋之研究》（蘇州大學碩士

枋之選，則遠溯及筆者於一九九八～二○○三期間，處理了晚明文藝社會
之尊藝觀以及變形畫風之陳洪綬[7]。當其時，因緣際會地自師長研究室，
借閱了學生書局刊印之《居易堂集》。披閱之初，對同樣在易代之際「隱
於藝」的徐枋，即深有所感。迄今始成論發稿，其間竟已歷十載光陰。

　　是以本書，即近年研究成果之集結縮影。初稿或先發於國際學術研討

論文，2010 年）、徐婷《明遺民徐枋研究》（蘇州大學碩士論文，2012 年）；期刊論
文則有方良〈徐枋思想探討〉（《常熟高專學報》5 期，2003 年）、方良〈《懷舊篇》
中的徐枋〉（《古典文學知識》6 期，2004 年）、方良〈評徐枋的「絕對命令觀」〉
（《齊齊哈爾大學學報（哲學社會科學版）》1 期，2005 年）、陳三弟〈徐枋研究〉
（《清史研究》1 期，1997 年）、張兵〈徐枋的心路歷程及其詩歌的認識價值〉（《蘇
州大學學報》1999 年 1 期）、張兵〈雖作頭陀不解禪 —— 清初遺民詩人歸莊與佛教〉
（《西北師大學報（社會科學版）》4 期，2003 年）、孫福軒〈徐枋畫學思想論〉
（《新美術》5 期，2007 年）、付陽華〈從「勿齋公子」到「澗上遺民」 —— 乙酉之
後徐枋的住所、交遊及繪畫〉（《洛陽師範學院學報》31 卷 6 期，2012 年）、溫世亮
〈長篇佳構韻文之史 —— 徐枋《懷舊篇》探論〉（《常熟理工學院學報》第 26 卷第 1
期，2012 年）、孫福軒〈徐枋畫學思想論〉（《新美術》第 28 卷第 5 期，2007 年）等
多篇析論。
　　綜上所述，研究者細就各面向，皆有深究，然猶有未盡之處；倘輻輳於徐枋而言，
則個案專論也僅為碩士學位論文；是以，本書將在前人研究的基礎上，針對徐枋如何表
述「不入城」之文化宣言，以及透過江南舟舫參與遺民社群的書畫雅集，乃至於疾病書
寫與國仇家恨之間的糾葛隱喻等等，進行分析闡述，即為本書自許深耕之處。
[7] 相關拙作有：〈理想的頓挫與現實的抉擇 —— 陳洪綬「狂士畫家」生命型態之開
展〉，《中國學術年刊》，第 20 期（臺北市：國立臺灣師範大學國文系，1999 年 3
月），頁 295-334。後轉載於《陳洪綬研究》，《朵雲》，第 68 期（上海市：上海書畫
出版社，2008 年），頁 157-206；〈晚明「尊藝」觀之探究〉，收入《古典文學》第 15
期（臺北市：臺灣學生書局公司，2000 年），頁 139-178；〈「師其意思，自闢乾坤」
—— 明末清初狂士陳洪綬之文人畫論〉，《國立臺北商業技術學院學報》，第 5 期
（臺北市：國立臺北商業技術學院，2003 年 12 月），頁 171-188。該文嘗獲 1998 年慈
濟藝術類藝術理論論文獎。

會 [8]、後呈於學術期刊 [9];部份文稿則是數次遠赴上海圖書館的讀書箚記,閒置已多年,此次因出書之迫而重見天日。這些也大多蒙受國科會補助之支持方成 [10]。感謝諸位論學師長,以及匿名審稿委員與特約討論人,或直接或間接地促成,並參與了這本書的完成。

茲簡述本書論述脈絡,在二章以下依次開展:

第二章　不入城之旅 ── 明清之際遺民徐枋的身分認同與生命安頓

世稱「海內三遺民」的徐枋(1622-1694),在遭逢易代遽變後,

[8] 本書多篇初稿宣讀於國際學術研討會:2006 年 3 月,宣讀〈山光／粉黛共消遙?──明代文人城市歷遊書寫中的多重對話〉一文,於國立東華大學中文系主辦之第二屆「文學傳播與接受國際學術研討會」;2010 年 10 月 16-17 日,宣讀〈不入城之旅──明末清初遺民文人徐枋的身分認同與生命安頓〉,於國立中山大學人文社會科學研究中心主辦之『2010 年「城市與海洋:都會、移民、記憶與想像」國際學術研討會』(The City and the Ocean: Urbanity, (Im)migration, Memory, and Imagination)(高雄);2013 年 8 月 18-21 日,宣讀〈明清易代「醫病／治國」論述之前承與後繼〉,於「中國明史學會」主辦之第十五屆「明史國際學術研討會暨第五屆戚繼光國際學術研討會」(山東);2013 年 10 月 18-21 日,宣讀〈貧病、療疾與救國 ── 明清之際文人徐枋的醫藥體驗與遺民論述〉,於中央大學主辦之「海上真真:2013 紅樓夢暨明清文學文化國際研討會」(桃園)。

[9] 期刊論文部分有四:〈山光／粉黛共消遙?──晚明文人江南歷遊之文藝再現與敘述策略〉《國文學報》,第 47 期(2010 年 6 月),頁 197-236。(核心期刊 THCI Core)〈不入城之旅:明清之際遺民徐枋的身分認同與生命安頓〉,《明代研究》,第 20 期(2013 年 6 月),頁 59-98(核心期刊 THCI Core);〈文化場域的複調協奏 ── 明清易代「療疾／治國」論述譜系之敘述策略與傳播模式〉,收入《第十五屆明史國際學術研討會暨第五屆戚繼光國際學術研討會會議論文集》(北京市:中國社會科學院歷史研究所明史研究室編),已宣讀、審核通過,預計於 2015 年 8 月出版;〈崇病之除魅指南──晚明醫方典籍與醫案實錄之擷例略述〉,《明代研究》,第 6 期(北京市,2014 年 10 月),已審查通過,排版刊印中。

[10] 本書蒙 97 年以及 100 年度國科會計畫補助,計畫名稱:「舟舫、療疾與救國 ── 明清易代『海內三高士』的不入城之旅與遺民論述」,計畫編號:NSC 100-2410-H-260-072-;計畫名稱:「『山光／粉黛』文藝再現模式與敘述策略──以晚明文人李流芳、袁宏道為主的考察」,計畫編號:NSC 97-2410-H-260-049。

「守喪土室，不入城府」，幾經流離遷徙，方於晚年遁隱天平山麓之「澗上草堂」。徐枋對身分的堅持，除了五十年「不入城」之外，面對貧病交迫的窘境，將透過何種自我論辯尋求生命安頓？與入城者又曾開展出何種舟舫雅集的水徑秘會？詩文書畫兼善的長才，成為文人安頓現實生活的憑藉，是以在「城市」之外，流離山巔水涯之際，遂有了諸多遊記與山水圖繪，而此中究竟藉何古典隱喻以寄託遺民之「身分認同」？本章以「不入城之旅」來指涉這種言說表述與生命姿態，並嘗試剖析文人的自我對話，以及依違於游離／回歸之間的隱微心態。

第三章　疾病隱喻與救國想像 ── 徐枋的醫藥體驗與遺民論述

遭逢遽變後的徐枋，選擇了「不入城」，藉以彰顯堅持的身分認同；卻又因兵亂而致流離遷徙，不與世接、不受世祿的自我責求，遂陷己於貧病交迫的困阨處境。本章即由遺民經年累月之貧困病痛開展，探究徐枋如何將「疾病貧困」，轉化成積極的存在意義？幾度瀕死返生的療疾經驗，除了因此結識情同金石的醫者，士子又如何藉題發揮，在醫藥敘寫中，暗渡陳倉地嫁接出一套「療疾／救國」的遺民論述？此中最大的企圖在於，透過明清易代文化氛圍之鋪陳，濟以「遺民從醫」現象及醫藥典籍之並觀，嘗試建構一套係屬明清易代遺民的「療疾／救國」論述。這較之學界向來關注晚清民國以來，所倡言「國體／病體」之國族論述，更早出現於數百年之前。很顯然的，這種駁雜散亂、隱微不顯的論述現象，已到了重新被學界檢視、建構，並賦予意義的時刻。

第四章　文化場域的複調協奏 ── 明清易代「療疾／治國」論述譜系之敘述策略與傳播模式

「療疾／治國」之論述架構，係由「人身疾病之醫療」與「國事良窳之救治」相況互喻，或以人體比諸國體，或以人君之疾而及國之安危，或言用藥如用兵，或言良醫與良相，或論醫道通治道，甚者推論以「醫」王天下。此種「療疾」與「治國」相提而論的載錄，除了醫事典籍中傳鈔敷衍的傳統外，多半出現於世局變動或易代鼎革之際，或藉醫病療疾而大發治國宏論，或針砭時弊而喻及醫病。本章即以明清鼎革（1644）為觀察基點，上下披索、沿波討源，析探說話者之敘述策略，建構論述之傳播模式，以為旁涉他論之據。

本章主要分就二大區塊進行論述：其一、追本溯源以建構「療疾／治國」論述譜系，分析其敘述策略與傳播模式。其二、勾勒明清文化場域中，「療疾／治國」論述之多元表述：以易代遺民為觀察基調，博涉相和互應的諸家論說，摭拾諸例，略述並觀，呈顯眾聲喧嘩、多音複調般的論述氛圍。殆此論多現於具有救亡圖存者，如徐枋、傅山、呂留良等遺民，故顯非孤例，筆者所亟欲建構之明清易代「療疾／治國」論述，即具體回應了前述質疑，亦將有助於學術見解之多元並置。

第五章　祟病之除魅指南──明代醫方典籍與醫案實錄之摭例略述

本章承續前論以繼，針對此種邪祟致疾與奸佞弊國的雙關隱喻，探討醫事襲用套語，如何輾轉流動到明清易代遺民敘述中，形成別有所指的國族論述，揭露晚明時期醫療場域之除魅論述，實與遺民話語策略，遙相唱和。特擇選了頗具代表性的醫方典籍（〔明〕吳崑《醫方考》）與醫案實務（〔明〕孫一奎《醫案》），做為研究核心文獻，意欲藉此管窺蠡測

晚明以降之文化氛圍，給予的論述支撐，與隱喻符碼暗渡陳倉之諸多可能。

第六章　結論　研究成果之回顧與展望

本章就全書各項子題，俯瞰式地宏觀回顧，並嘗試另闢蹊徑，開啟新論之扉——舟舫雅聚之行徑在中明與易代，即具有迥異的文化意義；而貧病書寫，除生理狀態外，實展示了隱諱的遺民身分認同與託喻；嘗試勾勒遺民士子的「療疾／救國」論述，也在場域流傳之之醫方典籍及醫案實務中，披沙揀金地找出共應相和之諸多例證，加上崇病中除魅造神的論述傳統，儼然足以推衍形構出一種約定俗成的敘述模式。

附　論　山光／粉黛共消遙？——晚明文人江南歷遊之文藝再現與敘述策略

明代中葉以降，文人遊歷之風大熾。透過文人的靈心慧筆，將所經歷的在地景觀，再現為遊記書寫，箇中飽含了自身對於「人文俗尚」與「山水自然」的內在對話。遲至今日，研究者對於晚明遊記小品的接受，依舊停留在「清新輕俊」的模糊概觀。筆者披閱明人遊記，嘗試於舊說成見之外，梳理出另類人文地景——一幅幅洋溢了紅塵粉黛、繁華喧囂的城郊名勝風景圖，而這顯然已非「清新輕俊」一語得以概括。

此研究係以「歌吹為風，粉汗為雨，羅紈之盛」這類江南歷遊書寫，作為核心文獻，並鎖定李流芳、袁宏道二人，為主要觀察對象，歸納分析「山水／粉黛」之再現模式與敘述策略。藉此研究，我們將重叩時代風華的大門，通過文字想像，再次領略這幅晚明江南城市的欲望風景。

第二章
不入城之旅
—— 明清之際遺民徐枋的身分認同與生命安頓[*]

一　引言 —— 明清之際遺民的「不入城」之旅

清順治十年（1653），時年三十二的徐枋（1622-1694），因「守喪土室，不入城府」之故，無法親赴吳地視殮友人姜垓（1614-1653），[1] 在數十里外之先父廬墓，[2] 愴痛為哀辭，字裡行間涕泣哲人其萎，慟其早

* 本文初稿曾以〈不入城之旅 —— 明末清初遺民文人徐枋的身分認同與生命安頓〉為題，宣讀於中山大學「人文社會科學研究中心」主辦之「城市與海洋：都會、移民、記憶與想像」國際學術研討會（高雄市，2010 年 10 月 16-17 日），後經大幅修改後，投稿刊登於《明史研究》，第 20 期（2013 年 6 月）。此間由衷感謝大木康教授協助查訪東京大學東洋文化研究所藏書，李惠儀、王正華、兩位匿名審查委員以及主編王德毅教授之指正。本題係執行 100 年度國科會計畫案：「舟舫、療疾與救國：明清易代『海內三高士』的不入城之旅與遺民論述」（NSC100-2410-H-260-072-）之部分研究成果。

1　姜垓係徐枋父汧禮闈所得士，嘗被徐汧當眾稱許為「非常人也」，足見賞識之深。徐枋與之係「亂後有金石契者」，高其節志，故為之傳，相關資料參〔明〕徐枋，《居易堂集》（上海市：華東師範大學出版社，2009 年），卷 7，〈五君子哀詩‧故吏部姜君垓〉，頁 410-411；卷 12，〈姜如須傳〉，頁 292-295；卷 19，〈姜吏部如須哀辭（并序）〉，頁 459-492。本論文所引《居易堂集》之版本，皆同此。

2　據羅振玉〈徐俟齋先生年譜〉考證，徐枋父殉國後薰葬於金墅，依《蘇州府志》所載，該地在長洲縣西北五十里。〔明〕徐枋，《居易堂集》，頁 531。

逝，[3]同時也披露了易代士子的心聲：

> 士君子不幸生當革運之會，錯趾迍邅之時，苟非懷二心遺君親
> 者，未有不以死為歸者也。齒劍仰藥，懷沙沉淵，國亡與亡，九
> 死未悔，不以皎皎之身而試汶汶之俗，此其最也。[4]

此文既是哀悼後死如姜垓者，自當標舉其氣節並無貳於畢節當時者，但同
為後死遺民，徐枋依究流露了自己的核心價值觀 —— 身為明末名臣徐汧
（1597-1645）之子，遭逢國變，自當以「殉死」為第一義。

　　的確是造化弄人，原本亟欲從父止水盡忠的他，[5]卻為了承繼「以孝
代忠」的遺訓，不得不含辱苟活，靦顏偷生。退而以「長往山林，守喪待
死」為志，卻又因世局紛亂而流離遷徙、輾轉他方。縱然是窮愁潦倒、百
般聊賴，面對親友故舊的往返勸駕與費心資藉，堅守遺民節操的他卻一概
謝絕，未稍寬假，史傳尊其氣節，標舉為「海內三遺民」，[6]實非過譽。
如此從殉死不得到守喪待死，欲長隱遯世而至顛沛流離，徐枋一生，自

3　姜垓病亡時年僅四十，徐枋認為姜氏久病而亡，係因「家冤國恤萃于一身，創鉅痛深并
　　集方寸，人非金石，亦何以堪？故新亭風景，西臺登臨，無一非其傷生之具矣。今年甫
　　四十，而一病不起。嗚呼，憂能傷人，不復永年，信哉！」〔明〕徐枋，《居易堂
　　集》，卷19，〈姜吏部如須哀辭（并序）〉，頁460。此種深切慨嘆又見諸〔明〕徐
　　枋，《居易堂集》，卷12，〈姜如須傳〉，頁292-295：「痛家國之變，居恆悒鬱，遂
　　以多病。」
4　〔明〕徐枋，《居易堂集》，卷19，〈姜吏部如須哀辭（并序）〉，頁459-462。
5　徐汧於乙酉（1645）六月十二日夜，划一小船，待旦赴水。畢節前每沉吟：「三百年之
　　綱常，一生之名節。」參〔清〕楊玿，《懷古堂詩選》（上海市：華東師範大學出版
　　社，2010年），〈過新塘橋弔徐文靖公〉，頁16-17。亦收入羅振玉輯，〈徐俟齋先生
　　年譜〉，〔明〕徐枋，《居易堂集》，附錄卷下，頁596。
6　〔清〕趙爾巽（1844-1927）等撰，《清史稿》（上海市：上海古籍出版社，1997
　　年），卷506，〈遺逸二‧徐枋傳〉，頁391-392。傳中將徐和沈壽民（1607-1675）、
　　巢鳴盛（1611-1680）並稱為「海內三遺民」。

二十三歲遭逢亡國之痛後，便開始了長達五十年的「不入城」之旅。[7]

　　這趟「不入城」的遺／移民之旅，可由其晚年刊行的《居易堂集》中，[8] 得其梗概。書首有序，自言「前二十年不入城市，後二十年不出戶庭」，[9] 至老於澗上，足足有五十年之久，實深具涵意。論者可由數則文獻之慨歎深切，得其曲衷：

---

[7]　所謂「不入城」，即以「絕不進入」的強烈表態，反向地勾勒了對於「城市」一詞的文化想像。「城市」空間成為概念上的「他者」，而入城者與不入城者的二元對立，則又假「舟舫」這個移動空間，得到疆界的跨越（border-crossing）與消解，甚者，成為遺民心緒同情共感的特殊場所。

　　近期學界對於「城市」研究，可謂如雨後春筍般蓬勃發展，國內以李孝悌、王鴻泰、巫仁恕、王正華等人為代表。茲舉李孝悌為說明，他關注了士大夫在城市空間的生活樣貌，並探討「逸樂作為一種價值」的生活態度。主要著作有《昨日到城市：近世中國的逸樂與宗教》（臺北市：聯經出版事業公司，2008 年）、《戀戀紅塵：中國的城市、欲望與生活》（臺北市：一方出版公司，2002 年）等；此外，王鴻泰則就青樓、酒樓、茶館、園林等空間研究城市中的文人文化，詳參〈青樓名妓與情藝生活——明清間的妓女與文人〉，收入熊秉真、呂妙芬主編，《禮教與情慾——前近代中國文化中的後／現代性》（臺北市：中央研究院近代史研究所，1999 年），頁 73-123；以及《流動與互動——由明清間城市生活的特殊性探測公共場域的開展》（國立臺灣大學歷史學博士論文，1998 年）等諸多專論。王正華則由《南都繁繪圖》等城市圖勾勒城市觀與消費文化，見氏著，〈過眼繁華——晚明城市圖、城市觀與文化消費的研究〉，收入李孝悌編，《中國的城市研究》（臺北市：聯經出版事業公司，2005 年），頁 1-58；日學者大木康亦著作甚夥，如《冒襄和影梅庵憶語》（臺北市：里仁出版社，2013 年 12 月）、《中國遊里空間——明清秦淮妓女的世界》（東京：青土社，2002 年 1 月）等書，誠為士大夫繁華都會生活之縮影。此外，筆者亦嘗撰文分析明人遊記中自然與塵世並存之書寫特質，〈山光／粉黛共消遙？——中晚明文人江南歷遊之文藝再現與敘述策略〉，《國文學報》第 47 期（臺北市：國立臺灣師範大學國文學系，2010 年 6 月），頁 197-236。

　　綜觀上述研究，皆以「城市」生活為聚焦，相對或相反的文化概念，則猶有未盡之處；本研究之提出，即嘗試加入政治、身分認同的面向，反向地映襯出明清之際文人士子對於「城市」的認同疆界與文化想像。

[8]　據徐枋書首自序所言，此書定於「甲子年」，據羅振玉輯〈徐俟齋先生年譜〉考，是年為康熙二十三年（1684），徐枋六十三歲。

[9]　此乃徐枋六十三歲所言，後卒於七十三歲，故徐枋不入城的遺民堅持，應據此再加十年，共為五十年。〔明〕徐枋，《居易堂集》，〈序〉，頁 1-2。

天下之亂亦已十年矣,士之好氣激、尚風義者,初未嘗不北首扼
腕、流涕傷心也,而與時浮沉,浸淫歲月,骨鯁銷于妻子之情,
志概變於菀枯之計,不三四年,而向之處者出已過半矣。欲如先
生卓然不汙時議,十年如一日者,豈易一二哉![10]

夫以其人之才,負天下己任之志,而驟更世變,吾恐其將欲售未
盡之奇,不難褰裳而濡足者,顧一旦慨然卷懷遯世,長往山林。
嗟乎,今天下之亂亦已二十年矣,當世之初亂也,時之所謂一切
處士,未嘗不引身自閟,遯水逃山,然不數年而處者盡出矣。而
欲其固窮樂道,絕塵不返,歷二十年而無變者,又豈可得哉?[11]

這分別是來自亂後十年及二十年的回顧,在特別寫予友人姜垓(垓之兄)
(1607-1677)與父執輩張德仲的文章中,彰許二人固守節操,同時也議
論了數十年來的士風流變:回想初亂之時,天下士子舉凡「好氣激、尚風
義者」,未嘗不「北首扼腕、流涕傷心」,「慨然卷懷遯世,長往山林」
的處士,不知凡幾。[12] 然「不入城」、「不與世交」的生命型態,終究非
常人所能歷久堅持,不數年而紛紛重返塵世╱城市的主要原因,莫不在於
無法長久忍受貧病交迫、流離失所的諸多磨難,徐枋以「骨鯁銷于妻子之
情,志概變於菀枯之計」慷慨論辯,頗不認同士子未能堅守初衷,竟為了
安頓家庭生活以及徵聘榮辱的權衡,屈服變節。

　　反觀徐枋,自世變後歷經四十、甚或五十年之久的流離困頓,始終

---

[10] 〔明〕徐枋,《居易堂集》,卷5,〈姜如農給諫畫像序〉,頁124。
[11] 〔明〕徐枋,《居易堂集》,卷7,〈張微君德仲先生七十壽序〉,頁159-161。
[12] 此種士風轉變之慨嘆,見〔明〕徐枋,《居易堂集》,卷6,〈贈業師鄭士敬先生
　　序〉,頁130:「天下初亂,士無不以氣節自命,魁魁矯矯,無所不至。……歲月侵
　　尋,意與時移,向之魁魁矯矯者,亦發蒙振落矣。」

「未嘗有須臾之間」，[13] 此中堅持，究竟何由而來？論者披閱《居易堂集》，[14] 幾經爬梳後確知：其所以能「忍人所不能忍」，實來自不斷地自我追問與價值澄清 —— 後死遺民相對於畢節殉死者的生命定位在哪裡？一生學問當此之時又如何釀化為跨越困境的跳板？摭拾夙昔典範以建構身分認同又如何可能？詩文書畫又何以安頓自我、展現恢弘的人生境界？—— 這些來自內心的諸多辯難，成為天崩地解之際，撐起亂離士人生命幅寬的深厚力量。

　　本文嘗試以「不入城之旅」來指涉遺民這種言說心態與生命姿態，並嘗試剖析易代文人的自我對話與游離／回歸的隱微心態，據以研究的核心文獻，係徐枋晚年刊行的《居易堂集》（參圖一），[15] 問題聚焦於遺民如何面對「流離失所」、「貧病交迫」的逼仄困境，探討文人在諸多安頓生命的方式中，如何建構一套係屬遺民／移民身分的認同譜系？[16] 在不入城的堅持下，如何與入城者以世外之禮，透過另類的移動空間 —— 舟舫，

---

[13] 〔明〕徐枋，《居易堂集》，〈序〉，頁 1，自言心跡：「余不佞，真千古之窮人而無告者也，而為時之久已四十年，而吾之心未嘗有豪釐之移，未嘗有須臾之間。」

[14] 蓋名為「居易堂」，推敲其意，應有「長安居大不易」之反意，不入清人所轄之城池，自有「居易」之意；也可能是「居世代之變異」的意義。此特感謝審查委員提供「居易堂」命名意涵。

[15] 徐枋傳世作品主要是《居易堂集》，現臺灣可見之版本有五：（一）〔明〕徐枋，《居易堂集》（《歷代畫家詩文集》，第 31 冊，臺北市：臺灣學生書局公司據民國八年羅振玉排印《明季三孝廉集》本影印，1973 年）。大通書局公司亦同此版本。（二）〔明〕徐枋，《居易堂集》，20 卷（《續修四庫全書》，上海市：上海古籍出版社，1995 年）。（三）〔明〕徐枋，《居易堂集》，20 卷，附集外詩文 1 卷（《清代詩文集彙編》，第 81 冊，上海市：上海古籍出版社據涵芬樓影印清康熙二十三年刻本影印，2010 年）。（四）〔明〕徐枋，《居易堂集》，20 卷，集外詩文 1 卷（《四部叢刊》，上海市：商務印書館據上海涵芬樓景印固安劉氏藏原刊本影印，1936 年）。（五）〔明〕徐枋，《居易堂集》，上、下冊（上海市：華東師範大學出版社，2009 年）。本文所據之版本為（五）。此外，還有徐枋其他作品，〔明〕徐枋，《讀史稗語》，11 卷《四庫未收書輯刊》（北京市：北京出版社，1997 年），第三輯，第 28 冊。

[16] 此「移民」之謂，並非現今所言移居以取得他國公民身分之指涉，係採「移動」之原義，意在標舉遺民流離遷徙的生命狀態，兼及遺民舟舫（移動空間）雅聚的特殊意義。

進行遺民秘會？筆者以為，徐枋之論，顯然已經跨越遺民文學中消極對抗與憤懣抒洩的傳統表述，[17] 更值得關注的是，藉此管窺易代文人，如何透過一生學問涵養，開展出積極尋繹與轉化創思。

回顧學界遺民研究的斐然成果，[18] 尤其是有關「不入城」、[19]「窮愁潦倒」之怨愁風格等諸多探討，[20] 尤有助於本論文。然筆者好奇的是，愧

---

[17] 此指《騷》賦以及庾信〈哀江南賦〉等敘述傳統。近世學者努力於此開創新格局，如鄭毓瑜，《文本風景：自我與空間的相互定義》（臺北市：麥田出版公司，2005 年）。

[18] 學界於遺民文化之耕耘，誠蔚為大觀。早年如謝國楨（1901-1982），著有《明清之際黨社運動考》（上海市：上海書店，2006 年）、《明末清初的學風》（上海市：上海書店，2004 年），二書對於易代之際的士風勾勒，頗具前瞻。其後如謝正光編著，《明遺民傳記資料索引》（臺北市：新文豐出版公司，1990 年），以及《清初詩文與士人交遊考》（南京市：南京大學出版社，2001 年）。此外，何冠彪，《明末清初學術思想研究》（臺北市：臺灣學生書局公司，1991 年）、《明清人物與著述》（臺北市：臺灣商務印書館，1996 年）、《生與死：明季士大夫的抉擇》（臺北市：聯經出版事業公司，1997 年）等書，則深具啟發性。近年大陸學者趙園發表一系列的相關著作，如《明清之際的思想與言說》（香港：三聯書店公司，2008 年）、《明清之際士大夫研究》（北京市：北京大學出版社，1999 年）、《制度・言論・心態：《明清之際士大夫研究》續編》（北京市：北京大學出版社，2006 年）、《易堂尋蹤：關於明清之際一個士人群體的敘述》（南昌市：江西教育出版社，2001 年）。近年中研院主辦的國際研討會亦以「世變」為議題，成果有胡曉真主編，《世變與維新：晚明與晚清的文學藝術》（臺北市：中央研究院文哲研究所籌備處，2001 年）。李豐楙主編，《文學、文化與世變：第三屆國際漢學會議論文集・文學組》（臺北市：中央研究院中國文哲研究所，2002 年）等書。思想方面則略舉代表，如〔日〕荒木見悟著，廖肇亨譯，《明末清初的思想與佛教》（臺北市：聯經出版事業公司，2006 年）。另於遺民繪畫等研究更係屬大宗，如傅申、王正華、白謙慎等，尤為佼佼者。

[19] 有關明清之際士子「不入城」的討論甚夥，最具代表的就是王汎森之作，如〈明末清初的一種道德嚴格主義〉、〈清初士人的悔罪心態與消極行為：不入城、不赴講會、不結社〉二文，後學皆以之為幟。參王汎森，《晚明清初思想十論》（上海市：復旦大學出版社，2004 年），頁 89-106、187-248。

[20] 如謝明陽、潘承玉二位學者所著專書：謝明陽，《明遺民的「怨」「群」詩學精神：從覺浪道盛到方以智、錢澄之》（臺北市：大安出版社，2004 年）；潘承玉，《清初詩壇：卓爾堪與《遺民詩》研究》（北京市：中華書局，2004 年）。謝明陽指出明遺民群體的情感狀態顯示出由怨而群的流動變化，「喪亂以後詩人的『哀怨』、『以歌為哭』為性情之所適，即是明遺民意識的一種反映」（頁 7）；而所謂「群」則如錢澄之所言「和而不流，別而不僻」。潘承玉則以卓爾堪為線索，除了考察卓氏家族、整理卓爾堪年譜，對於《遺民詩》之版本與文本進行深度爬梳，文中指出清初遺民意識在詩作

悔之餘、怨愁以外，不入城者是否仍有開展天地的可能？晚明文人習見的「舟舫雅集」，又如何輾轉迂迴地出現在世論為貞介絕俗、標舉為「海內三遺民」之一的徐枋身上？此間又含藏了何許文化意蘊？

　　易代士子選擇「不入城」後，多因世局佹傺而流離失所，由其詩文中多有舟旅行游的飄零感受，略知一二。無論是幾經遷徙，或是雅集聚會，透過「舟舫」這個移動空間，文人士子進行一種非完全公開、但亦非完全私密的交流。文獻顯示：徐枋深居山林、不入城市，故有「人傳徐昭法，可聞不可見」之說，[21] 徐枋雖不高調參與公開聚會，但素慕其名的居城士子如李文中者，即透過舟舫湖會，而與之有了一場暗夜水徑上的書畫雅集；再者，巢鳴盛（1611-1680）在順治年間（1644-1661），亦曾跋山涉水、歷經三天兩夜，輾轉至徐枋處所，其間亦不乏舟楫之濟，方得以成就這場相聚。依其所述，巢之來訪，在場者另有數人，聚會之後，隨即傳為場域美談，可見得這種遺民高士的動見，實深受世人注目；[22] 除此之外，徐枋亦曾主動邀約友朋舟遊山水。[23] 筆者考其秘會雅聚實與「舟舫」有密

的集錄上，承續太史公言「非窮愁不能著書」、「古詩皆發憤之作」的脈絡而倍加於上，並且歸納出遺民詩作的多重主題，分別為：亡國之痛、故國之思、民命之悲、英杰之吊、時命之嗟、友朋之慰、山園之憩等等。

[21] 黃宗羲（1610-1695）提到在靈巖寺「徐子最後來，布袍巾幅絹。儲公覽拙文，珍重壓端硯。徐子翻讀之，喟然而稱善。」〔清〕黃宗羲，〈與徐昭法〉，收入羅振玉輯，〈徐俟齋先生年譜〉，〔明〕徐枋，《居易堂集》，附錄卷下，頁595。

[22] 茲將巢徐相見始末，節錄於下：「巢孝廉端明，名鳴盛，嘉興人。乙酉世變後，即遁跡荒野，矢以廬墓終身，不毀膚髮。時天下稱遺民之中有同調者三人，則宣城沈徵君眉生、嘉興巢孝廉端明及余不佞也。……丁未暮春，忽破例遠顧余於山中，迴沿二百里，越嘉禾、松陵、吳郡，凡兩宿而後到吾草堂。遠道護持而來者即嘉禾黃子復仲，而草堂中同集者為江右曾青藜、山東姜奉世也。一時傳為盛事。」參〔明〕徐枋，《居易堂集》，卷3，〈致巢孝廉端明書（附答書，又附書後一則）〉，頁49-51。

[23] 楊炤（明遠）曾受徐枋邀約共遊，有詩為證：「經秋坐愁城，何處豁心胸。扁舟湖上至，要我登堯峯。」見〔明〕楊炤（1617-1692），《懷古堂詩選》，卷1，〈徐昭法招遊堯峯，留其居易堂旬日，始得入山七昔〉，頁4。亦收入羅振玉輯〈徐俟齋先生年譜〉，〔明〕徐枋，《居易堂集》，附錄卷下，頁596。

切關聯，故本文關注焦點之一，即欲揭示「舟舫雅集」之於遺民高士的多重文化意蘊。

關於「舟舫雅集」的前人研究，[24] 最主要的有傅申、曹淑娟、李惠儀的三篇文章。傅申〈董其昌書畫船：水上行旅與鑑賞、創作關係研究〉一文，[25] 針對董其昌（1555-1636）這個典型文人作深入探討，揭示了晚明以降，舟舫作為文人雅集場域，所進行的文藝賞鑑，實無異於文房的另一種展示場域。李惠儀所撰寫〈世變與玩物：略論清初文人的審美風尚〉一文，[26] 則針對清初文人在易代之後，如何在文字敘述當中，融入興亡之感與歷史記憶，從而延續或轉化了晚明文人文化與生命情調。曹淑娟則承續傅申研究之脈絡，[27] 肯定「舟舫雅集」係江南文人雅集型態之一，以晚明杭州西湖湖畔為汪汝謙（1577-1655）所建置的「不繫園」、「隨喜庵」為研究焦點，除了考察舟舫之建置規約、審美趣味，指出舟舫作為文人雅士交遊唱和的公共場域，在明亡後其文化意蘊更由「隨喜不繫的悠游」轉為「家國身世的飄零」。三位學者的觀察，對於本文之開展，極具啟發性。

本文接續前人成果，繼力開展，主要論述依序有五：首由《居易堂集》大量的書信文類，探究士子如何在場域網絡中，傳達「不入城」宣言並標舉遺民身分；其次，分析士子在世變中，流離失所的心理狀態；再次，考索遺民貧病交迫下，所開展的積極論述 ──「一生建立皆在蹇險

---

[24] 關於舟舫之歷史研究，則參巫仁恕諸作，如其與狄雅斯（Imma Di Biase）合著，《游道：明清旅遊文化》（臺北市：三民書局公司，2010 年）。

[25] 傅申，〈董其昌書畫船：水上行旅與鑑賞、創作關係研究〉，《美術史研究集刊》，第 15 期（2003 年），頁 205-282。

[26] 李惠儀，〈世變與玩物：略論清初文人的審美風尚〉，《中國文哲研究集刊》，第 33 期（2008 年），頁 35-76。

[27] 曹淑娟，〈園舟與舟園：汪汝謙湖舫身分的轉換與局限〉，《清華學報》，新第 36 卷第 1 期（2006 年），頁 197-235。

顛阽」；再者，由「不入城」之處境，突顯以「書畫舟舫」於江南水徑進行遺民秘會的特殊性；最後，揭示徐枋如何結合古典象徵系統，透過詩文書畫等文藝再現途徑，開展另闢天地之諸多可能。筆者竊以此文嘗試於易代文化與文學的研究領域，抉發尚待深耕的問題，以略盡補苴罅漏的棧棧之力。

二　不入城宣言 ── 遺民身分的標舉與形塑

倘視「城市」為一種統治階層的象徵空間，[28] 而「身體」作為一個權力場域，[29] 則士人堅持「不入城」之舉，係以強烈的否定用語，表述自我身體的主控權，拒絕進入統治者權力空間 ── 城市，刻意自中心游離，在城牆以外，另尋天地，或遊於山林，或居於土室，更甚者，透過文藝再現（representation），表述身分認同（identity）與才性抉擇，重建自身存在意義與道德秩序。此舉除個人意義外，更深具時代文化意蘊，尤其是納入中國傳統的象徵系統來看，死生交迫之士人，之所以如是堅持，多半是因為內在有著這些「賴以生存的譬喻」支撐著；[30] 而場域中的觀看者，也

---

[28] 此援引當代城市史研究者〔美〕理查・桑內特（Richard Sennett）之論述：「城市可以作為權力的所在，它的空間可以以人本身的意象為範本，講求一致性與整體性。城市也可以是一個統治階級的意象在其間分裂再分裂的空間。」參〔美〕理查・桑內特著，黃煜文譯，〈導論：身體與城市〉，《肉體與石頭：西方文明中的人類身體與城市》（臺北市：麥田出版公司，2003 年），頁 19-34。

[29] 不管是言語、姿態、服飾、才藝，甚至是暴力、情慾，都是身體展現權力的多重向度，參周慶華，《身體權力學》（臺北市：弘智文化事業公司，2005 年）。「身體」為近世文化論述中的重要研究面向，可另參〔英〕Kathryn Woodward 編，林文琪譯，《身體認同：同一與差異》（臺北市：韋伯文化國際出版公司，2004 年），以及〔美〕理查・桑內特著，《肉體與石頭：西方文明中的人類身體與城市》。

[30] 〔美〕雷可夫（George Lakoff）、詹森（Mark Johnson）著，周世箴譯注，《我們賴以生存的譬喻》（臺北市：聯經出版事業公司，2006 年），這是本當代重量級的譬喻研究，於 1980 年由語言學大師雷可夫與哲學大師詹森共同撰寫，強調我們的日常生活語

習於援引此象徵系統闡述遺民行徑。然不可諱言的，此中必然存在許多對遺民身分的文化想像（cultural imagination），論者宜細究其實，詳加考證。誠如李瑄所言，[31] 許多遺民說辭往往是經不起推敲的；而王成勉更引述王德威《後遺民寫作》一書所言，[32] 遺民現象也可能充斥類似終南捷徑的假偽成分。容或想像、虛構與真實交織錯雜之可能，本文擬將徐枋一再謝絕當事者邀約入城及資助的表述，視為一種強調不涉足政權所在、係屬遺民身分認同的強烈宣言，而不簡單論斷為事實。

不管遺民身分，在當時場域是一種「汙名」（Stigma），還是「聖名」，此種「不入城」宣言，皆可視為一種社會訊息的傳達，誠如社會學家高夫曼（Erving Goffman）所言：「訊息是透過相關個人，以身體表達來向直接在場的接收者，傳達合乎這些特質的訊息」，「藉由象徵所傳達的社會訊息，能夠建立一種對聲望、榮譽，或值得擁有的階段位置的獨特宣言」，[33] 故本節主要考察：士子如何建構一套「不入城」的說法？又，如何在場域上發布「不入城」宣言？

徐枋六十三歲年刊行的《居易堂集》中，即刻意將這類明示「不入城」的強烈表述，列於編次之首卷，[34] 如其自言「文籍重編次」，首列

言，其實處處充滿隱喻。

[31] 李瑄，〈明遺民與仕清漢官之交往〉，《漢學研究》，第 26 卷第 2 期（2008 年），頁 131-162。

[32] 王成勉，〈再論明末士人的抉擇：近二十年的研究與創新〉，《全球化下明史研究之新視野論文集（一）》（臺北市：東吳大學歷史學系，2007 年），頁 231-242。王德威，《後遺民寫作》（臺北市：麥田出版公司，2007 年）。

[33] 〔美〕高夫曼（Erving Goffman）著，曾凡慈譯，《污名：管理受損身分的筆記》（臺北市：群學出版公司，2010 年），頁 53。他還有一本頗負盛名的書，高夫曼著，江敏、李姚軍譯，《日常生活的自我表演》（臺北市：桂冠圖書公司，1992 年）。

[34] 徐枋編書重書法義例，如其〈凡例十一則〉所述：「書法重義例，既操筆為文，必有其義，義之所在，例之所起也。如吾四十年往還諸書俱不得已，而應非泛泛寒暄應酬之比。無論吾諸書或非無係於世者，即吾之稱謂標題各有一定書法，如吾先公執友最嚴重者則既書其官，復書先生，等而殺之。」此處表明重點有二：1.非應酬之文。2.依該人

「書」文類，足知此類文獻最為重要，而所謂「書」文類，即是書簡、書信一類：

> 今拙集以書居首，蓋此集中惟書為最多，以吾四十年土室，四方知交問訊辨論，一寫於書，且吾自二十四歲而遭世變，與今之當事者謝絕往還諸書，及答一二鉅公論出處之宜諸書，似一生之微尚係焉。伏讀往冊如叔向貽子產書，於古文中亦惟書為早出，故吾集以書冠之，而尺牘次之者，從書而類推之也。[35]

徐枋係透過此類書信，表述世變後的認同取向與自我抉擇，寫信對象依序自當事者、一二鉅公諸人物，等而殺之，羅列而下；觀書信主旨，大抵在謝絕邀約、遣還資助以及申明出處抉擇，自言此乃「一生之微尚」所繫。蓋遺民動見，向來為場域關注焦點，增枝添葉、踵事增華，輾轉傳為筆記小說之軼聞逸事者，不知凡幾。眾聲喧嘩之中，徐枋《居易堂集》於明亡四十年後問世，此即自定說法，從今以往，論者皆從此說為主，其於場域影響之深遠，自不可小覷。[36]

　　書信文類，在《居易堂集》中的篇目，分別是卷一十九篇、卷二十六篇、卷三十九篇、卷四三十五篇，共計八十九篇。書信對象大抵有四類：第一類為當事者與一二鉅公；第二類為禪佛界德高望重之和尚大師；第三類為遺民與同道友朋；第四類為家族訓示。茲徵引卷一，即徐枋自言最重

　　與先公交遊之親疏等而殺之。〔明〕徐枋，《居易堂集》，頁4。

[35]　〔明〕徐枋，《居易堂集》，〈凡例十一則〉，頁3-4。

[36]　印刷術可以加速訊息傳播的文化滲透力，見〔美〕班納迪克・安德森（Benedict Anderson）著，吳叡人譯，《想像的共同體：民族主義的起源與散布》（臺北市：時報文化出版企業公司，1999年），頁37。

要者，略舉有關「不入城」陳述者，彙整如表一：

表一 「不入城」宣言一覽表

對象	說法	訴求
蘇松兵備王（之晉）[37]	孤哀子徐枋稽顙拜。痛自先人束身殉節，捐棄藐孤，而藐孤不肖，不能從死，偷生苟活，致毀體辱親，誠為兩閒之罪人，抑亦名教之罪人矣。病毀交摧，生理已絕，呻吟苦塊，跧伏隴丘，如是者半年於茲，而卒未能一刻強起，致人間世事，一枕都廢。	1. 辭退拜訪──「儗直造墓廬一申瞻企。」（王之來書） 2. 所遣資藉完璧以歸──「聊具戔戔」（蘇之來書）
長洲縣知縣田（本沛）[38]	孤哀子徐枋稽顙拜。先人畢節止水，捐棄藐孤，而藐孤不類，不能相從九京，偷生草土，誠為千古之罪人矣。然自遭大故，惄恨痛毀，并集方寸，致百病交攻，沉痾莫起。今雖視息尚存，而生理已絕，經年伏卤，難骨支苦，身不勝衣，口絕饘粥，餘氣游魂，百事盡廢，所欠惟一死耳。執事試思鮮民之生也如此，而尚能扶之而起，令入世法乎？	辭退拜訪──「何吝一見……俗冗中不盡欲陳，尚容匍匐晉謁。」（田之來書）
吳縣知縣汪（燫南）[39]	孤哀子徐枋稽顙拜。鮮民之生，僅餘一息，固不能以垂死之身，望塵匍匐，且先人畢節捐生，藐孤義當相從止水，更不敢以應死之身，隨時俛仰，用是瑾戶荒廬，屏跡丘墓，不復知有人間世矣。	辭退勸駕──「時奉功令諸上公車者勸駕」（汪之來書）
楊解元維斗先生[40]	第不肖所以處此，不過盡吾分之所當然，寔恨不能從先人於止水，恐貽先人羞，豈可以苟存之視息而反覥焉復有所叨冒乎？所以毅然辭之，揆之於義，盟之於心，實有自信者。	所遣資藉完璧以歸──「令其衣褐還璧，不敢啟視」（徐言）

對象	說法	訴求
胡其章給諫書（名周鼎）[41]	乙酉之變，破家剗類，故業俱隳，所僅存者吳趨里第耳。木主在廟，遺像在堂，雖貌孤已長往山林，而煢煢未亡，尚守喪于此。	盼能保留守喪之地——「欲以為傳舍，檄役掃除，闔家驚惶，無所奔避」（徐言）
吳憲副源長先生書（名嘉禎）[42]	先君子捐身殉國，枋固不類，不能相從九京，然方寸之地，猶耿耿未死，即欲規方為圓，同乎流俗，而揆之大義，心有不可忍者一，察之時宜，勢有不可合者三，即以論于禍福，而理有不可以彼易此者二。……枋既不能學從親止水之江鎬，獨不能學終身不西向之王裒乎？	堅辭入城之邀——「今日之計，速速進城」（吳之來書）
房師姜弱蓀先生（名荃林）[43]	乙酉閏夏，先君子遂從容殉節，畢命止水，而枋志操懦劣，不能從親以死，毀體苟活，有忝所生。平居自念，如卞壺之清溪柵，袁粲之石頭城，俱父子蹈義，日月爭光，枋乎何獨愧古人乎！故八九年來遁水逃山，不入城府，堅臥土室，閉門却掃，交遊親串亦概謝絕。其間屢遭意外，幾更九死，兵燹之後，外侮疊來，致先人五畝之宅既不能守，汙萊之田十減其七，麤布不完，饘粥不給，室人徧譴，穉子恒饑，人事寡諧，生趣都盡，此之為悲，悲可知矣。	表述心志
武部李霜回使君（名令晳）[44]	十七年避世土室，杜門守死，饑寒垂絕，甘而樂之，而年來憂患坎坷，艱難險阻，無一日之寧。今又為弟姪官逋之累，非死則辱，不知稅駕。竊思所以十七年長往不返者，正不欲自辱其身，以辱先人耳。一旦以他人賦咸而交手蒲伏，受事公庭，其能堪乎？遂決意棄家，孑身避跡，漂泊湖外。……必絕遠城市，可以棲託，數椽足矣。	1. 堅辭受事公庭 2. 表述心跡，望其有成人之美。

　　首言書之主旨。蓋卷一書信所列，一併徵引來信，往返皆具，形成對話，昭告世人之意圖明顯。旨在標舉自已為不死逸民，除了「不入城」以愧悔避居、守喪盡孝、守節待死之外，別無他尋。

　　其次，就收信者而言。如蘇松兵備、長洲縣知縣、吳縣知縣、給諫、武部使君或房師、解元等等，皆為場域網絡較富影響力的社會身分。[45] 士子在書信中堅守「不入城」並辭卻資助等強烈表態，再加上「遺民」這個「象徵符號」所蘊含的文化想像，透過與上述諸公的往來應對與書信傳達，在場域網絡中散發訊息，其效應猶如滾雪球般，歷時易地不斷覆蓋其上、孳染敷衍，形塑了場域上徐枋「不入城」的遺民形象。

　　表一所條列卷一有關「不入城」宣言，最直接而詳述的文獻，即〈答吳憲副源長先生書（名嘉禎）附來書〉一文。[46] 此文獻早已為王汎森揭其旨趣，[47] 謂徐枋藉此書信，表明生性與城市大不相合，非但入城不能避禍，還會更快招惹殺身之禍，因「心有不可忍者一，察之時宜勢有不可合者三，即以論于禍福，而理有不可以彼易此者二」，陳情之餘，還望吳子能成全己志。本文承王汎森研究而續論之，蓋吳子之來書，亟招徐子速速入城，意甚迫促，其視「城市」為法治、教化所及之空間，而城牆以外，則為秩序混亂、亂賊四竄之荒域，士子身處其間，實朝不保夕，如陳子龍

---

[37] 〔明〕徐枋，《居易堂集》，卷1，〈答蘇松兵備王（之晉）書（附來書）〉，頁1-2。

[38] 〔明〕徐枋，《居易堂集》，卷1，〈答長洲縣知縣田（本沛）書（附來書）〉，頁2。

[39] 〔明〕徐枋，《居易堂集》，卷1，〈答吳縣知縣汪（焴南）書（附來書）〉，頁2-3。

[40] 〔明〕徐枋，《居易堂集》，卷1，〈答楊解元維斗先生書〉，頁4。

[41] 〔明〕徐枋，《居易堂集》，卷1，〈與胡其章給諫書（名周鼒）〉，頁5。

[42] 〔明〕徐枋，《居易堂集》，卷1，〈答吳憲副源長先生書（名嘉禎）附來書〉，頁7。

[43] 〔明〕徐枋，《居易堂集》，卷1，〈答房師姜弱蓀先生書（名荃林）〉，頁10。

[44] 〔明〕徐枋，《居易堂集》，卷1，〈與武部李霜回使君書（名令皙）〉，頁11-12。

[45] 此外還有張有譽也是當事者，見〔明〕徐枋，《居易堂集》，卷2，〈答宮保張大司農書（名有譽）〉，頁29-30。

[46] 〔明〕徐枋，《居易堂集》，卷1，〈答吳憲副源長先生書（名嘉禎）附來書〉，頁7。

[47] 王汎森，《晚明清初思想十論》，頁6。

（1608-1647）等人皆遭不測，誠為炯戒，不可不慎；而徐枋之回信，直言堅不入城，所謂「枋既不能學從親止水之江鎬，獨不能學終身不西向之王裒乎？」係舉王裒之例為典，表述心志已決。至於禍患及身，不在於叛賊，反倒是士子向來所堅持的身分認同與天性才質，必然會忤逆當權，文中刻意強調與中心主流價值之「差異」（difference），[48] 倘以此與俗不諧之身置之「城市」，將招致更大的危險與禍患。生死之際，士子透過此種表述，突顯差異、自主抉擇，並重建存在意義、表述遺民認同，同時也擬塑出一套回歸自身道德的世界秩序。這是遺民選擇在城市以外，透過「移動中的身體」，[49] 找尋可能的自主性與生命安頓。

　　除此之外，最值一提的是〈誡子書〉一文。[50] 係徐枋以父長身分諄諄告誡兒輩，文長達六千八百八十四字，綱舉目張地條列訓示。察其所述，除了「毋荒學業」、「毋瀆親長」之外，大旨在強調不與世接，依序為「毋習時藝」、「毋預考試」、「毋服時裝」、「毋言世事」、「毋遊市肆」、「毋預宴會」、「毋御鮮華」、「毋通交際」八大項，由不參與新朝政的科舉考試、不發表世局看法、不涉足公共場域（遊街逛市）、不參加宴會、不著清代時裝、不著鮮衣華服，更不交際應酬等等，可說是在身體權力場域上，由各方各面嚴格執行了「不入城」的實質規訓

---

[48]　〔英〕Kathryn Woodward 編，林文琪譯，《身體認同：同一與差異》。

[49]　〔美〕理查・桑內特（Richard Sennett）嘗述及歌德南逃到義大利的經驗：「詩人的旅程是獨特的，不過這種認為運動、旅行、探索將會加強一個人的感性生命的想法。……歌德的旅行不是為了要尋找於娛樂；他到義大利去不是為了尋找未知與原始，而是覺得自己要改頭換面，要離開中心；他的旅行比較接近人正處於成形中的『漫遊期』（Wanderjahre），參〔美〕理查・桑內特著，黃煜文譯，〈移動中的身體：哈維的革命〉，《肉體與石頭：西方文明中的人類身體與城市》，頁362。

[50]　〔明〕徐枋，《居易堂集》，卷4，〈誡子書（并題語，孟然原名焜，丁酉歲）〉，頁73-87。

（discipline）與控制；[51] 其規訓話語背後的諸多隱憂包括：參加考試、學習時藝，即有意欲經科考進入官僚體系效命新政權之嫌；宴會中歡暢享樂與社交行為，殆有違故國之思；穿著鮮豔華麗服裝即是對遺民身體過度的公開展示與炫耀；穿著時裝則意謂接受清朝文化，馴化為順民。訓示種種，如是這般。這是遺民對自己以及後代子孫的明白規勸與懲戒，藉由文集的刊刻行世，昭告世人之意味濃厚，更向場域中隱藏的眾多觀看者，明白標貼了係屬「遺民」的身分認同。

書信的對象為當事者與一二鉅公，此乃透過收信者具有聲動場域的影響力，旨在表志達情、嚴守界分，在書信往返中，輾轉而累加地形塑固守遺民心志的形象；[52] 至於〈誡子書〉等文，[53] 則運用家父長輩的威權力量，在家族中對內而歷時地，以話語規訓進行秩序之建立，更甚者施行「不入家門」的嚴厲懲罰（Punish）。[54] 徐枋大抵由此二大面標舉「不入城」的遺民身分，在場域上散發社會訊息，傳播、敷衍成諸多傳聞軼事，而盛為史傳、筆記小說所傳頌。

---

[51] 〔法〕傅柯（Michle Foucault）著，劉北成、楊遠嬰譯，《規訓與懲罰：監獄的誕生》（臺北市：桂冠圖書公司，1998 年）。另，〔美〕林・亨特（Lynn Hunt）編，江政寬譯，《新文化史》（臺北市：麥田出版公司，2002 年）提到的文化史模式之一，即為傅柯之論。

[52] 王汎森留意到遺民拒絕當事者的社會效應：「值得一提的是，他們每拒絕一次，他們的社會聲望便又提高一層。」見氏著，《晚明清初思想十論》，頁 228。

[53] 相關的家族訓示，還有卷 1，〈與闔族書〉，頁 12；卷 3，〈致闔族書〉，頁 65；〈俟齋先生手書遺囑〉，頁 636 等。

[54] 如〈俟齋先生手書遺囑〉所述：「孟然所生逆孽匪類，久已屏絕，不許一入我門。」據羅振玉先生考，孟然之子即徐枋孫。收入〔明〕徐枋，《居易堂集》，卷上，〈澗上草堂紀略〉，頁 636-637。

三 流離失所與不出戶庭 —— 孤臣羈子[55]的時代悲歌

清乾嘉士人全祖望（1705-1755）頗嫻熟明清易代掌故，[56]素仰遺民氣節，嘗撰文勾勒徐枋一生之流離概況：

> 俟齋先生丁國難，乙酉避地汾湖，已而遷蘆區，丁亥、戊子在金墅，癸巳以後來往靈巖、支硎間，已亥居積翠，及定卜澗上，遂老焉。先生故不入城，及老於澗上，並不入市。長年禁足，唯達官貴人訪之，則避去莫知所之。[57]

筆者據而參佐羅振玉〈徐俟齋先生年譜〉，考察徐子不入城後的移居紀錄，結果顯示：徐枋自二十三歲國變後，到康熙二年癸未（1663）四十二歲築居澗上草堂之前，[58]都是處於一種流離失所的移居狀態：

表二 徐枋移居一覽表

	歲次	時年	年譜原文	地點
1	崇禎十七年甲申	23歲	三月京城陷。……先生依吳子佩遠於汾湖	汾湖

---

55 此語係檃括自徐枋稱許業師鄭子詩作：「非詞人之詩也，乃孤臣羈士瘋思泣血叩心而出者也。」〔明〕徐枋，《居易堂集》，卷5，〈鄭業師雲遊詩序〉，頁110。

56 據謝國楨所考，全祖望之作在清中葉已家弦戶誦，並世文人「想要明瞭明清之際交替的事跡」，多以此為依。謝氏〈序〉，收入〔清〕全祖望著，朱鑄禹彙校集注，《全祖望集彙校集注》（上海市：上海古籍出版社，2000年），頁9-10。

57 〔清〕全祖望，《全祖望集彙校集注》，〈澗上徐先生祠堂記〉，頁581-582。該文亦收入羅振玉輯，〈徐俟齋先生年譜〉，〔明〕徐枋，《居易堂集》，附錄卷上，頁557。

58 〔明〕徐枋，《居易堂集》，附錄一，頁525-552。年譜中載記該年「澗上之居乃成，為屋二十餘間，先生自是不復移徙矣」。

	歲次	時年	年譜原文	地點
2	清順治二年乙酉	24歲	徒跣變姓名。避地吳江之蘆墟，依吳子佩遠	蘆墟
3	順治三年丙戌	25歲	文靖……薰葬於金墅（蘇州府志：「金墅鎮在長洲縣西北五十里。」）……自是先生遂廬於墓	金墅（1）
4	順治十年癸巳	32歲	吳子佩遠北游，先生送之靈巖、支硎、白馬磵	往返靈巖、支硎、白馬磵之間（2）
5	順治十二年乙未	34歲	（略）	金墅、居易堂
6	順治十六年己亥	38歲	避居積翠	積翠
7	順治十七年庚子	39歲	避地於鄧尉青芝山房	鄧尉（3）
8	順治十八年辛丑	40歲	避居天池	天池
9	康熙元年壬寅	41歲	避跡梁溪常泰山之招提	常泰山
10	康熙二年癸卯	42歲	避跡秦餘杭山房。……磵上之居乃成，為屋二十餘間，先生自是不復移徙矣	秦餘杭山房「磵上草堂」

選擇不入城之後，徐枋便開始了十九年的流離生活。由圖二〈徐枋移居圖〉得知：這些隱逸處所，都在蘇州府這個「城市」以外的山林之間，在古地圖上只是約略示意，實模糊而不精確[59]；是以本文據以呈現移居地點的地圖，係採用近代繪製的〈最近蘇州遊覽地圖〉。[60]

---

[59] 張哲嘉指出，明清時期已深具精確製圖水準，然而，方志圖卻仍舊大多為粗略簡單而不精確的，經考其文化意義，乃在於繪圖者係由中央（政權中心）向外觀望，如同軍事圖一般，為掌握形勢，了解疆界所在，故採用「放大據點、忽略比例」的示意方式來繪製地圖。詳參氏著，〈明代方志的地圖〉，收入黃克武主編，《畫中有話：近代中國的視覺表述與文化構圖》（臺北市：中央研究院近代史研究所，2003年），頁179-212。

[60] 感謝審查委員意見，有關徐枋移居圖，如依 Google 檢示，儘管古今地名不一，城鎮中心遷移，仍可看出端倪：汾湖在周莊、淀山湖之南，蘆墟在汾湖西南約十公里處，依姊夫吳佩遠而居。遷虎丘區金墅，在西北方，近太湖，距離八十餘公里。靈巖、支硎、白馬澗，以及後來定居的上沙村磵上草堂，都在蘇州市吳中區的天平山四周，在木瀆鎮之北。積翠、鄧尉青芝山在今虎丘區光福景區，天池山又回到木瀆鎮西十三公里處，梁溪

圖二　徐枋移居圖 [61]

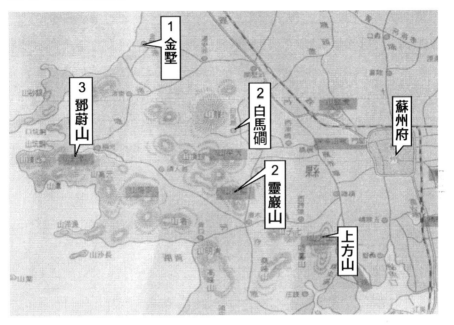

二十年來，徐枋在蘇州府外各地山林輾轉流離，這種因改朝換代而不斷移居的狀況，除了身體移動的實際經驗之外，更引發心理上流離失所的感受，諸如作客他鄉、飄蕩失根，甚而無家可歸、何去何從的蒼茫漂泊感。這在《居易堂集》中可說是俯拾即是，如〈朱致一過山齋依韻答贈〉：

> 五載漂搖笠澤陰，偏因歌笑每霑襟。遺民獨滅天南淚，歸鴈猶傳塞北音。目極江湖淪故國，意存松石賞鳴琴。艱難契闊人間世，未許閒情別討尋。[62]

是無錫古地名，連接長江與太湖，以梁溪而得名，距離金墅西北三十餘公里；查無線索者，惟常泰山、秦餘杭山房。最後的居地則可用買賣地契「吳縣十一都、一圖、咸字圩、上沙村」來寫定。

[61]　圖二係據〈最近蘇州遊覽地圖〉而標示，應與表二「徐枋移居一覽表」並觀。該圖收入張英霖等編著，《蘇州古城地圖》（蘇州市：古吳軒出版社公司，2004 年）。

[62]　〔明〕徐枋，《居易堂集》，卷18，頁441。

又如〈春日寄居僧寮〉：

> 此身漂泊竟如何，一歲春光又半過。滿地煙蕪寒食近，孤村風雨
> 落花多。賦詩茅屋添新淚，回首溪堂廢浩歌。最是無家成久住，
> 蒼茫何處慰蹉跎。[63]

又如〈同陳言夏集徐次洲山樓看梅分得絲字〉：「無家我已久如客，飲罷
蒼茫何所之」；[64] 又如〈送笳在師越遊三首笳公為余作澗上草堂賦〉：
「瓢笠容君老，江山未定居」；[65] 又如〈湖中山寺〉：「蒼茫獨上泛湖
船，每到登臨意惘然」。[66] 士子心中原初的依歸已然失落 ── 效忠的朝
政已成故國，昔日家園淪為廢墟，[67] 只有踏上漂泊之旅，漫無所之地任由
生命中的蒼茫惘然，在歲月蹉跎中飄蕩有如滿地煙蕪、孤村風雨。

　　就算是後二十、三十年的徐枋，已定居澗上草堂而不出戶庭，但心中
「流離失所」之感，依舊時而翻騰攪擾，難以平撫，如年屆五十，回想當
年：「忽然喪亂傾家國，痛哭天崩復地坼。先公殉國汨羅遊，止水無從居
土室。」[68]「當時垂髫今白首，俯仰歘忽成吾衰。歲寒後凋意自勉，碩果
不食心相期。中原遺民竟誰在，獨立宇宙能委蛇。」[69] 諸多感慨繫之如影。

　　這顯然並非僅僅為徐枋之個人感受，流離失所的經驗，誠為世變下孤

---

[63] 〔明〕徐枋，《居易堂集》，卷18，頁441。

[64] 〔明〕徐枋，《居易堂集》，卷18，頁442。

[65] 〔明〕徐枋，《居易堂集》，卷18，頁439。

[66] 〔明〕徐枋，《居易堂集》，卷18，頁445。

[67] 根據羅振玉〈徐俟齋先生年譜〉所述：「先生當國變時，家有田六頃，自避跡金墅，連
遭寇劫，加以外侮頻仍，豪強侵奪，鼠雀耗盡，惡奴盜賣，境遇日益窘迫，馴致衣食恒
不繼。」國變後，徐枋昔日家產皆化為烏有。見〔明〕徐枋，《居易堂集》，頁535。

[68] 〔明〕徐枋，《居易堂集》，卷17，〈懷舊篇長句一千四百字〉，頁429。

[69] 〔明〕徐枋，《居易堂集》，卷17，〈懷舊篇長句一千四百字〉，頁432。

臣孽子的時代悲歌。徐枋「亂後有金石契」之師友們，如鄭雲遊、周玉鳧、姜垓等人之作品，[70] 皆同此調。蓋徐枋特節抗行，處亂世亦屬少數，所以「得從雲煙寥闃之地與之往還遊處」者，[71] 若非同志，誰能堅持久遠？展現於詩文的情感風調，自然相應相和。是以流亡他鄉時，士子登臺臨水，眺望故國，興發了「城郭猶是，人民已非」之感慨，目極江南而「花鳥助其傷心，山河唧其慘怛」，[72] 所有「壹鬱佗傺，繚悷怫結，一見之于詩歌，詞調激揚，藻麗橫發，而神理沉鬱，措思哀痛」，[73] 世之論者讀來皆以為「靈均之怨誹、少陵之悲壯」，實承續了《詩》、《騷》的怨誹精神。

　　當士子選擇「不入城」、不受資助的生命型態之後，便開始了這場流離失所、貧病交迫、死生逼仄的命運之旅。

70　如徐枋稱周玉鳧之作為「貞臣逸士、憂時念亂、流連諷刺之辭」，〔明〕徐枋，《居易堂集》，卷 5，〈周玉鳧儀部讀史詩序〉，頁 110-111。姜垓係姜垛之弟，於明亡之際，拜疏得罪阮大鋮（1587-1646）等人，後變姓亡命逃於寧波，還卒於吳。後門人私諡貞文先生。所著《篔簹集》，一作《厓西詩稿》不見傳存。輾轉傳鈔之民間本，多稱《流覽堂》，今見姜垓《流覽堂詩稿殘編》，收入〔清〕姜垓著，〔清〕解瑤等撰，高洪鈞編，《明清遺書五種》（北京市：北京圖書館出版社，2006 年）。清人陳濟生稱其詩「步趨少陵，多亂離之感」。就筆者初步研讀所得，姜垓之父姜澓里在明亡守城時即殉難畢節，故《流覽堂詩稿殘編》之中，多有舊地重遊而發思親之情，如〈思親〉所述「昔先君嘗遊東甌，今歷其地，黯然神傷」（頁 15-16），又〈戊子四月歸塗寓居膠東，愴心骨肉死生間隔，聊作七歌以當涕泣云爾〉：「我父窮賤過半百，……殺身殉城甘如飴。」（頁 7-8）或重遊昔時勝地而寓亡國慨歎者，如〈雨中放艇過虎丘劉氏別業〉：「城春野闊雨淒淒，縹緲煙峰天外齊。廢井遺墟憑檻見，空山獨鳥向人啼。夫君渭曲魂仍斷，神女湘臯眼欲迷。日夕投林苦沾灑，不堪舉首白雲西。」（頁 47）係以「虎丘」一地為例，所述詩句，充滿戰後廢墟之淒涼景況。誠如學者胡曉真所言，種種戰亂如明清鼎革之際，使得有關「西湖」的文學作品，所言繁盛之下，卻隱含了「與感傷、神秘、危險、毀壞以及死亡緊緊相連的深層幽暗」，這的確指陳了姜氏遊歷虎丘之詩的幽微深意。見氏著，〈離亂杭州：戰爭記憶與杭州記事文學〉，《中國文哲研究集刊》，第 36 期（2010 年），頁 45-78。

71　朱用純（致一），〈書徐俟齋懷舊篇後〉，收入〔明〕徐枋，《居易堂集》，附錄卷下，〈徐俟齋先生年譜〉，頁 575。

72　〔明〕徐枋，《居易堂集》，卷 5，〈鄭業師雲遊詩序〉，頁 110。

73　〔明〕徐枋，《居易堂集》，卷 19，〈姜吏部如須哀辭（并序）〉，頁 459-462。

四　愧悔罪責的轉化論述 ── 一生建立皆在蹇險顛阨

　　王汎森撰文論述「不入城」者，多有愧悔、罪責心態，徐枋自不例
外。[74]「不入城」遺民，著意讓自己遭逢奇窮奇病奇困的逼仄窘境，即基
因於此；然則，在此自囚自責自廢之消極意義外，遺民如何能堅持五十年
之久，當別有內在的積極意義相應，大抵如《孟子》論「天將降大任於斯
人」之義。古有明訓，蓋困阨適足以淬煉奇才，當此天崩地坼之時，場域
上更流傳此種論述，支撐了嚴守效忠前朝的遺民。以下就《居易堂集》歸
納相關論述，分別由他人論徐枋、徐枋自言，以及徐枋論他人三個面向，
闡述其意。

　　友人朱用純（1617-1688）在徐枋六十歲時，撰文稱許他「一生建立
皆在蹇險顛阨」：

> 古今魁奇碩傑之士，其所以行成德立，炳烈百世者，亦由於志之
> 非常而已矣。《書》曰：「功崇惟志」，《易・蠱》之上九曰：
> 「不事王侯」，志可則也。而孟子亦曰：「士惟尚志」……而必
> 處天崩地坼、風駛波翻之日，跡其平生所遭，皆極人世之憂患，
> 天亦若以人世所憂患者聚而加諸俟齋，使之歷試而後無憾，何
> 哉？蹇險顛阨，從來魁奇碩傑之士所由出也。不處夫甚難安之
> 遇，則不得為特立之人，不兼處夫古今所未處之遇，則不得為萬
> 全無遺行之人。由今而後，知天下之仰俟齋者為名孝廉為義士為

---

[74] 徐枋之愧悔罪責，主要是針對未能從親殉死一事，如謂己「不能從親以死，毀體苟活，
有忝所生」，〔明〕徐枋，《居易堂集》，卷1，〈答房師姜弱蓀先生書（名荃
林）〉，頁10。又「夫此十三年中，刻刻以苟活為慚，辱親是懼」，〔明〕徐枋，
《居易堂集》，卷4，〈誡子書〉，頁77。

> 逸民、為孝子，而不知其所以至於是者，非獨造物鍾英靈之氣，
> 乃其精神閱久而彌煥，如金之在冶，丹之在竈，千鎔百鍊以成之
> 也。[75]

唯有歷經上天種種試鍊，方足以成就「行成德立，炳烈百世」的「魁奇碩
傑之士」。居處天崩地坼的世變、遭逢亂離險阨之極致，舉凡常人所不能
忍受者，對有志之士而言，卻都猶如冶金、煉丹之必須，「千鎔百鍊」方
足以成就奇才。熟知其生平、為之編寫年譜的民初學者羅振玉，指稱「先
生身世遭遇之奇窮，飢寒之凜凜，人事之舛迕，骨肉之崎嶇，無所不臻其
極」，而令他感佩的即在於 ── 徐枋歷經常人所不能忍受之種種顛沛，
而能夠「處之泰然，先後數十年，不挫不辱」。[76]

　　徐枋的確十分自覺於處逆之道，尺牘往返中幾番揭示自己面對「人世
所未有」之憂患、侮辱、饑寒，「無不怡然受之」，「未嘗有一轉念，未
嘗萌一退心」：

> 僕自二十四歲而長往避世，今已五十一歲矣。俯仰二十八年，其
> 間所遭之憂患，所受之侮虐，及所歷之饑寒，誠極人世之所未
> 有，未可以更僕數也。而僕無不怡然受之，二十八年未嘗有一轉
> 念，未嘗萌一退心，若憂患之可樂，若侮虐之可甘，若饑寒之可
> 戀，彌進而彌堅，愈加而愈力。所以然者，僕豈有以異於人哉？
> 誠不敢大變昔年從死先人之初心，誠不敢稍違先人「長為農夫」

---

[75] 朱用純，〈徐俟齋表兄六十壽序〉，收入〔明〕徐枋，《居易堂集》，附錄卷下，〈徐俟齋先生年譜〉，頁 572-573。

[76] 羅振玉輯，〈徐俟齋先生年譜序〉，收入〔明〕徐枋，《居易堂集》，附錄一，〈徐俟齋先生年譜〉，頁 525-526。

之一言也。[77]

處境愈是艱難，就愈發堅強有力，徐枋自言之所以能如此，是因為自己無
一日忘懷昔年殉死的決心，以及來自先父「長為農夫」的遺訓。除了自我
惕勵之外，他也時常以處逆之道期許其他守節士人，應當堅信此種人生信
念，如與門人潘未（1646-1708，字次耕）的書信中如是說：

> 繇茲以談，生才既難，成才尤難，而處才益更難也。有奇才者必
> 有奇阨，得之太奢，失之亦太劇，盈虛消息，物理固然。所以古
> 來賢才奇傑之士，大都死生契闊，顛沛流離，家道坎坷，身嬰沉
> 痼，其所遭遇必極人世之所不能堪，有不可一朝居者，然而或成
> 或廢，所立迴殊，則所以處其才者異也。故才一也，善處之則日
> 月爭光，不善處之則草木同腐，湮沒不傳，可勝悼哉！可勝悼
> 哉！夫桃李之花非不穠麗也，蒲柳之生非不鬱怒也，而風雨以零
> 之，霜雪以籍之，而掃地盡矣。無他，彼固狥其華而未狥其實，
> 有其外而未有其內也。若松柏之有心，竹箭之有筠，則不然矣。
> 所以賢才奇傑之士，其所為死生契闊、顛沛流離、家道坎坷、身
> 嬰沉痼者，固天之所以阨之，亦正天之所以成之也。第為松柏竹
> 箭則成，為桃李蒲柳則廢耳。雖然，其所以為松柏竹箭者，又豈
> 異人任哉？[78]

奇才必有奇阨，然尚須善於處才方能成才。面對「死生契闊、顛沛流離、

---

[77] 〔明〕徐枋，《居易堂集》，卷3，〈與馮生書（名羽，字鶴仙）〉，頁58-59。
[78] 〔明〕徐枋，《居易堂集》，卷1，〈與潘生次耕書〉，頁19-22。

家道坎坷、身嬰沉痼」的困阨遭遇，善於應處之人自可藉此磨練而至日月爭光；不善應處之人，則終究如草木化為腐朽、湮沒不傳。面對窮愁困阨，士子當視為上天的試煉，此中蘊含成就個人之美意。

此說亦適用於亂離婦女。如門人潘耒之母，以一嫠婦，流離顛沛之中，尚能課子讀書，定靜如常。徐枋特撰文祝其五十大壽：

> 天之厚庸人也，嘗富貴福澤、安恬佚樂以豢之；而天之厚偉人也，必窮悴困阨、艱難險阻以成之。天之成畸人也，嘗阨一遇窮一事以彰之；而天之成完人也，必萃諸艱歷萬難以固之。雖然，人生百年，奄忽俯仰，而獨得以完人稱者，其遭遇之奇為有天意。然苟非嚴氣正性，奇節至行，獨能受造物之裁成，則無以臻此也。猶霜雪然，穠華艷蕤，望而萎落，而受之而彌堅，經之而彌茂者，獨松柏耳。苟窮悴困阨艱難險阻，而處非其人，不變為蟲沙，則腐同草木矣。安在其能卓然成立於是耶？[79]

所謂「歷萬難，出萬死」，誠屬不易。富貴福澤、安恬佚樂只能成就出庸人，反倒是窮悴困阨、艱難險阻，方才能成就出偉人、畸人，甚至完人。

由上述諸例得知：無論是他人論徐枋、徐枋自許，乃至於徐枋論他人，「塞險顛阨適足以成就奇才」的論述觀點，的確成為當時場域中士子居處逆境的一種心理轉化機制，在窮愁哀怨的遺民情懷之外，以此種正面而積極的心態來看待種種不順遂，無疑的已然產生強大的支撐力量，讓士子能夠堅守節操長達五十年，而不為現實消磨殆盡。

---

[79] 〔明〕徐枋，《居易堂集》，卷7，〈潘母吳太君五十壽序（門人潘耒時避難，變姓名吳琦，奉母居山中）〉，頁165-166。

五 舟舫秘會與書畫雅集 —— 遺民文士的移動空間

　　不入城而流離失所者，在怨愁困頓之外，可有與友朋開展新天地之可能？「城」作為場域的「界」（borderline），承載著遺民效忠故國、嚴守分際的沉重意義，士子寧可紆道而行，也不願跨越城池一步，進入城市空間。[80] 而昔時舊交為不得已而入城者，除了移駕土室親訪之外，[81] 還有何種與不入城遺民會面的途徑可循？世論者必然對此問題饒感興味：究竟「不入城」的遺民／移民，該如何與不得已而入城的士子，在互不違背處世原則下，相遇交接、把酒暢談？其開展的交遊模式，為零星個案？還是具有時代之代表性？

　　徐枋曾寫下〈芥舟飲酒記〉一文，[82] 載記了易代士子相遇於特別的移動空間 ——「舟舫」之上：

> 天下既亂，士多長往而不返者，其不得已而身依城闕，亦必有所託以自適於形骸之外者也。李子文中盛年遭世變，即日除經生籍，其志決矣，而隱不違親，浮沉人間，顧意有不得，輒扁舟獨往，不漁不釣，容與水裔，歌滄浪，誦漁父，激楚流連，意盡然後返，有足悲者。

這艘「舟舫」，對於「不得已而身依城闕」、「沉浮人間」的李文中而

---

80 徐枋曾送浪杖人（即覺浪道盛）（1592-1659）回程，紆道至寺：「浪杖人素未識面，乙亥春，從金陵至吳門，特過金墅訪余，安其隨行諸師於蓮華寺，獨信宿余居易堂中。及別，余將送往解維，余隱居金墅十五年，從未過市中，因紆道至寺。」〔明〕徐枋，《居易堂集》，卷17，〈懷舊篇長句一千四百字〉，頁432。

81 友朋或親訪土室：「余既不入城府，親故斷絕，而先生獨同其長君明遠時時顧余於土室中。」〔明〕徐枋，《居易堂集》，卷6，〈楊隱君曰補六十壽序〉，頁145。

82 〔明〕徐枋，《居易堂集》，卷8，〈芥舟飲酒記〉，頁181-182。

言，頗類李白「人生在世不如意，明朝散髮弄扁舟」的瀟灑意況，又有吟詠澤畔「歌滄浪、誦漁父」的屈騷情懷，係乃「必有所託以自適於形骸之外者」。換言之，這艘不繫不釣之舟，是居城士子克盡孝職之外，生命中必要的一種自我放逐空間，或者更具體地說，是一種看似自我放逐、實則回歸自我的必要空間。

順治十四年丁酉（1657）春日，長居城市的李文中划著這艘不繫之舟，拜訪了當時遊走於五湖之濱的徐子。[83] 遺民對於登門造訪一事，若辭意甚確，甚有「排墻遁去」者，讓訪者終不得見，亦時見籍載。[84] 而徐枋應李子之邀，登舟共遊，顯見其視李為同道中人，並非尋常應酬。登上舟舫後的徐枋，「見其滿載皆金石刻及宋元名人書畫」，不禁忘情地「垂簾撫卷，婆娑意得」。與其說徐枋所見乃遺世獨立的舟舫，更貼切的說法是，進入了文房清玩的另類展示空間。文人與同聲相應的友人，於此「相與痛飲，談風月，討古今」：

> 文中即出酒相與痛飲，談風月，討古今，浮白歌呼，以酒自雄，不復知其遇之窮矣。酒酣，文中顧徐子曰：「余將名此為芥舟，可乎？」徐子曰：「子固得莊生齊物之指矣！天地一坳堂也，江河一桮水也，則相與群遊於天地江河之內者，又何適而非芥乎？子既以舟為名也，余請與子徵舟之事。昔人放櫂急流，輒讀《離

---

[83] 根據羅振玉〈徐俟齋年譜〉所載，在順治十六年以前，徐枋係往來於靈巖、支硎、白馬磵之間。

[84] 〔明〕魏禧（1624-1681）〈與徐昭法書〉言：「弟嘗語人云：『武林汪魏美，飛鴻千仞；吳門徐昭法，寒冰百尺，人不可得而近，況得而狎玩之乎？』」後慨嘆：「不見昭法，誠大恨也。」收入〔明〕徐枋，《居易堂集》，附錄卷下，〈徐俟齋先生年譜〉，頁 590-591。又「排墻遁去」者，有汪魏美之例，參〔清〕黃宗羲，《黃宗羲全集》，第 10 冊（杭州市：浙江古籍出版社，2005 年），〈汪魏美先生墓誌銘〉，頁 392-393。

騷》，讀罷則哭，志其痛也。塞鷫水嬉，扣船歌河女，而風霆雜
至，志其貞也。通梁水齋，盛載鼓吹，乘潮解纜，臨波置酒，賞
其豪也。載酒滿百斛船，四時甘脆置兩頭，酒減輒復益，言其放
也。以至藏舟於壑，則感萬物之變遷，牽船於岸，則語達人之高
致，清談則船呼孝廉，漁釣則舟名野人，同遊則有登仙之美，放
歸則有載愁之稱，此皆昔賢之佳話而揚舫者之故實也，而皆不足
為子道也。意者其張志和之浮家泛宅乎？彼固有其高矣，而無栢
酒賓從之歡，抑陶峴之水仙乎？彼固有其樂矣，而無書庋茶鐺之
供。若是舟也，固將以襄陽之書畫，而兼二子之雅致乎？」坐客
皆稱善，樂甚，於是舉酒復酌，相與攬夜色之蒼茫，拊河山之寂
寂，以足扣船，引聲而歌小海之唱，而風起水波，鷗夷為之彷彿
也。歌笑雜嗒，飛觴無算，尊中之酒不空，而雞已三喔矣。

二人舉酒飲酌之餘，先由以芥名舟發論，暢敘《莊子·齊物》之旨，言人
與舟皆渺小如芥，群游於天地江河之間；繼而縱觀古來文人放櫂急流之
情，或為哀痛忠貞、或為豪情曠放，或感萬物變遷，或語達人之高致，歷
數昔賢典例以為揚舫之故實。全文末段則更翻上一層地，指稱李子之舟係
遠承宋代米芾（1051-1107）「書畫船」之風尚外，[85] 還兼有張志和（730-
810）、陶峴二子幽遊山水之雅致，文人身處此種移動的文藝空間，有
「栢酒賓從之歡」，還有「書庋茶鐺之供」，則其境界則更在昔賢典例之
上。論者可由文中「坐客皆稱善」，足知不止二人在場，而這樣的聚會也
應該不止一次。吾人可以揣想：這種「不入城」之旅，在蒼茫夜色中、在
江南水徑的扁舟之上，零而星散地不斷以小型秘會的方式，上演著一幕幕

---

[85] 傅申，〈董其昌書畫船：水上行旅與鑑賞、創作關係研究〉，頁 205-282。

係屬遺民身分的文人雅集。

　　晚明以來，具備滿載書畫的舟舫係屬文人雅尚之表徵（參圖三），《三才圖會》即指稱當時吳中士大夫家中多備有遊湖「仙船」（參圖四）。在當時西湖畔最負盛名的花舫 ──「不繫舟」，乃徽州鹽商汪然明所有，即載有珍藏之書畫名物，提供了一個臨時的文藝聚會場域，晚明書畫界名流如董其昌、陳繼儒（1558-1639）等，稍後更有名妓柳如是（1618-1664）、王微等人，都曾為舟中之座上客。[86] 易代以後，此風延續並轉化為遺民「神遊故國」的一種精神接軌方式，而徐李的舟舫之會，相較前述之花舫，相類處不在於名妓而在於文藝賞鑑活動。

圖三　西湖畫舫 [87]

圖四　仙船 [88]

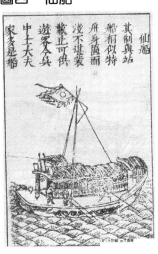

---

[86] 〔美〕高彥頤（Dorothy Ko）著，李志生譯，《閨塾師：明末清初江南的才女文化》（南京市：江蘇人民出版社，2004 年），頁 298-290。

[87] 資料來源：〔明〕程嘉燧（1565-1643）《山水冊》之〈西湖畫舫〉，藏於國立故宮博物院，見 http://catalog.digitalarchives.tw/item/00/10/90/da.html，擷取時間：2014 年 2 月 23 日。

[88] 資料來源：〔明〕王圻（1530-1615）輯，《三才圖會》（上海市：上海古籍出版社，1997 年），「器用類」卷 4，頁 1146。

在此之外，李子「倘意有不得，輒扁舟獨往」，其「扁舟」的傳統意象，依舊使人聯想到隱逸者流。徐枋之友鄭青山即為一例，鄭子係亂後數年「雖形依城闕，而冥然有遐舉之志」者，其自畫小像中「單舸水裔」，則類似「古通隱者流」、「逸民之亞」；[89] 又如徐枋題俞禹聞先生畫作時徵引典故所云：

> 昔有高士，深隱名山，人目之曰：「丹崖百丈，青壁萬尋，其人如玉，維國之琛。」又郭翻隱君不應辟命，以漁釣自娛，嘗乘小舟往來吳楚間，自目其舟曰：「此野人之船也。」禹聞先生偶拈小景，峭壁插江，扁舟水裔，一人扣舷危坐，逍遙容與，想見其胸中浩然之致，有默契古人者，故為書前事以識之。先生往矣，見其遺墨，如見其人。於此知彭澤絃歌，益增隱致耳。千古通人，自當以我為知言，先生復起，亦不易我言也。[90]

蓋駕一葉扁舟、漁樵於江渚之上，向來是士子在滔滔濁世中，避隱山水、遺世獨立的高絕形象，但此種「扁舟」意象，多半與隱者個人內在寂然淨境之追索較有關聯，並不含括書畫賞鑑與文人雅集。

如此區辨之後，吾人自可將徐李舟舫之會的性質，歸結到遺民文人之舟舫雅集。有關文人雅尚之玩賞活動在入清以後的延續與轉化，當代研究學者以李惠儀為個中翹楚。[91] 她在二〇〇八年撰文指出：為數不少的明遺民，在入清以後仍舊過著流連文房清玩的審美生活。文中述及徐枋，徵引了清人徐鼒（1810-1862）《小腆紀傳》所載徐氏以鬻賣畫之事，並認為

---

[89] 〔明〕徐枋，《居易堂集》，卷19，〈鄭青山泛舟小像贊〉，頁478-479。

[90] 〔明〕徐枋，《居易堂集》，卷11，〈題俞禹聞先生畫〉，頁256。

[91] 李惠儀，〈世變與玩物：略論清初文人的審美風尚〉，頁35-76。

像徐枋這類以奇窮見志、身無長物的遺民，顯然難有玩物賞鑑之習。李文之觀察極具前瞻性與啟發性，徐枋的確嘗自述世變後「棄家入山，家世收藏盡皆羽化」，[92]「四十年土室，閉門卻掃，不惟古人名蹟不能多得寓目，即當世賢豪品題書畫收藏精鑑者，亦不得與把臂細論」，[93]但細經考察，卻有諸多例證明顯勾勒遺民之間存在書畫雅集的活動，如徐枋好友楊無補，嘗遺言餽贈書畫收藏；[94]徐枋友朋間又有「畫社」聚會之舉，詳見〈與古老〉，[95]徐枋稱此「固是山中雅集」；又〈答周玉鳧儀部〉，[96]則載明徐枋邀約畫社友朋，親至榻下草堂；[97]是故，論者倘貿然論斷世變後徐枋絕無書畫賞鑑或文人雅集之舉，難免有自陷泥淖之憂。再者，本論文所考徐枋〈芥舟飲酒記〉一文，更直接披露實情：就算身無長物的遺民，卻因本身具有的文人書畫素養，[98]成為文藝賞鑑活動中他人主動邀約與拜

---

[92]　〔明〕徐枋，《居易堂集》，卷11，〈題畫〉，頁257。

[93]　〔明〕徐枋，《居易堂集》，〈凡例十一則〉，頁6。

[94]　〔明〕徐枋，《居易堂集》，卷12，〈楊無補傳〉，頁291：「初無補病，即自知不起，呼家人預屬家事，數語而已。既病篤，乃復召其子而命之曰：『吾交天下士多矣，今固未有如孝廉昭法者，即書畫小道，彼亦將繼數百年之絕業矣。蔡邕曰：『吾家書籍當盡與之，惟得所歸耳。徒藏無益也。』吾愧無藏書可以益孝廉者，所有畫本數十百幅，可盡歸之，可盡歸之！無忘吾言。』言已，遂不復開口。」此事又重提於徐枋懷念故人之作：「謂余畫獨得古人正脈，臨終遺言，以其家所藏畫歸余。」〔明〕徐枋，《居易堂集》，卷17，〈懷舊篇長句一千四百字〉，頁430。

[95]　姑贅引原文為參：「畫社周儀部為之始盟，固是山中雅集，今法門諸大老遂欲把臂入林，義不容辭，竟是此世界中一盛事矣。客謂或須另集，不當入居士會中。吾謂昔者陶、謝、宗、雷可入遠公之社，則胡為今日法門諸大老不可入逸民之社乎？屆期早過，弗俟再速。」〔明〕徐枋，《居易堂集》，卷4，〈與古老〉，頁91。

[96]　姑贅引原文為參：「畫社得籍主盟，便覺增重多多許，一觴一詠，既足以暢我幽懷，亦便覺易人觀聽，事以人重，乃至爾乎。來月會期，得即下榻草堂尤荷，扁舟夜分遠歸，雖古人高誼，不以為疲，然使人悚息不可任，如何如何？」〔明〕徐枋，《居易堂集》，卷4，〈答周玉鳧儀部〉，頁90。

[97]　有關畫社雅集之事，亦可參〔明〕徐枋，《居易堂集》，卷1，〈與萵瑞五書〉，頁18-19：「十二日有畫集，賓從頗多，願吾兄於十三日來，正當月色極佳時」。徐枋畫社與賣畫諸事之論辯，可參羅振玉輯，〈徐俟齋先生年譜〉，收入〔明〕徐枋，《居易堂集》，頁550-551。

[98]　徐枋自言「僕作畫三十年」（〔明〕徐枋，《居易堂集》，卷2，〈答友人書〉，頁33-

訪的對象。上述文獻載錄徐枋在書畫舟舫，與友朋飲酒聚筵的情狀，揭示
了一個隱而未顯的遺民文化現象 —— 所謂「不入城」、「不與世接」的
遺民／移民生活，並非全然是蕭索枯槁、脫離人世，其實也包含了這類延
續「晚明文人」習尚而轉入遺民情思的文藝賞鑑與舟舫雅集。

此中合理的聯想，有關徐枋與友人李文中所經歷的文化空間 —— 舟
舫，乃是延續了明亡以前文人所熟悉的模式，而這個聯想最直接的例證，
就來自徐枋父親徐汧，他在明亡前尚在任官期間，即曾在石湖畔楞伽山治
平寺旁，築有「思樂亭」，並常置一艘舟舫：

> 先君子……愛其地幽勝，留連不能去，因築亭於此，為避暑避客
> 之地焉。……雖平時里居負公輔望，奔走天下，大吏數請事，然
> 先君爵然不染，超然評論之外，常置一舟，名吳趨舸，青簾朱
> 檻，香茗圖書，同載一二故人，渡橫塘，泛石湖而南，居宿亭
> 中，客至里第，輒謝之，以為常。歲必三四過，至盛夏時或有客
> 若鶩者，則先君子未嘗不在此亭也。[99]

據明人莫震（1409-1489）《石湖志》說法：「石湖」一地距蘇州府並不
遠，幽林清樹、嵐光紫翠，殆與圖畫無異，是明中葉以後的吳中勝景：

> 蘇州盤門外一十二里，上承太湖之水，下流遇行春橋以入于橫
> 塘。……其橫山、上方、茶磨、拜郊臺諸峰，如屏如戟，如龍蛇
> 獅象，浮青滴翠，氣勢與湖相雄。兩涘皆幽林清樹，綠陰團團，

34），曾為友人畫像（〔明〕徐枋，《居易堂集》，卷5，〈姜如農給諫畫像序〉，頁
123-124）等。此外，還有相當多的題跋、題畫詩等作品，足知其文藝素養為時人所肯認。
[99] 〔明〕徐枋，《居易堂集》，卷8，〈思樂亭記〉，頁199-200。

　　而村居野店，佛祠神宇，高下隱見。至其橋路逶迤，阡陌鱗次，洲渚遠近，與夫山輿水舫之往來，農歌漁唱之響答，禽鳥魚鱉之翔泳，皆在嵐光紫翠中，變態不一，殆與畫圖無異，故號吳中勝景。[100]

倘遇節慶，「好事者泛樓舡、攜酒餚以為遊樂，無間遠近」；遊人如蟻、動輒萬人，較之西湖有過之而無不及：

　　其良辰美景，好事者泛樓舡攜酒餚以為遊樂，無間遠近。說者以為與杭之西湖相類，……每歲清明、上巳、重陽三節，則游者傾城而出，雲集蟻聚，不下萬人，舟輿之相接，食貨之相競，鼓吹之相聞，歡聲動地以樂太平，此則西湖之所無也。

如〔洪武〕《蘇州府志》（參圖五）所示，石湖之水路實通達無礙；而湖上舟舫往來繁盛，裝置規模大小有別：「水行有舟，大則樓舡而兩櫓四跳；小則短棹而風帆浪楫，行住坐臥任意所如」，[101] 明人盧襄（1481-1531）《石湖志略》中即有「石湖山水之圖」（參圖六），圖之畫面主要就是三兩舟舫點綴於湖光山色；又如明人文伯仁（1502-1575）所繪《姑蘇十景圖》即有〈石湖秋泛〉（參圖七）一景；明代盛行的遊記小品亦不乏以此為題者，如李流芳（1575-1629）即撰有〈石湖〉一文；[102] 殆因

---

[100] 〔明〕莫震撰，莫旦增補，《石湖志》，收入〔明〕楊循吉等著，陳其弟點校，《吳中小志叢刊》（揚州市：廣陵書社，2004 年），卷 2，〈總敘〉，頁 327。

[101] 〔明〕楊循吉等著，《吳中小志叢刊》，頁 369。

[102] 〔明〕李流芳〈石湖〉：「石湖，在楞伽山下。……湖去郭六十里而近，故遊者易至；然獨盛於登高之會，傾城士女皆集焉。戊申九日，余與孟羇同遊，值風雨，遊人寥落，山水如洗，著屐至治平寺，抵暮而還。」知遊人之跡不絕，文人亦青睞此地，多攜友同

「石湖」離蘇州府並不遠,是以石湖泛舟一事,幾乎可說是明中葉以降吳中文人雅士的集體記憶(collective memory)。[103]

然而,就算時代氛圍有此舟遊風尚,也不宜論斷徐汧即為同調。尤其是徐汧「止水殉國」之節烈形象,與此大相徑庭;論者倘欲考其於亡國前是否近於晚明文人習尚,宜進一步謹慎查證;但筆者又苦於查無徐汧傳世作品,幾經蒐羅,發現徐汧相關文獻今僅存晚明竟陵派《新刻譚友夏合集》評點一部。[104] 後經走訪上海圖書館勘查相關版本,錄其卷一之評點用語(參圖八),卷首即強調「近來步趨鍾譚者,類知其清靈,不知其蒼渾,故求之愈親,而去之彌遠也。請從此等詩想其開闔排宕之勢」等,知其自述評點與他人所見不同之處,在於「知其蒼渾」、「開闔排宕」、「氣韻生動」。[105] 倘與卷三評點用語所謂「情事關切愈直愈悲」、[106]「語語輕婉,又細又冷」、[107]「韻人飲趣,往往有之」等併觀,[108] 則顯然取

行。〔明〕李流芳,《檀園集》(臺北市:臺灣學生書局公司,1975 年),卷 11,〈江南臥遊冊題詞之三〉,頁 475。

[103] 方志等書,可視為人類學家聲稱「集體記憶的最完美貯藏所」(quintessential repository of collective memory)的「在地知識」以及「鄉民文化研究」,此處觀點援引自〔丹麥〕克斯汀‧海斯翠普(Kirsten Hastrup)編,賈士蘅譯,《他者的歷史:社會人類學與歷史製作》(臺北市:麥田出版公司,1998 年),頁 208。

[104] 〔明〕譚元春(1586-1631)撰,徐汧、張澤等評點,《新刻譚友夏合集》(上海圖書館藏善本池白水刻本明崇禎(1628-1644))。另一版本為《四庫全書存目叢書》(臺南縣:莊嚴文化事業公司,1997 年);存目叢書版本之評點部分,雖據上海圖書館藏明崇禎六年(1633)張澤刻本影印,然漫漶不清,幾無法閱讀,故捨此而取上海圖書館另一版本。

[105] 又評卷 1,〈蔡敬夫先生賦寒河二詩見寄,奉答二首,又和其來韻二首,用呈懷抱〉其四「欲隱先濟世,此意空蹉跎」為「氣彌樸,思彌淡,悠然相深」;又評《嶽歸堂》,卷 1,〈周伯孔移家湖岳堂招集兄弟友朋歌姬觀湘派,因具舟泛河遍歷湖蕩諸處,下泊萬樓鼓吹大作,分韻記事,得原字〉,為「作幽適詩最難如此氣韻生動」。

[106] 〔明〕譚友夏著,〔明〕徐汧評點,《嶽歸堂》,卷 3,〈江上逢周陶士督學鈜吉師長公也〉:「江上知予事,存亡百感深。但能歡把手,即有淚盈心。澹澹春洲漲,茸茸夜草陰。箕裘君似可,再見勝如今。」

[107] 〔明〕譚友夏著,〔明〕徐汧評點,《嶽歸堂》,卷 3,〈僧開子過訪贈之〉:「雨晴俱歷過,始覺到旬餘。愛陰常移舫,貪眠但枕書。鉢纓縣戶牖,笥亦上階除,不願推敲苦,聞吟莽莽如。」

[108] 〔明〕譚友夏著,〔明〕徐汧評點,《嶽歸堂》,卷 3,〈夜飲王青嵐齋作〉:「夜為

徑有別。徐汧強調排宕、深、蒼渾、氣韻生動，而其他評點者則較著重纖細韻趣之風調。筆者據此推論：生性「恬退」、「遠炎若浼」的徐汧，[109] 實有多重的生命情調，如趙園之言傅山，有「文人、名士、遺民」諸面貌，且單一面向皆不足盡其人，[110] 徐枋之父徐汧，除了與晚明復社、幾社中堅人物往來密切之外，[111] 也參與文人活動，組織詩文社團；然而，徐汧雖與晚明文人來往，但於生活審美風調，仍有厚重與纖仄之別；是以在石湖畔築數亭臺，置有書畫舟舫，甚至蓄有聲妓，[112] 與三兩友朋雅

羈心卜，無拘事更添。高閑相引，幽豔一時兼。半醉私藏跋，輕寒始問簾。麗人扶上馬，亦借薄香霑。」在「半醉私藏跋，輕寒始問簾」旁評語（沒有點）。

[109] 〔明〕徐枋，《居易堂集》，卷 8，〈思樂亭記〉，頁 199。

[110] 趙園，《明清之際的思想與言說》（香港：三聯書店，2008 年 10 月），頁 180-206。

[111] 有關徐枋父親徐汧的相關文獻，並不甚多，或可由幾社復社明遺民作品集，往返唱和與墓志中，略加勾勒其生平樣貌。例如：陳子龍回憶在崇禎四年（1631）結社之事：「辛未之春，余與彝仲、讓木、燕又，俱遊長安，日與偕者江右楊伯祥，彭城萬年少，吳中楊維斗、徐九一，婁江張天如、吳駿公，同郡杜仁趾，擬立燕臺之社，以繼七子之迹。後以升落零散，遂唱和鄉里，不及遠方。」此處明列張溥、楊廷樞、徐汧、萬壽祺、楊廷麟、吳偉業等人，皆為復社領袖或骨幹，還參與燕臺文社。見〔明〕陳子龍（1608-1647）；王英志編纂校點，《陳子龍全集》（北京市：人民文學出版社，2010 年），卷 3，〈《壬申文選》凡例〉，頁 908-910；陳子龍還受徐枋之託而撰《殉節書卷》，此係陳氏在世變隔年，於徐汧殉節澤畔，認出「斬焉衰絰、望望然而乘素舸」之徐枋，二人相對而泣，徐子見示此卷，蓋「公臨歿時，別戚友、告家人書，大意以國破君亡，此臨大節之時也」〈徐詹事《殉節書卷》序〉（卷 26，頁 800-801）；此外，另可參見陳氏與徐汧往還尺牘，如〈徐九一太史邀遊支硎山〉（卷 8，頁 245）、〈送徐九一太史還朝〉（卷 16，頁 549）、〈送徐勿齋宮諭冊封益藩〉（卷 17，頁 571）等等。

[112] 有關徐汧蓄有聲妓的載記，主要有二：首推徐枋自言：「自崇禎十七年甲申三月十九之變，先公益屏聲伎，出膝侍，惟以死為念。」參〔明〕徐枋，《居易堂集》，卷 8，〈病中度歲記〉，頁 182-184。其二，則見〔清〕徐鼒，《小腆紀傳》（上海市：上海古籍出版社，1997 年），卷 17，〈列傳 10．徐汧〉，頁 616 載：「徐汧，字九一，號勿齋，長洲人。為諸生，有時譽，天啟中，魏大中、周順昌，先後就逮，汧與里人楊廷樞斂金資其行，順昌歎曰：『國家養士三百年，如徐生真歲寒松柏也。……忤旨切責，乞假歸。……招之，不應，久之，始行。抵鎮江間，京師陷，一慟幾絕，汧雅好交遊，蓄聲妓，至是悉屏去，獨居一室。汧曰：『郡城非吾土也，我何家之有？』肅衣冠北向稽首，投虎丘之新塘橋死。時乙酉閏六月十一日也。閱三日，顏色如生，一老僕隨之死」。此事亦見載於〔清〕王鴻緒（1645-1723），《橫雲山人集》（臺北市：明文書局公司，1991 年），〈史集列傳 146〉，頁 261。又見〔清〕楊陸榮（1662-1722），《殷頑錄》（臺北市：明文書局，1991 年），卷 1，頁 381。

聚，於其時乃自然而然之舉，但用心著意仍有境界之別，於其廉正節操並無扞格。徐枋自述「人子之於親也，思其所嗜，思其所樂」，對先父之流風遺澤無日不銘刻在心，除了登臨先父常至之治平寺外，[113] 也嘗重修因國變後在荒煙蔓草中頹圮淒清的「思樂亭」。當他應李子之邀登上舟舫、忘情地「垂簾撫卷，婆娑意得」時，是否也彷彿回到國未破、家未亡之昔日，在石湖幽 的「思樂亭」旁，登上父親嗜愛的那艘飾有「青簾朱檻，香茗圖書」的吳趨舠上？

由此推論，晚明文人與易代遺民，在書畫玩賞、舟舫歷遊的心態上，已然產生了更複雜的變化，上述例證中，芥舟之主李文中，明顯帶有「不得不寄寓於此」的鬱悶情懷，以舟訪友同遊，在書畫圖書茶鐺之供中，進行類近「晚明文人」生命情調式的文藝賞鑑活動，除了意味著「神遊故國」的自我放逐，也帶有追憶昔時文人雅尚的某種精神領略，與人子之思的心靈救贖（如徐枋之追憶先父）。

易代世變，的確讓舟舫雅集之書畫賞鑑，[114] 乃至於亭臺樓閣之風景領略，更交織了複雜的情感，大抵多如「新亭對泣」所言：「風景不殊，正自有山河之異」，蓋借景抒情，所謂亭臺樓閣，皆可為遺民登臨追憶之

---

[113] 如〈重過治平寺次先中丞公原韻〉一詩所示：「一葉蒼茫泛五湖，登臨勝境屬浮圖。青山白社人空老，古寺閑房興不孤。極目林巒隨杖屨，會心煙水映菰蒲。千秋手澤重瞻對，丈室居然冠我吳。（寺有先六世祖大中丞公所題詩，及先學士文靖公所築書屋，故云）」，見〔明〕徐枋，《居易堂集》，卷18，頁447。

[114] 易代之際，「舟舫」這個移動空間，也提供了當世者迂尊就駕、以世外之禮迎見遺民的途徑。如黃宗羲所述：「當是時湖上有三高士之名，皆孝廉不赴公車者，……監司盧公尤下士……遣人通殷勤於三高士者，置酒湖船，以世外之禮相見。其二人幅巾抗禮，盧公相得甚歡，唯魏美不至為恨事。已知其在孤山，放船就之；魏美終排墻遁去。」見〔清〕黃宗羲，《黃宗羲全集》，第10冊，〈汪魏美先生墓誌銘〉，頁392-393。相關論述亦可參見楊念群，〈文字何以成獄？——清初士人逃隱風格與「江南」話題〉，收入氏編，《新史學：感覺·圖像·敘事》，第一卷（北京市：中華書局，2007年），頁3-58。詳參第六章。

場域[115]。徐枋懷想先父徐汧的流風遺澤，重修先父生前於崇禎丁丑年
（1637）所築之思樂亭，於荒煙蔓草間，緬懷昔時種種，其情頗近於全祖
望（1705-1755）所述易代後之情狀，如陸周明有一湖樓，名「不波
航」，「姚江王侍郎懸首城西門，周明簒取以歸，藏之密室，每逢寒時重
九，輒招邀同志祭之航中，放聲慟哭，哭畢各有詩記之」；[116] 又如余生
生之「借鑑樓」、[117]方子留「湖樓」等。[118] 誠如全氏所述：

> 古之志士，當星移物換之際，往往棄墳墓、離鄉井，章皇異地以
> 死，以寄其無聊之感。方其悵悵何之，魂離魄散，鶺鴒之翩，欲
> 集還翔，滿目皆殘山剩水之恫，更有何心求所謂清勝之處而居
> 之？然而賢者所止，必無俗景物，遂使筆牀茶竈，永為是邦之佳
> 話。[119]

遺民士子所見種種，已非山光水色之清朗，在淚眼愴恫中，都成了殘山剩
水，而無關風景之流連了[120]。

---

[115] 如徐枋之論姜垓英年早逝，係家冤國恤萃集一身，所以「新亭風景，西臺登臨，無一非
其傷生之具」，見〔明〕徐枋，《居易堂集》，卷 19，〈姜吏部如須哀辭（并
序）〉，頁 460。

[116] 〔清〕全祖望，《全祖望集彙校集注》，《鮚埼亭集外編》，卷 20，〈不波航記〉，頁 1125。

[117] 〔清〕全祖望，《全祖望集彙校集注》，《鮚埼亭集外編》，卷 20，〈余生生借鑑樓記〉，
頁 1122。

[118] 〔清〕全祖望，《全祖望集彙校集注》，《鮚埼亭集外編》，卷 20，〈方子留湖樓記〉，
頁 1123-1124。

[119] 〔清〕全祖望，《全祖望集彙校集注》，《鮚埼亭集外編》，卷 20，〈余生生借鑑樓
記〉，頁 1122。

[120] 如曹淑娟，〈從寓山到寧古塔：祁班孫的空間體認與遺民心事〉一文，考察祁氏父子遺
民之志的傳承中，「寓山空間身分」的游移，並進一步詮釋祁班孫遺戍歷程的生命意
義，收入王璦玲主編，《空間與文化場域：空間移動之文化詮釋》（臺北市：國家圖書
館，2009 年 10 月），頁 31-74。闡論詳參王璦玲，〈《空間與文化場域：空間移動之

由是足知：舟舫秘會、書畫雅集、亭臺樓榭，在易代世變之後，皆成了無聊士子託寓傷感之場域，對於文房清玩的鑑賞態度更多的是，對晚明奢華之種種進行一種懷情式的追憶，[121] 此中尚且糅雜了知交情誼、黍離之思、人子之情等多重意蘊，論者實不宜簡化而等同視之。

六　身分認同的古典譜系與文藝再現

本節主要探討有二：其一，徐枋堅持「不入城」，遭逢流離失所之塞險困阨，如何透過詩文書畫之文藝再現，尋求生命安頓；其次，就敘述策略而言，文人如何擬塑一套「不入城」身分的古典認同譜系。著意關注的是：徐枋如何透過「典故」這個內在參照系統（Internal reference frame），[122] 或稱之「敘述庇護所」（narrative home），[123] 藉由文藝再現的媒介，建構出一套係屬遺民／移民身分的認同譜系。[124]

文化詮釋》導言〉，《中國文哲研究通訊》，第 19 卷第 3 期（2009 年），頁 130。

[121] 最富盛名的，莫過於深具文人習尚的遺民張岱（1597-1679），其《陶庵夢憶》等作品中，在字裡行間流露感官耽溺與懺悔追憶，即是典例，學界已多深耕於此，如〔美〕史景遷著，溫洽溢譯，《前朝夢憶：張岱的浮華與蒼涼》（桂林市：廣西師範大學，2010年）。此贅言之，意在呈現遺民玩賞文物之心態，實複雜多端，誠如本文所論徐李舟舫之會。

[122] 〔英〕安東尼・紀登斯（Anthony Giddens）著，趙旭東、方文譯，《現代性與自我認同：晚期現代的自我與社會》（臺北市：左岸文化事業公司，2002 年），頁 76。

[123] 此觀點受到約翰・戴維斯（John Davis）之啟發。他認為在競爭中居於劣勢者，不會把他們的人生安插在同樣的「敘述庇護所」（narrative home），參約翰・戴維斯，〈歷史與歐洲以外的民族〉，收入〔丹麥〕克斯汀・海斯翠普（Kirsten Hastrup）編，賈士蘅譯，《他者的歷史：社會人類學與歷史製作》，頁 39。

[124] 筆者之所以強調「內在性」，是因為同意安東尼・紀登斯所言：這樣的文化參照系統，無論是對生活經驗的整合，或是個人信仰體系的重建，都是繫乎內在自我而發展出來的。當然，此中容或有不同的詮釋取向，包括了支持或妥協、反省或擁抱、抗拒或是創意的轉化，參〔英〕安東尼・紀登斯著，趙旭東、方文譯，《現代性與自我認同：晚期現代的自我與社會》一書。相關運用可參拙著，《中晚明文藝場域「狂士」身分之研究》（臺北縣：花木蘭文化出版社，2010 年），頁 49。

　　首先，就身分認同之文藝再現而論。除了詩文之外，徐枋更兼擅繪畫，屢屢以圖繪繼之以詩歌，來紀頌流離失所之際難能可貴的交遊，如〈與吳子佩遠書附答書〉所述，即為一例。一生有「逐日中原」之志的吳佩遠，平日蹤跡頗與徐枋相反，而全祖望謂之「實為同德」，[125] 在徐枋屢屢遷徙移居的過程，二人因緣際會地相依共濟。康熙十二年癸丑（1673）秋，五十二歲的徐枋大病幾殆，已至「展側須人」的地步，此時闊別十年的吳佩遠攜藥遠道來訪，徐子欣喜之下，竟「歘然起坐，談對浹晨夕」，病痛寬解不少；孰料言別之後，愁緒擾人而復病浹旬，輾轉病痛、徘徊生死之際，遂引發文人以詩畫載記二人多年情誼的念頭：

　　　　言別之後，別緒擾人，且迴首往事，又復十年，愁痛一時攢集，
　　　　為之黯然閔默者竟日，遂致復病，病復浹旬，直至九月杪始得強
　　　　起。因思吾兩人三十年來疾痛憂患、聚散暌合、歌哭夢覺、生死
　　　　死生，誠一部十七史，未易更僕。而此十年中之可一謀面而不
　　　　能，可一通問而未得，尤為鬱結，直至此一晤言而鄙心始豁。總
　　　　之三十年來疾痛憂患、聚散暌合、歌哭夢覺、生死死生，雖或形
　　　　跡有殊，仍復豪釐無間，因為作拙畫六幀、拙詩百韻奉贈，聊以
　　　　記吾兩人不特休戚同體，直復死生一致，是可述也。[126]

徐枋所繪之六幅圖畫，載記的移居經歷依序為：「甲申乙酉，弟依兄於汾湖蘆區，為一圖。丁亥戊子，兄依弟於金墅，為一圖。癸巳歲，吾兄抑志北遊，相送於靈巖、支硎、白馬磵，為一圖。己亥歲，弟屏居積翠，兄來

---

[125] 此段文字敘述係犖括自全祖望〈澗上徐先生祠堂記〉一文。
[126] 〔明〕徐枋，《居易堂集》，卷3，頁57。

同棲止，為一圖。辛丑歲，兄於禍患中間道過存，篝燈對語徹夜，為一圖。即昨歲弟病垂死，兄過存澗上，為一圖」，而所作之長律百韻，則「櫽括此六圖中歌哭涕笑而成章者」。在反覆病痛、徘徊生死之際，回首三十年來，有若夢覺一場之不可捉摸；而形諸於圖／詩的創作，則是徐枋在面對現實之虛無飄渺時，嘗試捕捉生命意義的一種憑藉，他藉此肯定了流離過程「疾痛憂患、聚散暌合、歌哭夢覺、生死死生」之種種，造就出這段「休戚同體」、「死生一致」的情誼，這似乎是經歷世變的文人不斷自我追問的存在依頓。

其次，析論文人「不入城」身分所運用的敘述策略（narrative strategy）──擬塑古典認同譜系。〈移居十景圖贊〉，[127] 即為典例。徐枋因山居屢遷，而集古人移居十事，以圖繪附繫贊文的方式創作。考其文中徵引典故，皆是歷史上隱居山林的讀書人，茲羅列兩則於下，以說明其表述體例與敘述策略：

〈霸陵山〉

〔漢〕梁鴻字伯鸞，扶風人。始受業太學，家貧尚節介，博覽無不通。歸鄉里，勢家慕其高節，欲女之，謝不娶，娶孟氏女光。光歸鴻七日，盡釋齋裝，椎髻布裙，操作而前。鴻喜曰：「真吾配也。」共入霸陵山中，以耕織為業，詠詩書彈琴以自娛。

伯鸞清高，爰求賢匹。裴葛俱隱，節尚悉敵。彈琴著書，夫耕婦織。共入霸陵，樂是潛德。

〈會稽南山〉

〔宋〕朱百年，會稽山陰人。攜妻孔入南山而居，以樵箬為業，每得

---

127 〔明〕徐枋，《居易堂集》，卷 19，頁 474-477。

樵，輒束置道旁，為人所取去，輒復置，久之，須者隨所直多少，留
錢歸之。

轉居南山，樵不取錢。道頭樵者，伊朱百年。

全文長達約一千三百字，共以十個地點為文題，作為起首引子；中間皆繫
以數十百不等之文字，用以敘說典故之主要節理；末了則以四言「詩
贊」，簡短勾勒隱逸賢哲之事蹟。如首列之「霸陵山」，即是漢朝梁鴻與
妻孟光偕隱之所；而「會稽南山」，則為宋朝朱百年攜妻隱居之地，其以
樵箸為業的謀生方式，成為日後徐枋賣畫維生時，經常出現在文中作為自
我借鏡或嘉許他人的取法典型，如圖九所示之書法作品，即以朱百年發
論。[128]

圖九　〔明〕徐枋〈題山東董樵谷樵隱圖〉

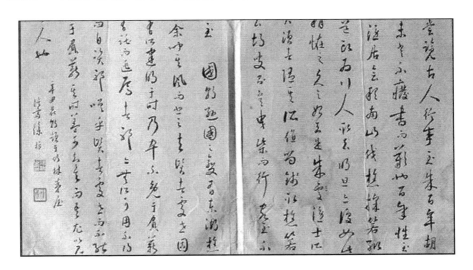

[128] 圖九擷取網址：ww.ieshu.com。日期：2010 年 9 月 30 日。內文經筆者考察即為徐枋
〈題山東董樵谷樵隱圖〉一文。〔明〕徐枋，《居易堂集》，卷 11，頁 254。

考此幅書法之內容，即出於徐枋〈題山東董樵谷樵隱圖〉一文：[129]

> 余嘗覽古人行事，至於朱百年、胡叟，未嘗不廢書而歎也。百年
> 性至孝，隱居會稽南山，伐樵採箬，輒置道頭，為行人取去，明
> 旦亦復如此。人稍怪之，久之始知是朱隱士所賣，須者隨其所
> 值，留錢取樵箬而去。胡叟則嘗曳柴而行，客至不輟。至國朝遜
> 國之變，有東湖樵者，余聞其風而悲之。夫賢者處世，固欲有所
> 建明於時，乃卒不免於負薪，其有託而逃焉者耶？亦無所可用不
> 得已而自資耶？嗟乎！賢者處世而不能免於負薪，其時蓋可知
> 矣，而吾尤以見其人也。

遜國之變讓有志賢者，選擇隱於樵的生命型態，係「有託而逃焉者」，不
得已而為，此中大有深意，論者不宜等閒視之。又，徐枋亦嘗撰〈箬廬
記〉，[130] 論隱於醫的處士趙封初：「賣箬止以全其高節耳，若處士之賣
藥，既以高其節，復以邁其德而大其學」，據朱百年賣箬之典，翻上一
層，藉以推舉從醫之學，為全其高節之外更德學兼俱。

　　朱百年的典故，對於選擇遁世卻又賣畫維生的徐枋而言，適足以開解
困境，徐枋在多處文章中徵引此典，似有自我論辯、澄清己志之意，如
〈答友人書〉：[131]

---

129 〔明〕徐枋，《居易堂集》，卷 11，〈題山東董樵谷樵隱圖〉，頁 254。
130 〔明〕徐枋，《居易堂集》，卷 8，〈箬廬記〉，頁 189-190。徐枋亦撰〈箬廬詩贈趙
　　封初〉以贈：「採箬置道頭，吾聞朱百年。行人取箬去，隨值留青錢。趙君今隱者，隱
　　居靈巖前。賣藥不計值，但使沉疴痊。心慕採箬人，賣藥聊復然。幽棲隔世塵，蕭蕭屋
　　數椽。客去掩柴門，悠然復垂簾。堆牀多圖書，花藥盈階鮮。邈矣幽人居，高寄形神
　　全。名之曰箬廬，清風其庶焉。」〔明〕徐枋，《居易堂集》，卷 17，頁 412。
131 〔明〕徐枋，《居易堂集》，卷 2，〈答友人書〉，頁 33-34。

僕作畫三十年，而賣畫未及數載。始者實以避世之人不應復以姓
名筆墨流落人間。而比年以來，物力日艱，人情日索，當世之一
銖一縷既為不飲之泉，而同志故人可以通有無相緩急者，又皆自
給不暇。又見古人立身常有持之過峻，而事窮勢極，反致盡失其
素者，故不得已而賣畫，聊以自食其力，而不染于世耳。然非我
求，蒙迫而後應，且賣者不問其人，買者不謀其面，若百年採
箬，桃椎織屨，置之道頭，需者隨其所值，亦置道頭而去，仍不
與世相接而與物交關也。

為了堅持不與世接的原則，聊以此自食其力。然畫名日熾，也招來不少困
擾，某一王生不斷熱衷於仲介賣畫，徐枋亦嘗撰書強烈辯明初衷：

僕自滄桑以來，二十餘年，絕不刻一詩一文，所以者何？避世之
人，深不欲此姓名復播人間也。則僕之傭書賣畫，豈得已哉？僕
之傭書賣畫，實即古人之捆屨織席，聊以苟全，非敢以此稍通世
路之一線也。而足下每每強僕以書字，毋乃與僕之初心大剌謬
乎？況僕之不書字，亦正以苟全也。心之精微，口不能言，豈易
一二為足下道哉？乃僕辭之甚苦，而足下猶必絮言其人若何品
行，若何家世，不妨為書字。噫，何足下之難曉如是乎？豈僕之
有所揀擇，簡傲而云然乎？噫，亦謬甚矣。僕嘗謂索僕書畫而必
強僕以書字，亦猶于茹素之人而必強進以魚肉，既已謬矣，及其
堅辭，而猶盛言魚肉之可食，不更大謬乎？承委種種，并厚幣，
一一完璧。鄙人硜硜，苟非吾意，雖千金所不欲也。以足下之難
曉也，故特以書報。[132]

---

[132] 〔明〕徐枋，《居易堂集》，卷2，〈與王生書〉，頁44。

徐枋稱「僕之傭書賣畫，實即古人之捆屨織席，聊以苟全，非敢以此稍通
世路之一線也」，即引朱百年賣箬之典以自清，雖然友朋皆樂於畫社雅
聚，[133] 也不認為賣畫之舉有任何刻意營求之意，但徐枋顯然有深切的道
德焦慮。綜上所述，論者可以觀察到「朱百年」這個典故，作為詩文中引
用的象徵符號，無論是評論他人或是徐枋自論，皆可視為一種場域上觀看
者與行動者相互期許的文化參照系統，亦深具敘述庇護所與認同取向之
意。

　　除了上述兩個地點的隱者故實之外，〈移居十景圖贊〉中陸續徵引了
許多典例：如魏朝鉅鹿張臶，不應袁紹辟命，移居上黨，高隱以終，年
一百五歲；又如晉朝張華，詞藻溫麗，博贍多通。常徙居，載書三十乘，
不以為累；又如宋朝戴勃與弟顒，竝隱遯於桐廬，彈琴自適；又如宋朝劉
凝之，與妻梁氏女入衡山，絕嶺結廬，采藥服食以養生；又如梁朝陶弘景
「閉影不外交，惟披閱為務」，自號華陽陶隱居。晚移積金東澗，特愛松
風，庭院皆植松，聞其響欣然為樂；又如唐朝王績，簡傲不仕，耽於麴
蘗，退耕東皋，即以自號；又如唐朝田游巖，攜母妻入箕山，在許由廟東
築室山居，自稱「由東鄰」。後世喜好山水者喜以「泉石膏肓，煙霞錮
疾」自稱，其典故即出於此；又如宋朝陳慥，壯年折節讀書，不遇，棄田
宅，隱於光黃間岐亭菴。全文洋洋灑灑數千言，既稱圖贊，料想當初應有
相應之圖繪，文人藉由圖文輝映的方式，銘刻自我生命型態的認同譜系，
為自己不斷移居找到歷史典例的依頓，從而由此汲取了繼續面對困境的內

---

[133] 徐枋朋友對於畫社與賣畫的態度，可以朱用純代表來說明：「兩年以來，承周玉老諸公
有畫社，資弟薇蕨，今歲併此謝卻矣。」「蓋畫社之舉，亦友朋所以交盡其誼，原非吾
兄有意營求。……又況以畫相酬，又不徒受之，而亦有先儒治生之意焉。」〔明〕朱用
純，〈答徐昭法書〉，見羅振玉輯，〈徐俟齋先生年譜〉，收入〔明〕徐枋，《居易堂
集》，附錄卷下，頁588。

在力量。

　　整體而言，圖贊建構了一系列人物譜系：大抵按照「漢─魏─晉─南朝宋─梁─唐─宋」之朝代，順次羅列而下，其下依「地點」各舉一位攜妻遯隱山林、躬耕讀書的隱者，串接成看似「一脈相承」的隱者譜系。[134] 論者不妨視之為一種極具易代文化意義的敘述行為 ── 這當然僅僅係屬於「高尚其志，不事王侯」的遺民／逸民論述，在流離失所、不斷移居的困頓之中，透過追溯古典象徵系統的表述策略、擬塑出隱者身分的歷史譜系，在幾乎為現實飄忽離索感受所淹沒之際 ── 文人藉之以重新建構自我認同，藉由回歸自然而開展出無限寬闊的生命淨境。此種徵引典故，援引「文化象徵系統」的資源，成為遺民己身存在焦慮的一種面對方式，這無疑可視為一種自我調適（self-adjustment）與轉化，正如王瓊玲〈論清初劇作時空間建構中的意識表徵與主體認同〉一文所考，[135] 易代遺民士人在身分認同與個體存在的危機意識衝擊下，藉由戲劇創作達到調適與轉化之效（如孔尚任之創作《桃花扇》）；而徐枋則透過了詩文書畫的再現，達到了這樣的內在訴求與自我安頓。這與前述流離失所等種種怨愁逼仄的遺民表述，迥然有別，顯然已開展出融入個人詩文書畫特長的表述新格局。

---

[134] 此種以抽離時間式的排列方式來建構認同譜系的方式，其意義可參見〔美〕班納迪克・安德森（Benedict Anderson）著作。他在提出「想像的共同體」這個概念時，嘗借用華特・班雅明（Walter Benjamin）的「同質的、空洞的時間」（homogenous, empty time）概念來描述新的時間觀，這種技術上的援用，恰可以說明認同這個想像體的類比作用。參〔美〕班納迪克・安德森著；吳叡人譯，《想像的共同體：民族主義的起源與散布》，頁 28。國內學者援此觀點者如沈松橋，〈我以我血薦軒轅：黃帝神話與晚清的國族建構〉，收入盧建榮主編，《性別、政治與集體心態：中國新文化史》（臺北市：麥田出版公司，2001 年），頁 291。

[135] 王瓊玲，〈《空間與文化場域：空間移動之文化詮釋》導言〉，頁 131。

七 結語——登山必登萬山最高峰：捍衛生命尊嚴的姿態

　　當時間的巨輪輾過，文人當初的堅持、形塑的生命姿態，究竟還剩下什麼？徐枋如是回應那個時代拋給他們的問題——在流離失所中以詩歌抒懷、以書信表志，並提出「蹇險顛阨」具人生正面意義的積極論述；在舟舫秘會與書畫雅聚中，暢敘故國之情、人子之思；在不斷移居中，找尋文學典例、透過文藝再現之創作，開展流離失所中生命安頓的途徑，確認了死生契闊如金石般的可貴友誼與不可磨滅的生命經驗。

　　而不朽的是什麼？當徐昭法祠堂，在道光年間有「聚賭開設茶館」甚至淪為「寄棺停柩」等遭人作賤的處境時，為何清朝官方還願意立下「禁示」申言「從嚴究辦」，[136]加以維護？徐枋自述「登山必登萬山最高峰，奮身直上空九垓」一詩句，[137]或許可以回應這個問題，或許就是這種捍衛生命尊嚴的姿態，令人動容，異時異代總有如你我者，會因此而好奇：那個時代，所謂的「遺民」，如徐枋者，究竟堅持著什麼？

---

[136] 〔明〕徐枋，《居易堂集》，卷上，〈澗上草堂記略‧署吳縣正堂藍‧禁示一道〉，頁645。
[137] 〔明〕徐枋，《居易堂集》，卷17，〈附錄二‧病中放歌（丙辰歲秋）〉，頁428。

圖一　《明季三孝廉集》影像以及徐俟齋先生遺像[138]

[138] 左圖：《明季三孝廉集》，收入羅振玉編，《羅雪堂先生全集》，第 5 編第 10 冊（臺北市：大通書局，1973 年），頁 4043。右圖：《明季三孝廉集・居易堂集》，收入羅振玉編，《羅雪堂先生全集》，第 5 編第 12 冊，頁 4647。

圖五 〔洪武〕《蘇州府志》[139]之石湖

139 〔明〕盧熊撰，〔洪武〕《蘇州府志》（臺北市：成文出版社公司，1983年），頁78。

圖六 〈石湖山水之圖〉[140]

圖七 〔明〕文伯仁〈姑蘇十景圖〉之〈石湖秋泛〉[141]

[140] 〔明〕盧襄撰，《石湖志略》（臺南縣：莊嚴文化事業公司，1996 年），頁 141。

[141] 〔明〕文伯仁（1502-1575），字德承，號五峰，江蘇蘇州人，出於書香世家，後棄舉業，以畫維生。文伯仁之叔父即吳門畫派文徵明（1470-1559），故其學養畫藝亦近之。《姑蘇十景冊》，內容有「支硎春曉」（第 6 開）、「滄浪清夏」（第 3 開）、「胥江競渡」（第 4 開）、「寶塔獻瑞」（第 8 開）、「靈巖雪霽」（第 10 開）、「鄧尉觀梅」（第 5 開）等等，「石湖秋泛」係第 7 開，足見明中葉以後，石湖泛舟成為地方勝景。

圖八 《新刻譚友夏合集》[142]

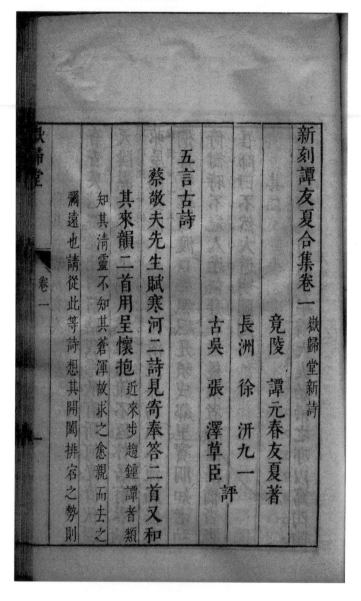

142 〔明〕譚元春著,徐汧、張澤評點,《新刻譚友夏合集》,上海圖書館藏善本,係明崇
禎(1628-1644)年間池白水刻本。徐汧只參與了卷 1 的評點。

第三章
疾病隱喻與救國想像
—— 徐枋的醫藥體驗與遺民論述

徐枋既不能學從親止水之江鎬，獨不能學終身不西向之王裒乎？[1]

然自遭大故，慇恨痛毀，并集方寸，致百病交攻，沉痾莫起。今雖視息尚存，而生理已絕，經年伏苫，雞骨支苦，身不勝衣，口絕饘粥，餘氣游魂，百事盡廢，所欠惟一死耳。[2]

一　引言 —— 貧病之必要？

　　易代士子徐枋（1622-1694），於國變後承止水畢節之先父遺訓[3]，效法終身不西向之王裒（?-311），辭諸生、不入城，遁山逃水、流離遷徙，過著幾近「不與世接」的離索生活。兵燹外侮讓昔時家產化為灰燼，

---

[1] 〔明〕徐枋，《居易堂集》（上海市：華東師範大學出版社，2009年），卷1，〈答吳憲副源長先生書（名嘉禎）附來書〉，頁8。本文引用此書之版本皆同。

　　「止水」典故係指〔宋〕江萬里於元兵渡江後，「鑿池芝山後圃，扁其亭曰『止水』」，城破即赴止水殉國，其義子江鎬（蜀人王橚子）亦從之，詳見《宋史》，列傳177，〈江萬里〉傳；〔晉〕王裒則終身不西向而坐，以「示不臣朝廷」，並「隱居教授，三徵七辟皆不就。廬於墓側，旦夕常至墓所拜跪，攀柏悲號，涕淚著樹，樹為之枯。」見《晉書》，卷88，列傳第58。

[2] 〔明〕徐枋，《居易堂集》，卷1，〈答長洲縣知縣田（本沛）書（附來書）〉，頁2。

[3] 徐枋父徐汧（1597-1645），明末大臣，投水殉國前，泣諭枋曰：「我固不可以不死，若即長為農夫以沒世可矣」，詳參〔明〕徐枋，《居易堂集》，卷3，〈與馮生書（名羽，字鶴仙）〉，頁58-59。

徐子又堅持謝絕資助、不營生計[4]，遂陷貧困潦倒之逼仄處境。「貧病交
迫」，於是乎成為流離遺民之尋常狀態[5]。筆者披閱《居易堂集》，查其
所載疾病經驗，多支離散亂，間或雜於詩文之一二句，亦有長篇大論者。
環繞著貧困疾病的醫藥體驗，以及有感而發的諸多療疾論述，又與銅駝荊
棘之怨悱沉痛、慷慨憤懣，交織錯雜，甚者，或顯或隱地與遺民救亡圖存
之治國大論，曖昧難分。

　　本文即以遺民徐枋「不入城」的逼仄困境為基底，爬梳其疾病經歷與
醫療體驗，進而叩問：士子遭逢貧病交迫、九死一生時，開展出何種生存
思維與轉化反思？疾厄纏身與家破國亡之間，繫連了何種積極意義？良醫
／庸醫之判，實涉生死大事，其間關鍵差異何在？徐子屢遭疾厄、折騰幾
死，在疾病書寫中，除了痛斥庸醫殺人、期許良醫濟世之外，又如何援引
「典故」之文化象徵系統，形塑一套醫藥譜系之宏偉傳統[6]？更值得玩味
的是，書寫者如何濟以多重跨域之「譬喻映射」（metaphorical
mapping）[7]與「互文」（intertextualite）[8]等敘述策略，暗渡陳倉地嫁接

<hr>

[4]　徐枋雖備書賣畫，典衣損食，但全家仍時嚐饑寒。見〔明〕徐枋，《居易堂集》，卷
　　3，〈與馮生書〉，頁59。

[5]　遺民懷家國之憂，流離遷徙，故多疾病纏身，如〔明〕呂留良（1629-1683）嘗自言：
　　「衰病日深，支骨待死」；又述病痾之狀：「喀血嗽痰，聲瘖臥熱，種種惡候，夜鬼相
　　參」，見呂留良著；徐正等點校，《呂留良詩文集》（杭州市：浙江古籍出版社，2011
　　年11月），卷1，〈答葉靜遠書〉，頁27；又《呂晚村先生文集》，卷2，〈與萬祖
　　繩書〉，收入《呂留良詩文集》，頁46。

[6]　此所謂「傳統」，係同意霍布思邦（Eric Hobsbawm）等所論，乃人為創造的、是具有
　　現實文化與社會意義的，所以特別借重「過去與現在」（past and present），詳參周樑
　　楷，〈傳統與傳造的微妙關係〉，收入〔英〕霍布思邦（Eric Hobsbawm）等，《被發
　　明的傳統＝The Invention of Tradition》（臺北市：城邦文化事業公司，2002年8月），
　　頁6。

[7]　詳參〔美〕雷可夫（George Lakoff）、詹森（Mark Johnson）；周世箴譯注，《我們賴以
　　生存的譬喻＝Metaphors We Live By》（臺北市：聯經出版事業公司，2006年），頁77。

[8]　所謂的「互文性」，主要為法國朱麗葉‧克莉絲蒂娃（Julia Kristeva）所提出，指稱文
　　中有文的現象，其衍生而出的敘述策略有引用、暗示、參考、仿作、戲擬、剽竊等等。

成「療疾／救國」遺民論述？本文最終企圖，在建構此一「療疾／救國」
遺民論述後，照應同時之場域氛圍，嘗試賦予文化意義，繼而尋求時代座
標定位。

　　本題主要涉及「遺民」與「醫療」兩大區塊。現今學界於明清易代遺
民士風之耕耘，實蔚為大觀[9]；至於醫療史，則誠如學者蔣竹山[10]所述，
不論是由圖像、視覺文化[11]，或是新文化史，或是疾病、現代性與後殖
民，或是出版文化、衛生與國族，或是性別與身體，或是物質文化，或是
全球史、文化碰撞等諸面向，亦各有發皇。然整體而言，學界迄今尚未能
跨域整合地就遺民生命情境中，所必須面對的貧窮、疾病、死生交迫以及
醫療體驗，乃至於敷衍鋪展的「療疾／救國」遺民論述，有所發微。

　　此遺珠之憾，殆因遺民書寫好用隱晦託喻，所論多半曖昧模糊，甚至
艱澀難解，與史學考索物質文化之務求具體實證，取徑相悖。縱有吳一立
之論鬼胎[12]、李建民之論祟病[13]，乃至於林富士之考探民俗巫術道教[14]，

　　可參見蒂費納・薩莫瓦約著，邵煒譯，《互文性研究》（天津市：天津人民出版社，
　　2002 年）以及王瑾，《互文性》（桂林市：廣西師範大學出版社，2005 年 9 月）等
　　書。 中文學界已廣加援用，如胡曉真，《才女徹夜未眠 —— 近代中國女性敘事文學的
　　興起》（臺北市：麥田出版公司，2003 年 10 月），頁 79。

[9]　諸如「不入城」行徑、怨愁文風等諸多討論，可參見拙作〈不入城之旅：明清之際遺民
　　徐枋的身分認同與生命安頓〉一文之考，《明代研究》第 20 期（2013 年 6 月），頁
　　59-98。

[10]　蔣竹山，〈新文化史視野下的中國醫療史研究〉，收入氏著，《當代史學研究的趨勢、
　　方法與實踐；從新文化史到全球史》（臺北市：五南圖書出版公司，2013 年 3 月二
　　刷），第四章，頁 109-136。

[11]　〔美〕Larissa Heinrich（韓依薇），〈病態的身體：林華的醫學繪畫〉，收入楊念群
　　編，《新史學》，第一卷（北京市：中華書局，2007 年），頁 185-216。

[12]　〈鬼胎、假妊娠與中國古典婦科中的醫療不確定性〉，收入李貞德主編，《性別、身體
　　與醫療》（臺北市：聯經出版事業公司，2008 年 10 月），頁 159-188。

[13]　李建民，《旅行者史學 —— 中國醫學史的旅行》（臺北市：允晨文化實業公司，2009
　　年 3 月）。

[14]　主要著作如《中國中古時期的宗教與醫療》（臺北市：聯經出版事業公司，2008 年 6
　　月）等。

參乎人鬼冥陽、事涉隱晦幽微者，然亦多就文獻而論事；至於「譬喻映射」、「互文」等文學筆法，由於並非醫療史之研究焦點，故論者多未及參佐遺民處境，遂於繫連「療疾」與「救國」之間的諸多晦澀隱喻，著墨甚少。近期金仕起 [15]、楊瑞松 [16] 二人，於國體與疾病二者深耕頗力，唯前者所涉為中國古代（上古至漢），後者則關注晚清民國，並未暇觸及明清時期，遑論易代遺民。

然前人諸論中，亦有與本文交涉較深的，分別是學者廖肇亨 [17]、楊玉成 [18]、張蜀蕙 [19] 的文章。廖之於「因病與藥」的闡析，楊之於疾病書寫的深耕，張之於疾病與國族的繫連，皆有獨到見解，啟示良多。近年學界關注現代化問題，於晚清民國以來所謂「病體／國體」之論，甚感興趣 [20]，多歸因為士人面對西方文化進入的一種因應論述，然亦未暇論及明清易代遺民。

是以本文嘗試彌縫上述諸研究之未竟，以徐枋個案為觀察，分二大部分進行論述：其一、貧病交迫與療疾體驗。其二、「療疾／救國」之遺民

---

[15] 金仕起自博士論文即關注上古時期方技與國政之關連，近期代表作為《中國古代的醫學、醫史與政治：以醫史文本為中心的一個分析》（臺北市：政大出版社，2010 年 9 月）；《論病以及國 —— 周秦漢方技與國政關係的一個分析》（臺北市：國立臺灣大學歷史學研究所博士學位論文，2003 年）。

[16] 楊瑞松，則由博論顏元專論研究，轉至近代中國關於「身體、權力與認同」諸面向，代表作為《病夫、黃禍與睡獅：「西方」視野的中國形象與近代中國國族論述想像》（臺北市：政大出版社，2010 年 9 月）。

[17] 廖肇亨論及明清之際，流行運用「病／藥」此一充滿文化意涵的擬喻，見廖肇亨，〈藥地愚者禪學思想蠡探 —— 從「眾藝五明」到「俱熔一味」〉，《中國文哲研究集刊》第 33 期（2008 年 9 月），頁 173-203。

[18] 楊玉成，〈病人絮語：晚明張大復的疾病與書寫〉，「2011 明清研究前瞻」國際學術研討會（臺北市南港：中央研究院中國文哲研究所，2011 年 11 月），頁 24-25。

[19] 張蜀蕙，〈馴化與觀看 —— 唐、宋文人南方經驗中的疾病經驗與國族論述〉，《東華人文學報》第 7 期（2005 年 7 月），頁 41-48。

[20] 如顏健富，〈「易屍還魂」的變調 —— 論魯迅小說人物的體魄、精神與民族身分〉，《臺大文史哲學報》第 65 期（2006 年 11 月），頁 113-149。

論述；後者又分「疾病論」、「醫者論」二大區塊，其下再分四項子題，依次進行論述：由「憂能傷人」到「壽國壽綱常」、由「天人交感」到「亂世救國」、由「庸醫殺人」到「良醫救人／良相救國」，由擬塑「醫者譜系」到「除魅救國」論。最後，再勾勒場域共應論述之文化意義。本文最終企圖，在以徐枋之個案，管窺並嘗試建構一套明清易代的「療疾／救國」論述。全文之推衍，係由徐枋之日常生活與身體經驗開始，繼而由施藥療疾之於人身，擴及用人救弊之於國體的抽象概念，此種論述進程，乃基於認同〔美〕雷可夫（George Lakoff）所言：「『譬喻是跨概念域的映射』，涉及兩個以上不同的概念域，以一個經驗域理解並建構另一個截然不同的經驗域」，這樣的過程稱為「映射」，而「映射不是任意的，而是以身體與日常經驗及知識為基礎的」[21]。爰此發論，由個人而至國家，由療疾而至救國，由具體經驗而至抽象概念，假「譬喻映射」與「互文」等當代文化理論及方法，梳理個中多重隱喻，務期有所發微，以略盡後學耕耘之力。

二　貧病交迫與療疾體驗

（一）疾病經歷

「家冤國恤萃于一身，創鉅痛深并集方寸」，遭逢世變、心繫故國的士子，多因此抑鬱寡歡、病痛纏身，甚者一病不起，如徐枋友人姜垓

---

[21] 誠如周世箴導讀之述：「『食物域』認知概念投影在『思想域』認知之上，將一個概念域的結構或邏輯（如：食物、旅行）映射到另一個概念域去（如：思想、人生）」，詳參〔美〕雷可夫（George Lakoff）、詹森（Mark Johnson）；周世箴譯注，《我們賴以生存的譬喻＝Metaphors We Live By》（臺北市：聯經出版事業公司，2006 年），〈中譯導讀〉，頁 77。

（1614-1653），年甫四十便魂歸黃泉[22]；又有楊無補（1598-1658）者，
係徐枋父徐汧（1597-1645）之友，於亂後入州府，「心甚傷之，鬱鬱數
年，遂以死」[23]，卒年六十，算算也不過是一六四四年明亡後，再撐十年
罷了。徐枋屢屢撰文哀悼諸友凋零[24]，而自身堅不入城、輾轉流離，則飽
嚐貧病而屢瀕死生，牽累家人亦遭逢疾厄，其女方三歲「冬無絮衣，患成
寒疾，十年不差」；一子年十二歲，能書善繪，「見者以為神童」，而饑
不得食，病不得藥，「遂殂其命」；賢助亦於枋六十歲時離世[25]，諸禍並
至，誠可謂骨肉離散之極。徐枋嘗自述「嗟我生平多轗軻，更傷骨肉多崎
嶇。遂令衰遲益老醜，不覺憔悴增癯頹。龍鍾鮐背同耄耋，霜髭雪鬢何
鬖鬖」[26]實為字字血淚；〈讀史稗語序〉[27]則自述己有五窮，分別為「窮
于命」、「窮于時」、「窮于地」、「窮于饑寒」、「窮于賦性」，大抵
透過「窮」之反覆強調，極言亂後之匱乏偃蹇，又加上性與時違、冰炭不
入，遂更難逃窮愁潦倒之命運。再者，審諸《居易堂集》卷一諸書信，係
徐枋寫與當事及一二鉅公者，此舉係透過受信對象之場域影響力，宣告士
子堅不入城之志，同時也一再形塑徐枋為一「百病垂死」的遺民形象（如
表三）。

---

[22] 〔明〕徐枋，《居易堂集》，卷19，〈姜吏部如須哀辭〉（并序），頁459-462。

[23] 〔明〕徐枋，《居易堂集》，卷12，〈楊無補傳〉，頁290。

[24] 所哀之友分別為陳子龍、葉襄、姜垓、楊無補、鄭之洪，皆亂後「有金石契者」，見
〔明〕徐枋，《居易堂集》，卷17，〈五君子哀詩〉，頁407-408。

[25] 〔明〕徐枋，《居易堂集》，卷3，〈與闔族書〉，頁65。

[26] 〔明〕徐枋，《居易堂集》，卷17，〈懷舊篇長句一千四百字〉，頁433。

[27] 〔明〕徐枋，《居易堂集》，〈序〉，頁107-108。

表三　「遺民百病垂死形象」一覽表

編號	遺民百病垂死形象	出處
1	痛自先人束身殉節，捐棄藐孤，而藐孤不肖，不能從死，偷生苟活，致毀體辱親，誠為兩閒之罪人，抑亦名教之罪人矣。病毀交摧，生理已絕，呻吟苦塊，跧伏隴丘，如是者半年於茲，而卒未能一刻強起，致人閒世事，一枕都廢。	《居易堂集》，卷1，〈答蘇松兵備王（之旹）書〉，頁1-2。
2	然自遭大故，懇恨痛毀，并集方寸，致百病交攻，沉疴莫起。今雖視息尚存，而生理已絕，經年伏凷，難骨支苦，身不勝衣，口絕饘粥，餘氣游魂，百事盡廢，所欠惟一死耳。執事試思鮮民之生也如此，而尚能扶之而起，令入世法乎？	《居易堂集》，卷1，〈答長洲縣知縣田（本沛）書〉，頁2。
3	鮮民之生，僅餘一息，固不能以垂死之身，望塵匍匐，且先人畢節捐生，藐孤義當相從止水，更不敢以應死之身，隨時俛仰，用是堇戶荒廬，屏跡丘墓，不復知有人閒世矣。	《居易堂集》，卷1，〈答吳縣知縣汪（爐南）書〉，頁2-3。
4	故八九年來遁水逃山，不入城府，堅臥土室，閉門却掃，交遊親串亦概謝絕。其間屢遭意外，幾更九死，兵燹之後，外侮疊來，致先人五畝之宅既不能守，汙萊之田十減其七，麤布不完，饘粥不給，室人徧譙，稚子恒饑，人事寡諧，生趣都盡，此之為悲，悲可知矣。	《居易堂集》，卷1，〈答房師姜弱蓀先生書（名荃林）〉，頁10。
5	十七年避世土室，杜門守死，饑寒垂絕，甘而樂之，而年來憂患坎坷，艱難險阻，無一日之寧。	《居易堂集》，卷1，〈與武部李霜回使君書（名令晳）〉，頁11-12。

今考其患病與療疾經歷，據羅振玉所輯〈徐俟齋先生年譜〉整理，自崇禎十七年（1644）京師陷，徐枋時年二十三歲起，得「徐枋病歷大事紀」如下表所示：

表四 徐枋病歷大事紀

時間	年歲	病徵	出處
順治十四年丁酉（1657）	36歲	是歲十一月，祁寒無褌，中寒如瘧，復為庸醫所誤，至於嘔血，沉疴八十日，絕食者六十日。	《居易堂集》，頁535
順治十五年戊戌（1658）	37歲	正月二十日，鄭三山先生（欽諭）來視疾。時先生已瀕危，約絮於背，薦薪而寢。三山亟解衣以贈，以藥起之，乃得更生。……先生作〈病中度歲記〉及〈再生記〉。	《居易堂集》，頁536
康熙十年辛亥（1671）	50歲	病血痢兩閱月。	《居易堂集》，頁540
康熙二十一年壬戌（1682）	61歲	初夏病目六十日，作〈目疾後五戒〉，又患臂痛，八閱月始愈。	《居易堂集》，頁543

此表所示，係由徐枋長年累月的貧病經驗中，舉其罹疾瀕死而印象深刻者，雜如詩文之一二句言病者，並未列入。其要者有二：順治十四年（36-37歲）中寒如瘧，康熙十年（50歲）血痢兩閱月。前者足足有六十天未能進食，幾至彌留狀態，後倖而返生，遂感而有〈病中度歲記〉、〈再生記〉等文章；後者則見載於與友書信中。二文皆親歷而論，痛斥庸醫殺人，良醫難得。

關於罹患瘧病之始末，徐枋撰有〈再生記〉一文，以二千一百九十九字詳述過程。

三十六歲那年深冬大寒，徐枋因貧困無衛寒褌褲，僅著一為鼠所囓大洞之舊單縠，送客至曠野，「寒風如刀，無可逃避」，歸來，遂發大病：

> 丁酉冬十一月初五至初七日，祁寒大風而余苦無褌，止一舊單縠者，又為鼠所穿，其穴如碗，平時擁書兀坐而已肌粟毛豎，時適

送一客歸，行至曠野間，寒風如刀，無可逃避。初九日遂大發病，寒熱交戰，雖其勢劇厲，然以為此瘧耳，可無他虞也。始病數日，猶強起支吾，及二十日竟伏枕不能起矣。廿一日，遂絕粒矣。瘧每三日一發，發如排山倒海，然余所苦者非瘧也，特苦胸膈迷悶，口中作惡，痰滿喉間耳。每日惟啜苦茗數十椀，餘即湯飲入口，必大嘔噦，如是者三十日。至十二月廿一日，覺胸膈稍寬，醫者云：當勉進粥飲，遂強啜之，然僅能一口而止，至廿五日復絕食不罷進矣。戊戌新歲病勢益惡，瘧雖緩而胸膈愈飽悶、痰益多，每仰臥則痰從兩頤流溢而出，口間喉間苦惱穢惡，不可名狀。[28]

原本勉意以單衣抗寒，未料風邪入侵引發瘧病，徐枋就此經歷一生最大之疾厄磨難──共「八十日沉痾，六十日絕食」；所謂「瘧」疾，根據相傳為晚明江西名醫龔居中所撰之《太醫院秘傳明醫斟酌紅爐點雪》卷二載錄：「夫瘧之為疾也，因得之於下，傷於暑熱……」、「若先傷於寒，而後傷於風，必先寒而後熱，或寒多熱少，名曰寒瘧；若先傷於風而後傷於寒，必先熱而後寒，熱多而寒少，名曰熱瘧」，適與徐枋描述「寒熱交戰」的瘧狀相符。但若依瘧狀而施藥，兼採「小柴胡湯」、「參蘇湯」、「人參養胃湯」、「清脾飲」等藥方，[29] 則仍有醫治得救的可能；然而，徐枋卻為庸醫誤診，亂行療程，雜施以「削導剋伐之藥」，排蕩大泄至

---

[28]　〔明〕徐枋，《居易堂集》，卷8，〈再生記〉，頁184-186。
[29]　此版本係民國19年千頃堂書局發行影本，收入《中國古代醫方真本秘本全集‧明代卷》（全國圖書館文獻縮微復制中心，2004年），第5冊，頁119。考諸安徽省圖書館藏明書林劉大易刻本影印之《新刻痰火點雪》（收入《續修四庫全書》，上海市：上海古籍出版社，1997年，子部‧醫家類，第1005冊），並未收入相關醫方及案例。

「肌膚消鑠，大肉盡去，枯瘠如柴」，元氣全無，連手足展動也需他人協助，只能「竟日冥臥」；後來則連日嘔血，「命在呼吸間矣」。醫者鄭三翁遠道至館舍視病時，「先生已瀕危，約絮於背，薦薪而寢」。當此生死一線，鄭氏及時接手醫治，「以三劑立起於兩日之間」，不可不謂如神明在手。徐枋之命，實為庸醫誤診而致危，卻又起於良醫之施藥得當，無怪乎有「庸醫殺人」之憤慨陳言。

另一重病經驗，則在五十歲那年秋天。足足有兩月之久因血痢而纏綿病榻，徐枋罹患之「血痢」，根據前引《太醫院秘傳明醫斟酌紅爐點雪》卷二載錄：「夫痢，古人謂之滯下者是也。得病之由，有從外感六氣脾胃鬱結，遂成此症」，其癥狀為「膿血稠粘，裡急後重」等，醫者可由患者排泄物來判斷生死，若「下如魚腦，症屬生死之間；下如腐肉色、屋滿水色、赤荳汁色，或純是鮮血者，皆不治之症也。身寒脈小微弱則生，身熱脈洪大數則死」，故知此病嚴重可致死亡。倘能對症下藥，分別施予「黃連香薷飲」、「木香導氣湯」、「養臟湯」等，則自可痊癒。[30] 然而，徐枋大病痊癒，死裡逃生後，卻耳聾眼暗，委頓如七八十歲之老人：

> 二十八年從未敢踰越分量，攀援一當世之士也。顧敢一旦與公侯卿相通其交際耶？況當世之公侯卿相亦安用此衰瘁之廢民手？憂患餘生，一息僅係，而去秋復病血痢兩閱月，死而復蘇者屢，雖

---

[30] 此版本係民國 19 年千頃堂書局發行之版本，收入《中國古代醫方真本秘本全集·明代卷》第 5 冊，頁 125-127。考諸安徽省圖書館藏明書林劉大易刻本影印之《新刻痰火點雪》（《續修四庫全書》本），亦未見收。

旁涉晚明醫籍醫案，的確載有相關疾病與醫療紀錄，如〔明〕胡慎柔《慎柔五書》卷 5 中，即錄有淮安客患「瘰症」以及胡氏四弟永穆患「痢疾」之醫案數則，詳述癥狀、施藥與痊癒得救之療程，收入《續修四庫全書》子部·醫家類第 1005 冊，頁 677-679。該版本係據中國醫學科學院圖書館藏清順治石震刻本影印。

得再生，頹然衰瘁，耳聾眼暗，四體不仁，少壯所讀之書茫如隔世，宿昔所處之事轉瞬遺忘，年雖五十而委頓如七八十老人，此足下所目見者也，則又安有毫髮之足采耶？[31]

此信係寫與馮生，陳言二十八年來，不踰本份、不攀緣當世，歷經瀕死噩疾後，誠為「衰瘁之廢民」，斷不敢與公侯卿相交際，遑論為其所用，推其旨意，殆藉此重申遺民託疾隱遁之意；行至六十一歲，又為目疾所苦，嘗撰文明列五項戒規 ——「戒高聲」、「戒努力」、「戒勞心」、「戒多言」、「戒久座」。查其所言之特別，皆未及施用藥方，此法殆有遵溯，如〔明〕吳崑（1552-1620）《醫方考》列有「情志門」[32]，即強調「情志過極，非藥可愈，須以情勝」，方得療癒。史載歷歷，齊威王病，當以怒治之；杯弓蛇影係以疑成病，故以疑解而瘥。徐子自述眼疾療癒之根，當求情緒平和，切忌發怒勞心，最好能噤聲默然，隨順時勢。值得玩味的是，這些自我的規訓話語，卻反向地指陳了徐子平日過於勞心、過於高聲、過於努力；然而，這不就是所有易代遺民內在無可疏洩的憤懣情懷

---

[31] 〔明〕徐枋，《居易堂集》，卷 3，〈與馮生書〉（名羽，字鶴仙），頁 58-59。

[32] 〔明〕吳崑，《醫方考》（上海圖書館藏明萬曆十四年（1586）刻本），卷 3，〈情志門〉第 27。有關中國傳統醫學中的情志論述，仍以「五行生剋之理」來推演，如《黃帝內經》〈素問·舉痛論篇〉載七情致病：「百病生於氣也。怒則氣上，喜則氣緩，悲則氣消，恐則氣下，寒則氣收，靈則氣泄，驚則氣亂，勞則氣耗，思則氣結。」，又〈素問·陰陽應象大論〉論「怒傷肝，悲勝怒」、「喜傷心，恐勝喜」、「思傷脾，怒勝思」、「憂傷肺，喜勝憂」、「恐傷腎，思勝恐」；後之〔金〕張從正（1228 - ?）《儒門事親》卷 3〈九合感疾更相為治衍〉，則更詳加敷衍。下至清朝，醫者徐大椿則轉引該說於《蘭臺軌範》，又，轉載《靈樞》古醫方，有「以流水千里以外者八升，揚之萬遍，取其清五升煮之」的「半夏秫米湯」，作為以情志癒疾的藥方，見《徐靈胎先生醫書全集》卷 2《蘭臺軌範》〈情志臥夢〉篇，頁 207-211。相關論述可參見郭育誠，〈從《難經》「五臟藏七神」論情志與心理學〉，《應用心理學》第 47 期（2010年），頁 237-248；曾智，〈中國古代情志相勝心理療法之研究〉，《內蒙古師範大學學報：哲社版》第 5 期（2002 年）等文。

嗎？此種致疾之心病，又何得全然療癒？

由上述諸例可知，徐枋之於「疾病」，不但不諱言，甚至一說再說、刻意彰顯，筆者以為，此舉除了承續「託疾隱遁」的傳統意涵外，更著意於形塑遭憂罹病的遺民身分，係將「疾病」視為一種無聲的言語、身體表述的公共展演，其訴求之旨在於不認同新政權與異文化，藉由病體之展示，與之隱然抵抗，明顯已擴展了「疾病」的文化意蘊。此係於「不入城」之外，另一種以「身體」彰顯遺民情志的文化行為。

（二）醫病因緣

疾病因緣，讓徐枋識得「隱于醫」之賢士，進因結金石盟者，有張方來、張默全、宋大樵、鄭青山、趙封初等諸人。徐枋和這些醫者書信往返、詩文唱和，或撰象贊以贈，述其醫術精良、起死回生，或撰書信支持儒者棄講而從醫，期許深切。

如因患渴疾而識醫者張方來，有詩兩首，描述張氏來去五湖千峰，孤踪飄忽不定：

> 渴疾經時劇，雲林獨臥遊。掩扉三徑雨，伏枕五湖秋。病減黃精熟，愁消綠醑浮。長房如可教，願得更淹留。[33]

> 吾聞張處士，遯跡到東林。白社空王業，丹砂出世心。風塵全藥裹，杖履愜雲岑，一入千峰裡，孤踪不可尋。[34]

---

[33] 〔明〕徐枋，《居易堂集》，卷18，〈山居抱病張方來以藥起之，復見貽長生酒〉，頁438。
[34] 〔明〕徐枋，《居易堂集》，卷18，〈梁谿張方來賣藥山中〉，頁438。

觀其所述「醫者」形象，頗與隱逸者之高逸脫塵相類。或言鄭青山：「學成謝名利，高寄攻岐黃」[35]，或贈醫者張默全：「泉石煙霞引興長，知君隨意度年芳。祇林長者黃金地，藥市壺公白玉堂。靈草已能扶善病，玄言卻喜對清狂。空山寂寂經過少，為探寒梅共采香」[36]；或贈醫者趙封初：「趙君今隱者，隱居靈巖前。賣藥不計值，但使沉痾痊」[37]，以壺公、朱百年典故況喻，雖行醫賣藥，但不計利益；亦曾悼念醫者王玄坦：

> 玄坦，名宏度，世醫，王氏也。為人靜遠，與余交契十五年矣。楚中尹右王云：「不以貴賤易心，不以盛衰改節。」玄坦有焉。
>
> 闤門塵坌區，依然棲靜者。經戶寂若無，何殊處林野。素心重交遊，高寄何瀟灑。門巷舊烏衣，山林飯白社。壺中成隱居，神契不可假。采藥斸靈苗，贈我嘗盈把。余交真淡如，耐久世所寡。今日重思君，歌詩繼風雅。[38]

此詩推崇王氏「壺中成隱居，神契不可假」，蓋醫者雖身處吳地闤門之喧鬧城市，卻仍保有隱遁山林的淡泊寧靜。徐枋係亂後「不入城」之遺民，王氏則為居城而隱於醫者，王氏因采藥入山、登門拜訪，並餽藥徐枋，二人因病而識，因藥而會，歌詩往返，誠以素心而交遊，情誼深契。

徐枋亦嘗詳載醫者張默全看診情狀。其神術過人，「用藥療病，不循古方，不拘常法，隨意所及，病者輒愈」；又可預決人之生死，推料婦孕

[35] 〔明〕徐枋，《居易堂集》，卷17，〈五君子哀詩〉之〈故處士鄭君之洪（字青山）〉，頁411。
[36] 〔明〕徐枋，《居易堂集》，卷18，〈贈張默全〉，頁446。
[37] 〔明〕徐枋，《居易堂集》，卷17，〈箬盧詩贈趙封初〉，頁412。又卷8，〈箬盧記〉，頁188-189，載趙封初行醫賣藥事。
[38] 〔明〕徐枋，《居易堂集》，卷17，〈懷人詩九首〉之一，頁407。

之男女，聲名傾動一時，遠近若鶩：

> 再生道人者，世吳人，姓張氏，名舜臣，即吳中所稱張默全先生
> 者也。……世業醫，至道人而業益大振，其用藥療病，不循古
> 方，不拘常法，隨意所及，病者輒愈，且預決人生死及婦孕之為
> 男為女輒驗，傾動一時，遠近若鶩，以其得法也。家設南面之
> 座，每早起，道人方袍寬博，幅中拄杖而出，則就醫者自門至堂
> 常滿。道人踞坐南面，傍設一匡牀，惟診脈者侍坐，以次診畢則
> 與藥，詼諧揮攉，給散如飛。[39]

也嘗撰文讚許士人宋大樵，斷然謝去儒業、遣生徒，棄講而為醫：

> 聞足下明歲謝遣生徒，將專精醫學，閉戶下帷，不得不止。私心
> 竊為足下賀，而復有惓惓，欲一效於左右也。昔人以醫道比之相
> 業，謂不為賢相則為明醫，以其利於人者博而濟於世者大也。是
> 豈可以易言之乎？故願足下之深造而精求之。作沈船破釜之舉，
> 若得之則生者，而後其學可成，其道可行，於以立身，於以成
> 名，于以濟世，於以成家，即於以不朽矣。[40]

所謂世傳「不為良相則為良醫」語，係輾轉引自宋代筆記所載范仲淹軼
事[41]，殆以醫道比諸相業，因其利人又博濟於世之道理相通也。是以良醫

---

[39] 〔明〕徐枋，《居易堂集》，卷9，〈再生道人塔銘〉，頁359-361。
[40] 〔明〕徐枋，《居易堂集》，卷3，〈與宋生大樵書〉，頁55。
[41] 〔宋〕吳曾纂，《能改齋漫錄》（臺北市：新文豐出版公司，1985年，《叢書集成》
　　新編·總類第11），卷13，〈文正公願為良醫〉。有關「良醫良相」論述之近人研

非僅僅「技術」層面而已，又繫乎儒學德性與治國宏業的「大道」，此論實由來久遠。而此種「良醫／良相」說法，每每見於徐枋《居易堂集》，如推崇亂後依城行醫的鄭青山，其棄仕從醫，功同相業：

> 鄭子少修博士業，余與同學，既而知天下將亂，乃慨然盡棄其學，而以醫學世其家。沈思篤嗜，不二三年，遂渙然不逆於心，湯熨所及，沈痼立起，一出而名重天下矣。亂後數年，味道守真，終亨時晦，雖形依城闕，而冥然有遯舉之志，故自畫其像，單舸水裔，類古通隱者流，斯又逸民之亞也。昔宋學士濂修元史，列名醫朱震亨于儒林傳中，豈非以其人不敢以醫命歟？故至今稱為良史。若鄭子篤行似夏統，貞默似申屠蟠，而孝友樂義則似郭原平、嚴世期，吾願異日珥筆作皇明史者，遵漢書京房故事，為鄭子立兩傳，分列逸民、獨行中也。因為之贊，贊曰：韓康賣藥，女子知名。夏統扣船，風雨隨聲。寶筏利時，玉函垂經。吾聞醫理，寔同相業。若濟巨川，女作舟楫。吾聞金仙，寔有慈航。普濟羣品，是稱醫王。則是桂櫂蘭枻，浮家泛宅者，將與造化分工，和緩抗席，豈特郭翻野人之舟？陶峴水仙之遊也哉？[42]

究，詳參臺灣學者陳元朋、邱仲麟、祝平一等著作；至於大陸學界，則有孫達，〈不為良相，則為良醫 ── 明代蘇州盛氏儒醫世家研究〉，《蘇州教育學院學報》，第 5 期（2011 年），頁 29-32；余新忠，〈「良醫良相」說源流考論 ── 兼論宋至清醫生的社會地位〉，南開大學中國社會史研究中心暨歷史學院編：《天津社會科學》，第 4 期（2011 年），頁 120-131；喻亮、張忠智，〈治病之理寓治國之道 ── 以劉禹錫《鑒藥》為例〉，《長沙大學學報》（長沙市，長沙學院，2006 年），第 4 期，頁 73-74 等文章，可供參佐。

42　〔明〕徐枋，《居易堂集》，卷 19，〈鄭青山泛舟小像贊（并序）〉，頁 478-479。

文中舉〔明〕宋濂修《元史》列名醫朱震亨於〈儒林〉之例，闡述「醫」與「儒」之關聯密切；又以夏統孝親有德[43]、申屠蟠「不為窮達易節」[44]、郭原平淳行忠義、嚴世期「好施慕善」[45]等例，彰顯鄭子之德性操守出眾，足分列史傳〈逸民〉、〈獨行〉兩傳，流芳百世。

　　易代士子於亂離中選擇不仕，其生命型態或逃於禪，或隱於藝，或隱於樵，或隱於醫[46]。筆者認為：徐枋之生命情調，與前三者較相近，但對於後者──隱於醫，卻情有獨鍾地，賦予深厚期望。在疾病經歷與醫療書寫中，徐枋著意藉題發揮。察其所論，並非不遇士子之一般牢騷，實良有深意，此姑名之為「療疾／救國」遺民論述；此說又與明清易代氛圍緊密扣合，多輾轉隱諱、支離錯雜，故特闢專節，爬梳彙理，闡論於下。

三　「療疾／救國」的遺民論述

（一）疾病論

1　夭壽各有所成──由「憂能傷人」到「壽國壽綱常」

　　「疾病」（illness），除了生理不健康的指涉外，還有其特殊的文化

---

[43] 〔唐〕房玄齡（578-648）、褚遂良（596-658）等奉勅撰，《晉書》〈夏統〉，卷 94，列傳第 64，「隱逸」傳。

[44] 《後漢書》，卷 53，列傳第 43，〈申屠蟠〉。

[45] 《宋書》，卷 91，列傳第 51，〈孝義〉。

[46] 有關明代屢試不第，轉而「棄儒從醫」的現象，可參見邱仲麟，〈儒醫、世醫與庸醫：明代典籍中對於醫者的評論〉，宣讀於漢學研究中心、中國明代研究學會主辦，「明人文集與明代研究」國際研討會（臺北市：漢學研究中心，2000 年 4 月 28-30 日），頁 12-14。另李德鋒、喬龍績，〈從「獨善其身」到「則為良醫」──試析晚明士向醫的心理歸依〉，該文指出晚明出現「棄仕從醫」一類士人，《中醫文獻雜誌》，第 4 期（2005 年），頁 33-35。

象徵隱喻，如蘇珊‧桑塔格（Susan Sontag）[47]之論：近世學者於此，多所發皇，更視之與文化道統、國族認同、華夷風土等，有深刻而不可切割的繫連[48]。

誠如蘇珊‧桑塔格（Susan Sontag）所言：「疾病是通過身體說出的話，是一種用來戲劇性地表達內心情狀的語言：是一種自我表達」[49]，又有所謂「『欲而不為，疫疾生焉』」[50]，執此以觀易代遺民致病之由，多繫諸國仇家恨，經年累月的憤懣難平、壯志未酬，遂致「憂能傷人」，而外顯為疾病癥狀。中心有所欲為而不得，遂發為疾病，展現於外，成為易代之際遺民的一種身分表述與公共展演。徐枋即以「憂能傷人」說，哀悼姜垓等友人之早逝；同時，也以此自傷自憐，慨嘆多年「憂患餘生，侵尋衰病，聰明頓減，鬚髮如雪」，雖僅僅六十歲，但看來已「不啻七八十老人」。是以「憂能傷人，詎復永年」[51]之感受，實來自於真切的生命體驗，久病纏身、友朋多故，更引發文人生命無常之慨嘆[52]。

徐枋以「遺民」自許，遭逢的是世變中的家冤國恤，乃天下大我之憂，而非私我溫飽之患；又「憂能傷人」，是以遺民於疾病之臨身，從不怨懟迴避，殆有胸懷天下之承擔意識也。「疾病」，是易代士子對天下家

---

[47] 〔美〕Susan Sontag，刁筱華譯，《疾病的隱喻=Illness as Metaphor》（臺北市：大田出版公司，2000 年）。

[48] 如范家偉〈劉禹錫與《傳信方》── 以唐代南方形象、貶官和驗方為中心的考察〉，以及韓嵩〈北攻伐，南保養：明代醫學的風土觀〉二文，皆論及疾病與風土文化的關聯。收入李建民編，《從醫療看中國史》（臺北市：聯經出版社，2008 年 10 月），頁111-145；頁 203-253。

[49] 格羅德克把疾病描繪成「一種象徵，一種內部發生的事態的外現，是那個『它』上演的一場戲劇」，詳參《疾病的隱喻》，頁 41。

[50] 此乃布萊克《地獄箴言》中之一則，詳參《疾病的隱喻》，頁 42。

[51] 〔明〕徐枋，《居易堂集》，卷 3，〈與闔族書〉，頁 65。

[52] 自言遭逢亂離、憂能傷人，見〈與葛瑞五書〉：「弟今年纔四十三耳，而鬚髮半白，齒牙搖落，而筋骨關竅之間自知有深入之病，嗟乎，憂能傷人，其信然乎？」〔明〕徐枋，《居易堂集》，卷 2，頁 25-26。

國的一種承擔表徵。

在〈貧病說〉一文，徐枋刻意違反典故原意，大倡「貧未有不病」的
論述：

> 子貢結駟連騎，排藜藿以見原憲，憲攝敝衣冠見之，子貢曰：
> 「夫子豈病乎？」原憲曰：「憲貧也，非病也。」固也然，吾以
> 為貧則未有不病者。客曰：「噫。甚矣。子之憊也。夫子謂「君
> 子謀道不謀食」又曰：「食無求飽，居無求安」，今吾子言貧則
> 必病，何若是之惡貧也？得無悖先師之訓乎？且吾子動法前賢，
> 彼歌聲出，金石而不改其樂者，獨何人哉？噫。甚矣。子之憊
> 也！」[53]

全文以對答方式開展論辯，藉客之詰問導出己病有五：其一為無法讓先人
返鄉歸葬、其二為家庭教育因無師資而懸宕無著、其三為嚴冬衛命之資甚
為匱乏、其四為療疾不得及時的折騰磨難、其五為兒曹缺乏應對禮教的憂
慮。這五種中心焦慮之「病」，乃基因於亂後物資貧乏所致，故貧未有不
病。徐枋歷數自己貧病交迫的親身體驗，娓娓道來若尋常事件，論者讀來
卻倍覺沉重。細究所述之「病」，由國變亂離、家園破碎，不得歸返、教
化無繼，到生理疾病，採用了「未能發用皆為病」的寬泛指涉，這些貧病
交迫的狀況，隱含了對易代戰亂的無聲控訴，其遭逢貧病之坦然態度，突
顯了遺民患難與共的承擔態度；而此種承擔說法，亦告慰了許多因國憂致
疾、含恨以終的亡靈。

然則，亂世中貧未有不病，且憂能傷人，面對金石至交多未能永年的

---

[53] 〔明〕徐枋，《居易堂集》，卷 8，〈貧病說〉，頁 218-219。

死別傷情，遺民生命常如槁木死灰，將有何展望？存活者豈無積極的存在意義？生命逆境的轉化與創思，將如何發用？

　　徐枋在為遭憂卻壽考的遺民，所撰寫的諸多壽序中，嘗試提出了一個說法，即所謂「壽國壽綱常」論。蓋指士人身處天道不明、貧病交迫之際，必晦其跡以忍辱苟活；倘終臻上壽，係因其守節而身負天命重任，如日月之於天道，其身之存，即綱常之存也：

> 聖人之道，載于六經，儒者明經以荷道，故吾身存，有與俱存，吾身亡，有與俱亡矣。苟蹈小節而輕吾身，是使經不傳而道不明也。經不傳，道不明，是使斯人之不得與於綱常倫序之中也，是使萬物之不得遂其生而盡其性也，是使天地之失其位而日月之失其明也。噫，儒者之身不綦重哉？故必晦吾跡以存吾身，而存之愈久則垂之愈長，積之愈厚則施之愈遠，故不特儒者誠重其身，而天亦必陰騭而厚相之，不特使之身名並全，而往往必躋上壽，維天降衷，其理然也。[54]

　　此說又見〈李侍御灌谿先生七十壽序（名模字子木）〉一文，指出上天之所以壽其人，其大要有二：

> 天非獨以壽其人也，蓋大要有二焉：任重將相，坐致太平，而年登期頤，聲被海裔，此天之壽其人，所以壽國也。遺臣逸老，身肩風教，而齒德達尊，巋然碩果，此天之壽其人，所以壽綱常

---

[54] 〔明〕徐枋，《居易堂集》，卷7，〈鄭老師桐菴先生七十壽序（名敷教字士敬）〉，頁161-162。

也。……噫，壽國者綿一代之宗社，壽綱常者奠千古之民彝。其所處萬難既已不齊，故其人之罕見亦極於此也。[55]

舉凡有功世道之將相，於太平時期，享譽海內外又得長壽者，乃上天以其身之壽來彰顯國家之長久，即「壽國」之謂也；至於易代遺老，於亂後能守節而臻至上壽，其身之長在，即風教之存，即「壽綱常」之謂也[56]。殆處萬難而又躋永年者，誠罕見至極，上天必有深意，論者不可不慎察。

此外，徐子亦由物性論人之長壽，如言徐處士：

吾又聞之，物性之貞者必壽，松栢之異於蒲柳也。物質之堅而純者必壽，金石之固於草木也。不以寒燠易節，不以夷險改行，不以休戚動心，是直以金石之質而兼松栢之性也，其為壽又可計手？積之於身而需之以年，吾且觀其獨行之化於一鄉，以徐被於四遠，而革薄俗為醇風也。[57]

所謂物之貞者、堅者、純者，則不易為外境所變；處士之「不以夷險改行，不以休戚動心」，其堅持日久，節行出眾，即為此類。

「疾病」之於遺民處士，成為一種節守與承擔的考驗，未能永年者固然值得哀憐，然臻於上壽者，則良有肩負綱常、國紀之傳承重責，徐枋於此顯然借題發揮，已非述疾或夭壽之生理層面，刻意接引國家綱常之大業

---

[55] 〔明〕徐枋，《居易堂集》，卷7，〈李侍御灌谿先生七十壽序（名模字子木）〉，頁163-164。

[56] 感謝研討會與談人徐志平教授的指正，關於「壽國」「壽綱常」，當區分「太平」與「亂世」而論，此處係據其建議而修正。

[57] 〔明〕徐枋，《居易堂集》，卷7，〈嘉禾處士徐九巖五十壽序（名維字四之）〉，頁166-167。

發論，此乃本文視之為遺民論述的依據。

由此來看，攸關疾病，遺民而為壽考，也形成一種特殊的文化論述。

有關人之夭壽與否，古代論述即多環繞治國者闡發，認為君王之外在威儀，以及內在德性之相稱與否，是為關鍵所在，如杜正勝之論；[58] 至於近世壽序文化，根據邱仲麟的研究，明中葉以降，商人或非士大夫階層，皆可以出資倩人撰寫壽序，此種消費行為，反映了慶壽文章的世俗意義。[59]

下迄明清易代，因為世局遽變，論及人之壽考，常繫乎國運綱常，是以有「長壽多辱」的說法，如民國學者陳垣（1880-1971）《滇黔佛教考》所嗟嘆：「噫！遺民易為，遺民而高壽則難為，血氣既衰，戒之在得，老而嗜利，則有委屈遷就者矣」，[60] 誠如學者趙園之論，「遺民」是一種時間現象，士子對於身分認同之堅持充滿焦慮，然而終究不敵時間歷久而銷頹、敗壞，是以趙園認為「遺民不世襲」，縱然當其時徐枋、祝淵、朱舜水、屈大均等遺民，皆以家父長輩之姿態，諄諄立文告誡家族子弟，然而，由歷史發展來看，遺民二代以下，大多與時混同，而不復一代之堅持矣。[61]

---

[58] 詳參杜正勝，〈從眉壽到長生 —— 中國古代生命觀念的轉變〉，《中央研究院歷史語言研究所》，第六十六本第二分（1995 年 6 月），頁 412-422。（後收入氏著，《從眉壽到長生 —— 醫療文化與中國古代生命觀》，臺北市：三民書局，2006 年，頁 205-229）。

[59] 詳參邱仲麟，〈誕日稱觴 —— 明清社會的慶壽文化〉，《新史學》，11 卷 3 期（2000 年 9 月），頁 101-154。又可參李孝悌，《昨日到城市：近世中國的逸樂與宗教》，頁 100。

[60] 石家莊市：河北教育出版社，2000 年 7 月，卷五，頁 482。

[61] 詳參趙園，《明清之際的思想與言說》，頁 43-83。

2 為何藥石罔效？——由「天人交感」到「亂世大廢」論

徐枋自言長年病痛，係乃氣類相感之故。鼎革亂世，天崩地坼，綱常毀壞，承天而運的知識份子，亦同情共感，自有無可迴避之責。是以當此之際，遺民面對貧困疾厄，有著多重的承擔意識。蓋國之所以覆亡，就因為生了「大病」，心繫國事的士子，當然也因此「陡然而病」：

> 世外之人，擁膝瞌睡，忽然風吹一信，幾於天墜海翻，為之陡然而醒，亦陡然而病也。旬日以來繫念兩山，寸心如灼，既而念之，人生力量全在死生憂患時用，必須於極震動中鎮定，極忙亂中整暇，始驗平時學問得力處耳。[62]

然而，皇天病我實有其深意，陡然作劇，是某種警醒提示：

> 年踰五十已衰絕，短髮盈頭白如雪。病中攬鏡更自驚，吾鬢僅存一莖兩莖黑。讀書學道志不回，世間萬事皆心灰。自是吳兒同木石，超然濁世無纖埃。生平心期未止此，寧須故步重徘徊。登山必登萬山最高峰，奮身直上空九垓。筋力雖衰不為沮，神凝志一何壯哉。心神太苦病復至，皇天病我非無意。夢中有警知天心，推枕長歌氣彌屬。丈夫立志死不休，肯復塗窮少顛墜。人生險阻已盡嘗，盲風怪雨獨徜徉。精金自然過百鍊，高松必定經千霜。吁嗟乎，吾抱幽憂之病三十年，平居曲折相周旋。陡然作劇必有益，此番一病寧徒然。[63]

---

[62] 〔明〕徐枋，《居易堂集》，卷2，〈與天善開士書〉，頁32。
[63] 〔明〕徐枋，《居易堂集》，卷17，〈病中放歌丙辰歲秋〉，頁428。

因為上天託付重責大任給予士人，徐枋於此種幽憂之病，三十年來怡然承受，其承擔天下的意識如此。

基於此種「天人感應」的理解模式，徐枋論以藥醫人，與聖人治國的論述幾為同軌：

> 然而有治有亂者，理數使然也，有成有毀者，物性必遷也。亂與毀者，伊之病也；成與治者，幾之安也；不安其安而不病其病者，藥之權也。天地之病，隕星蝕日，吹霾雨血，瀣飛墜沈，山崩川竭，是以聖王為良醫，修寔德為上藥；邦國之病，四維不張，五經掃地，學較荒蕪，倉廩空虛，是以聖佐為良醫，施王政為上藥。維人之病，先感腠理，尋入腎腸。既潰債其筋髓，遂沈痼於膏肓。六賊訌鬨，二豎潛藏，五藏癥結，四體戁張，陰紐陽絡之既解，三陽五會之不當。詩書足以悅性，而不能禦水火之偏勝；菽粟足以資生，而不能剪蟊賊之無良。苟無百草之滋，五石之齊（去聲，即今劑字），是即盧醫處其禁方，俞跗察于明堂，而曾不能救一病。亦猶將士素習于兵，而不操寸鐵，其何以刦敵而受降也哉？[64]

世間物性理數的道理是相通的，施藥之權宜得時，可以讓原本步上混亂毀滅的病體，有了扭轉局勢的可能：蓋天地的病徵為「隕星蝕日，吹霾雨血，瀣飛墜沈，山崩川竭」；邦國的病徵為「四維不張，五經掃地，學較荒蕪，倉廩空虛」；而人的病徵為「先感腠理，尋入腎腸。既潰債其筋

---

[64]　〔明〕徐枋，《居易堂集》，卷 16，〈主藥神賦〉（并序，十主藥神本見華嚴有吉祥旆檀林清淨光明名稱普聞蔽日光幢等名），頁 375-379。

髓，遂沈痼於膏肓。六賊訌囂，二豎潛藏，五藏癥結，四體蹙張，陰紐陽絡之既解，三陽五會之不當」。以百草五石之劑藥可以消除人的疾病；而「聖王為良醫，修寔德為上藥」可以治天地之病；以「聖佐為良醫，施王政為上藥」則可以治邦國之病。然而，縱有良醫良藥可以療疾救人，備有良相良將足堪除弊救國，卻仍舊不得起死回生、力挽狂瀾於既倒，其關鍵何在？

司馬遷《史記》以天下得扁鵲良醫而病猶不得治而發論，總其因有六：

> 使聖人預知微，能使良醫得蚤從事，則疾可已，身可活也。人之所病，病疾多；而醫之所病，病道少。故病有六不治：驕恣不論於理，一不治也；輕身重財，二不治也；衣食不能適，三不治也；陰陽并，藏氣不定，四不治也；形羸不能服藥，五不治也；信巫不信醫，六不治也。有此一者，則重難治也。[65]

列傳中以齊桓侯為例，醫者扁鵲直言病源所在，諄諄告誡桓侯，應當及時就醫，桓侯卻置之不理，一而再、再而三地輕忽延宕，遂致藥石罔效，病發身亡。故「預知微」，係治理天下之聖人當具有的洞識，能於未病之前防患未然，最為上等；退而求其次，則應有接受憂患預警的自覺，如扁鵲醫者之預告，逆耳忠言卻是苦口良藥，掌握療疾先機，則害不危命，事猶有可為；最下等者，即待到病癥外顯，病灶由腠理、而血脈、而腸胃、而侵及骨隨，則陳疴已篤，就算得有天下一等之良醫良藥，亦無能發用，最

---

[65] 〔漢〕司馬遷，《史記》（北京市：中華書局，1982年），卷150，〈扁鵲倉公列傳第45〉，頁2785-2794。

終難逃身毀國亡之結局矣。回溯疾病得治與否之關鍵，就在當事人（治國者），倘「驕恣不論於理」、「輕身重財」、「衣食不能適」、「陰陽并，藏氣不定」、「形羸不能服藥」、「信巫不信醫」，六者而有其一者，則疾病不得醫治，國之瘡痍亦不得療癒矣。[66] 除此之外，《韓詩外傳》、《說苑》〈辨物〉更有所謂「不可救藥」者，即是指陳亂君之治。[67]

執此以觀徐枋之論，實有異曲同工之妙。人身與邦國，非疾無救，非藥不能，關鍵就在於世道人心，就在於療病者／治國者之本身：

> 藥以神為主，病與藥相比。（音避）。既疢疾之潛消，亦人物之共劑。投之輒應，用之最精。降及斯世，貿亂神形。人既冥頑，藥亦不靈。若陸海之不可以舟濟，若石田之不可以耕芸。如入狂泉之國而偕狂，如飲盜泉之水而胥盜。丹砂不能正其魄，琥珀不能明其心。汶汶墨墨，嘵嘵攘攘。（音村，八庚韻）。淪胥以鋪，哀此下民。亂曰：舉世大病兮，病于人心。人心不可返兮，吾憂世之陸沈。變亂是非兮，枉直糾紛。讒人高張兮，賢士無名。瀋瀋訕訕兮，嘵嘵猖猖。伯夷為貪兮盜跖廉（叶鄰），魯男為亂兮登徒貞。莫知紀極兮，日月重昏。吾哀告于神師兮，願將大藥而錫

---

66 根據學者金仕起之研究，以扁鵲事跡為喻之治國論述，如《韓非子》〈安危〉論聖人救危國之道；《新語》〈術事〉以扁鵲之方為喻，論制事者權衡之道；又《新書》〈大都〉、《淮南子》〈人間訓〉等篇，皆以扁鵲治痼疾為喻，大抵強調執事者當防微杜漸也。詳參氏著，《中國古代的醫學、醫史與政治》，第四章〈「聖人預知微」的期待：《扁鵲倉公列傳》的撰述意旨析論〉，頁211-290。

67 〔西漢〕劉向，《說苑》〈辨物〉載錄，天下人稱讚扁鵲能起死人，鵲辭曰：「予非能生死人也，特使夫當生者活耳，夫死者猶不可藥而生也，悲夫亂君之治，不可藥而息也。《詩》曰：『多將熇熇，不可救藥！』甚之之辭也」；相近論述又見《韓詩外傳》卷十。

茲。使含生之徧嘗兮，亦舉世而療之。俾人心之返正兮，末流以
攻治（平聲）。斬崑崙以為砭石兮，爇鄧林以為艾灸。摧銅山以為
鑱針兮，挽銀河以為湯液。人心之如墨兮，浣黑而為白，人心之
如鉤兮，砭曲而為直。使中行不外啟其戎敵兮，長樂不內背其君
恩。[68]

舉世之人偕喪心病狂，故藥如丹砂、琥珀之屬，也不能正其魄、明其心，
這是因為病根在於「人心」，人心是非顛倒、不明真理，則「小人當道，
賢士沉淪」，清如伯夷也會被視為貪心，而盜跖反而被稱許為廉潔，世道
終將沉淪。

徐枋在四十二歲時撰寫了這篇長達約二千一百九十字的〈主藥神賦〉
（見圖十），主要是哀憐百姓疾苦，悲傷天理不明，以此文告諸天地神
明，祈禱人心為正，濟之以良藥，天下疾病始得有救驗之可能。距離明朝
滅亡已近二十年，其救亡圖存之批判意圖，仍熾熾如焰。雖言醫藥之施
用，實指家國之救治，旨意主從，昭然若揭。

（二）醫者論

亂世中的疾病，乃孤臣孽子承擔天地大廢的表徵；而亂世中的醫者，
則成為承續儒業而受命天下的使者。遺民心緒與救亡圖存的期待，如何在
士子的疾病書寫中轉渡嫁接於醫者，開展出以醫者救人而王天下的「醫
王」之說；再者，又如何擬塑醫者之神聖譜系，藉去妖除魅的論調，暗陳
去弊救國的宏旨。茲分二子題論述於下：

---

[68] 〔明〕徐枋，《居易堂集》，卷 16，〈主藥神賦〉（并序，十主藥神，本見華嚴，有
吉祥、旃檀、林清淨光明、名稱普聞、蔽日光幢等名），頁 375-379。

1　醫王論述——由「庸醫殺人」論到「良醫救人／良相救國」論

徐枋於三十六歲時罹患瘧病幾死，僥倖苟活，後成一詳載療疾始末的長篇大文——〈再生記〉，又繼之以〈絡野篇〉、〈討蟻蝨檄〉、〈劾鼠文〉三篇旨意相屬的文章，針對三種在徐子瀕死關頭，尚且猖獗肆虐、雪上加霜的極惡之物，進行「口誅筆伐」的嚴廣聲討：

> 垂死病中，備極諸苦，而所尤苦者有三物焉。一曰蟻蝨也，一曰鼠孽也，一曰庸醫也。夫其人已百日沈痾，六十日絕食，而三物也者更相為祟，翲之不置，使晝夜苦惱，臥不貼席，求生不得，以死為幸。幸遭仁遇神，復延視息，今將聚三物也者而訶問之，衡其罪之輕重，勒成爰書。蝨則殺之被中，鼠則磔之堂下，而使庸醫薄而觀之，以愧其心焉。惟茲罪在尤重，故以不治治之也。[69]

這三種天地間罪大惡極的敗類，即是鼠孽、蟻蝨與庸醫。「之三物者雖為術不同，厥罪亦異」，然而，物以類聚，皆屬「但知口腹之求，不畏腰領之誅」者，故徐子撰文，一併而論，所謂「蟻蝨」者，乃「夤緣線索以為生，依附豪毛而自大」，「慘人肌膚以為樂，吮人膏血以自肥」，此類寄生蟲，務必要「殄滅之無遺，提湯趣烹，殺之無赦」[70]；至於「鼠孽」，乃「或穿墉以速訟，或穿衣而見私」，係害於一家一鄉一國者，徐子撰文

---

[69]　〔明〕徐枋，《居易堂集》，卷 20，〈絡野篇〉，頁 492-494。

[70]　〔明〕徐枋，《居易堂集》，卷 20，〈討蟻蝨檄〉（病臥為蝨所苦，戲作此以討之），頁 490-491。

要「告之門神戶靈，爾捕爾誅，母令盜竊公行，必用勦絕其命」[71]。而此中危害最烈者，莫過於「庸醫」：

> 以人命為草菅，而以藥餌為兵刃，瞬息之間，將寡人之妻，孤人之子，聚者以散，生者以死，其視嚙膚穿墉、貪饕盜竊之罪不萬倍手？……良醫知病之所在，故用藥省而奏功多，庸醫不知病之所在而妄冀一効，故雜投而罔功，正如獵者不知兔窟而廣絡原野，漫然馳逐，卒致人犬俱罷而兔竟不得也。因賦〈絡野篇〉焉。[72]

庸醫與良醫最大的差別，在於「不知病之所在而妄冀一効，故雜投而罔功」，就猶如在原野上獵兔，然不知兔窟何在，漫然驅馳，最終人犬俱疲而毫無所獲，甚至延誤時效，而使人枉赴黃泉。文末直言「庸醫足以殺人」，語氣嚴峻，聲討之刻不容緩，皆基於天地正氣，故凜然無懼，行文氣勢頗類韓文公貶潮州所著〈祭鱷魚文〉一般，於國變亂世之際，其寓意不言自明。

　　「庸醫足以殺人」於徐枋而言，係乃切膚之痛[73]，亦深感「良醫」於

---

[71] 〔明〕徐枋，《居易堂集》，卷20，〈勦鼠文〉，頁491-492。

[72] 〔明〕徐枋，《居易堂集》，卷20，〈絡野篇〉，頁492。

[73] 庸醫殺人亦涉及法律責任，如《大明律釋義》〈庸醫殺傷人〉一條即明定：「凡庸醫為人用藥、鍼刺，誤不如本方，因而致死者，責令別醫，辨驗藥餌穴道，如無故害之情者，以過失殺人論，不許行醫。若故違本方，詐療疾病，而取財物者，計贓，准竊盜論。因而致死，及因事故，用藥殺人者，斬。」見〔明〕應檟撰，《大明律釋義》，收入《續修四庫全書》史部‧政書類第863冊，頁153。詳參涂豐恩，〈擇醫與擇病——明清醫病間的權力、責任與信任〉，《中國社會歷史評論》，第11卷（天津市，2010年），頁149-169。
　　根據祝平一的研究，則指出當時雖明定律令，但由《刑案匯覽》等紀錄來看，真實的醫療糾紛並不多見，詳參氏著，〈藥醫不死病，佛度有緣人：明、清的醫療市場、醫

亂世中，責任尤重。明亡後，許多士子「棄仕從醫」，那成為遺民生命型態之一。如徐枋友人鄭青山即為一例，徐枋在〈鄭青山泛舟小像贊（并序）〉[74] 推崇其人格，認為後世良史應將之列入〈逸民〉、〈獨行〉傳中。而在鄭青山所編《醫家炯戒》一書之序言，徐枋更提出「醫者係乎一國之人倫教化大業」的論述：

> 先生猶慨然曰：「噫，是能起吾藥之所及，而不能起吾藥之所不及，是能治病者而不能治治病者，則吾所濟者狹而所救者猶末也。夫醫之所病病道少，所以術不精而嘗試與術精矣，而操心不仁，其害皆足以殺人。」乃輯秦漢以來醫家事蹟，凡降祥降殃捷于影響者，勒為一書，名曰《醫家炯戒》，將使作善者資其津梁，作不善者凜為殷鑒，不亦偉乎？吾聞一醫之良，全活千萬人，先生此書出而勸戒學者，昭示來茲，是胥天下後世之醫而出于良也，不將胥天下後世而躋之仁壽之域哉？嗟乎仁人用心，其利溥矣。昔嚴君平隱居卜筮，人有邪惡非正之問，則依蓍龜為言利害，與人子言依于孝，與人弟言依于順，與人臣言依于忠，各因勢導之以善，而人已默受其福，是寓其教于卜者也。若先生

學知識與醫病關係〉，《中央研究院近代史研究所集刊》，第 68 期（2010 年 6 月），頁 1-50。

[74] 〔明〕徐枋，《居易堂集》，卷 19，頁 478-479。經查醫者鄭青山，並未見於正史，筆者寓目所及，僅見〔明〕吳偉業所撰〈鄭孝子青山墓誌銘〉，姑節引原文為佐：「諱之洪，字青山，吳郡人。……鄭氏之以術療人，不收其直數十年矣。里中食無糜者，喪無槥者，禍患之彙體，流離之匄貸，精爐塔廟之營齋利生」，收入〔明〕吳偉業；李學穎集評標校，《吳梅村全集》（上海市：上海古籍出版社，1999 年），卷 46，頁 953-955。又鄭青山之父即是醫者，吳偉業嘗為傳有墓表，見〈保御鄭三山墓表〉：「醫獨出入儒與禪之間，其地位可以權巧，其交游可以牽勸，故急難生死，捐金援手，伽藍塔廟，鳩財庀工，在今日唯醫之力饒為之，顧獨難乎其人」，見〔明〕吳偉業；李學穎集評標校，《吳梅村全集》，頁 1028-1032。

　　者，豈非以醫教而與人為善者耶？[75]

文中引用嚴平隱居典故，蓋嚴子透過著龜，與世人談論人子孝道、兄友弟恭、君臣之義，皆因勢利導，而寓教于卜；而鄭氏所為《醫家炯戒》一書，亦承此意，蓋以良醫非僅僅醫術精良而已，更強調操心之仁，是以「醫」之良窳，非僅著眼於技術層面，而實則攸關一國人倫教化之大業，已近於以「醫」王天下的理念[76]。

　　值得注意的是，徐枋同時因親身經歷的療疾經驗而對醫／藥道理有著深刻體悟，環繞療疾而展開的醫藥論述，有意巧妙地透過排比、互文、多重轉喻等文學敘述策略，再以枝蔓繚繞的方式遮掩主幹，「明修棧道，暗渡陳倉」地成為一種具有微言大義的治國遺民論述，如〈主藥神賦〉、〈絡野篇〉、〈討蟣蝨檄〉、〈劾鼠文〉諸文，論者倘分而讀之，往往不察深意，但若併而觀之，則可發現諸文之敘述脈絡，如出一轍。饒富意蘊的是，題文交代乃論藥論醫，而字裡行間卻每每徵引故實，與除妖治國的意象接軌。

　　蓋「鼠輩」之文學形象，自古以來，即多隱含譏刺政局之意，無論是《詩經》〈碩鼠〉指陳民不聊生係來自君王之橫爭暴斂，抑或《晏子春秋》之「城狐社鼠」[77]，皆如宋人洪邁《容齋四筆》之闡論，痛快直陳此輩係「議論者率指人君左右近習」；而徐枋〈劾鼠文〉，亦假此「鼠輩」

---

[75] 〔明〕徐枋，《居易堂集》，卷5，〈醫家炯戒序〉，頁114。

[76] 〔明〕汪道昆於萬曆乙酉（1585）年為吳崐撰《醫方考》序，即稱許吳子乃儒而醫者，並引「不為良相則為良醫」、「用藥如將」語，期許吳子「進於是則醫王」。

[77] 詳參《晏子春秋·問上九》：「夫社，束木而塗之，鼠因往託焉，熏之則恐燒其木，灌之則恐敗其塗，此鼠所以不可得殺者，以社故也。」藉此比喻有所依托而為非作歹之人。見〔清〕孫星衍、黃以周校，《晏子春秋》，收入《諸子百家叢書》（上海市：上海古籍出版：新華發行，1989年）。

形象之妙用，一抒胸中憤懣。

〈劾鼠文〉論鼠之為患天下，在歷數罪狀後，轉而闡述「鼠孽」之出現，對於治國者而言，此徵兆所揭示的隱微意涵與影響層面之深遠，實不容忽視：

> 夫鼠盜竊小蟲也，而為妖為孽，狀非一端，良由小人道長，賤人在位，播惡於眾，氣類相感耳，故殺之則福至，縱之則禍生，所謂「開國承家，小人勿用」也。若阿摩身係巨鼠而為君，則十三年而隋亡；李斯學倉鼠而為相，則二世而秦滅。張湯捕盜肉之鼠，具獄而磔之，則福流子孫。中山王周南不應人言之妖鼠，而鼠自顛蹶以死，不更彰彰較著乎？吾今告之門神戶靈，爾捕爾誅，毋令盜竊公行，必用殲絕其命，庶幾人事安穩，而家道肅清矣。[78]

經典昭昭訓示「開國承家，小人勿用」，而今鼠之為妖孽作亂天下，係起因於「小人道長，賤人在位」，史有明訓，巨鼠化身隋君、李斯學倉鼠為相，皆終至國亡朝滅，前車之鑑如此殷殷，後世豈能重蹈覆轍？今之讀者披文覽之，皆知其意有所指：當今（明亡後）在位者乃如鼠孽般的小人、賤人，唯有捕之下獄、磔而殺之，方可求人事安穩、天下太平。

由疾病論及庸醫，由庸醫而論及良醫，良醫又比諸良相，良相之稱即痛斥小人在位。所論皆由真實生理疾病而發，延及家國而闡論，而終於遺民痛斥時弊之宏旨。

---

[78]　〔明〕徐枋，《居易堂集》，卷20，〈劾鼠文〉，頁491-492。

2 造神與除魅 ── 擬塑醫者系譜到「除魅救國」論

「醫者」繫乎人命生死，亦可擴及家國、天地綱常教化之重責大任，顯非尋常俗人可以勝任，所述醫術若頗涉神秘色彩，則常與仙、道有關，最明顯的例證，即後世醫事典籍，往往援引了早期宗教典籍所述，作為醫者傳統系譜，其中牽連糾葛，可由林富士之考 [79]，略見端倪。徐枋在四十四歲撰寫了一長篇大文〈張公賦〉（圖十一），運用「自注以言其事」[80] 的表述方式，羅列古往今來的醫事典故，即延續了「醫人乃神人祕授寶笈」的表述傳統，以排山倒海、如數家珍的獺祭方式，徵引經籍典故：

> 孝子以嘗藥為職，仁人以醫國為心。飲池三十日，見垣一方人。
> （扁鵲事）斧納心以寶笈（金張元素學醫，夜夢有人用大斧長鑿開心竅，納書數卷于中，自是洞徹其術，名聲重天下），瓠傳鵲之鏡經。
> （江左宋徐文伯精于醫，曾祖熙隱秦望山，有道士過乞飲，留一瓠瓤與之曰：「君子孫宜以此術救世。」開視之，乃扁鵲鏡經也。）于是泉甘蕗橘，（蘇耽善療人疾，種橘于井）藥授長桑。（扁鵲師長桑君。）五色診病，（見倉公傳）千金為方。（唐真人孫思邈著《千金方》）懸肘後之金匱，（晉葛洪為《肘後方》，書藏之金匱。）入壺中之玉堂。（費長房遇壺公，入壺中，見其中玉堂嚴麗。）解三縛以湯液，（北周金州

---

[79] 林富士，〈中國早期道士的醫者形象：以《神仙傳》為主的初步探討〉一文，收入林富士，《中國中古時期的宗教與醫療》（臺北市：聯經出版事業公司，2008 年 9 月），頁 87-125。討論早期道教徒透過《神仙傳》塑造道士美好形象。其中 92 則故事，有 29 則言及道士或仙人替人療疾之事，吾人可視之為早期醫者系譜。

[80] 〈張公賦〉起首文題之下有序文，徐枋即自述為賦自注之動機：「謝康樂作山居賦，并自注以言其事。此賦雖不敢妄擬古人，然亦當自注之。鍊辭鍊意，使事使辭，一得之愚，不欲自泯也」。

刺史伊婁穆有疾，云自腰至臍常有三縛，求姚僧垣療之。僧垣即為處湯三
劑，穆初服一劑而上縛解，次服而中縛解，三服而三縛悉除。）驅二豎于
膏肓。（醫和事。）杏林若長生之樹，（董奉為人療病，病除，令種一
杏樹，遂成林焉。）筠管同返魂之香。（漢封君達常乘青牛為人療病，
號青牛師。有病死者，以腰間竹管中藥與服，皆立起。）[81]

如孫思邈《千金方》、葛洪《肘後方》、徐文伯之《扁鵲鏡經》，又如青
牛師封衡、壺公與費長房之典，出自道教典籍《神仙傳》[82] 等，皆為具有
濃厚神秘色彩的典故，其真實與否，誠不可考。此種「被創發的傳
統」[83]，係人為後設編造，透過神秘故事渲染氛圍（姑名之為「造神」策
略），除強調「醫者知識」傳承久遠外，更意圖建立醫學知識的權威性，
形塑醫者為神為聖，相對於晚明醫者淪為江湖術士的卑下地位 [84]，易代之
際遺民論述中的「醫者」，成為家國大業之投射對象，其地位則明顯被刻
意哄抬。[85]

---

[81]　〔明〕徐枋，《居易堂集》，卷 16，〈張公賦〉，頁 382-397。

[82]　卷 10，〈封衡〉；卷 5，〈壺公〉，見〔晉〕葛洪，《神仙傳》，收入《中國神仙傳記
文獻初編》（臺北市：捷幼出版社，1992 年）第 1 冊，頁 143-144；頁 96-97。

[83]　霍布斯邦指出人類刻意創造、建構傳統，詳見〈導論：創造傳統〉，收入〔英〕霍布斯邦
等著，陳思仁等譯，《被發明的傳統》（臺北市：貓頭鷹出版社公司，2002 年），頁 11-
26。

[84]　關於中晚明「醫者」地位與形象之研究，參見〔日〕大木康，《明清文學の人びと
—— 職業別文學誌》（東京都：創文社有限會社，2008 年），第 7 章〈醫者〉，頁
191-214。

[85]　關於古代醫學知識譜系的建立，可能出於依託，用以建立知識的權威性，詳論可參見李
建民，《旅行者的史學 —— 中國醫學史的旅行》（臺北市：允晨文化實業公司，2009
年 3 月），〈中國醫學的知識形式〉，頁 69-132。又，中國古代醫者譜系中，最常被祖
述的人物之一為扁鵲，詳參〔日〕山田慶兒著，廖育群、李建民編譯，《中國古代醫學
的形成》（臺北市：東大圖書公司，2003 年），〈扁鵲傳說〉，頁 333-412；〈古代中
國醫學的傳授〉，頁 413-438。

　　極為有趣的是，文中為了烘托良醫醫術精良神妙，所引例証，所述病徵，多起於妖孽物怪之作祟，明代中醫有所謂「祟病」[86]之謂也，而並非一般寒熱、生剋等生理病由。姑聊引數例以說明文中所言之「祟病」：如北齊人患腳根腫痛，諸醫莫識，而徐之才，謂之乃得「蛤精疾」也；陳塞為人治疾，醫病狂之逆旅者，易換新死驛吏之心，遂蘇而病癒；北齊承武帝因色欲太虛而常見空中有美婦人，徐之才起之以三四服藥；江左薛伯宗，善治疽瘤，徙之樹上，出大膿而樹枯而病痊。

　　論述當中為人駭目的是，令群醫束手之痼疾，需服用「死人枕」來治療：

> 起三痼以屍枕。（江左宋徐嗣伯精于醫，有嫗人，患滯泠，積年不差。嗣伯為診之，曰：「此尸注也，當取死人枕煮服之。」如其言，即差。後秣陵人張景，腹脹而黃，眾醫不能療，嗣伯曰：「此石蚘耳。極難療，當人死枕煮服之。」如其言，大利，去蚘蟲五升，頭堅如石，病即已。後沈僧翼患眼痛，又多見鬼物，以問嗣伯，嗣伯曰：「邪氣入肝，可煮死人枕服之，仍埋枕于故處。」如其言，又愈。王晏問之曰：「三病不同，而皆用死人枕而皆愈，何也？」嗣伯曰：「尸注者，鬼氣伏而未起，故令人沈殢，得死人枕投之，魂氣飛越不得復附體，故尸注可差。石蚘者，久蚘也，醫療既僻，蚘蟲轉堅，世間藥不能遣，以鬼物驅之，然後可散，故令服死人枕也。夫邪氣入肝，故使眼痛而見魍魎，應須邪物以釣之，故亦用死人枕，氣因枕去，故令埋于塚間也。晏深歎服其神妙。）[87]

---

[86] 詳參李建民，《旅行者的史學──中國醫學史的旅行》，〈祟病與「場所」〉，頁176-248。然文末整理《本草經》所載治療祟病藥物表中，並未列入「死人枕」一方。
[87] 〔明〕徐枋，《居易堂集》，卷15，〈張公賦〉，頁382-397。

這段在正文六字之下，以三百五十多字自行作注，頗費篇幅，當然也讓人覺得用心匪淺。所論之痼疾共三起，其一，老嫗患滯冷，累年不癒，診之為「尸注」。其二，秣稜人腹脹而黃，診之為「石蚘」；其三，沈僧翼患眼痛多見鬼物，診之為邪氣入肝。而徐嗣伯皆用「死人枕」入藥，蓋三症皆非尋常之病徵，而投之以非常之藥。而所除者，皆邪孽妖物也。

　　考其所述之醫事典故，最早係來自〔唐〕李延壽編撰之《南史》卷三十二列傳〈徐嗣伯〉部，而後又輾轉為宋朝《太平廣記》挪用為「醫」部的小說材料[88]，這在筆記小說的影響，自另有傳承。此外，在醫事典籍方面，〔宋〕唐慎微（1056-1136）編纂之《經史證類大觀本草》[89]則早已獨立列出「死人枕」一科，視為藥方。這顯然影響了後來的醫書，如〔明〕李時珍（1518-1593）《本草綱目》[90]、〔明〕吳崑（1552-1620）《醫方考》等皆列此方[91]，由此可知，徐枋所處年代，要從醫書上轉錄這些資料，並不困難。有關「死人枕」作為藥方的說明，詳載如《醫方考》：

　　　　死人枕（即死人腦後骨也。得半朽者良。用畢置之原處。）

---

[88]　〔宋〕李昉（925-996）等奉敕撰，《太平廣記》（臺北市：新興書局，1958年），卷218「醫部」。

[89]　此書為宋代唐慎微所編纂，書名原作《經史證類備急本草》，宋大觀二年（1108）經醫官艾晟等重修，改名《經史證類大觀本草》，主要將宋初《補注神農本草》、《圖經本草》二書合併，並廣蒐經史百家所載方藥以及民俗醫方而成，可說是宋以前藥物學之集大成。

[90]　《本草綱目》列入「服器部」「服帛類」；〔明〕吳崑《醫方考》則列入卷35「尸傳疰門」第19。

[91]　此說亦下延至清朝，署名為徐嗣伯所撰之醫書《風眩方》（筆者疑為假託），在清代刊刻流傳。該書頁首有〈張太素齊書〉，詳載徐嗣伯用死人枕療治尸注等事。見《風眩方》，收入《中國古代醫方真本秘本全集》（北京市：全國圖書館文獻縮微復制中心，2004年），清代卷第75冊，頁455-476。場域氛圍論述則詳見本書第四、五章。

病患顏色、聲音、形、證與脈不合于病者，名曰鬼疰，宜此方主之。
鬼疰，是病患為邪鬼所憑而致疾也。顏色不合于病者，面生五色
而含愧赧也。聲音不合于病者，語言不倫于理，而涉幽微也。形
不合于病者，動搖跳躍而無內熱也；證不合于病者，為患詭異，
不合于病情也。脈不合于病者，乍大乍小，乍長乍短也。凡此五
者，不必悉備，但有一焉，便為鬼疰，即邪祟之謂也。然人鬼異
途，不相為類，鬼亦何樂于附人哉？能引之以類，則脫然舍人而
就鬼矣。故死人枕，鬼物也，以此物煎湯飲之，則鬼邪觸類而
出，大瀉數行而愈者勢也。此之謂病氣衰去，歸其所宗。用畢即
以其枕送還原處者，一則使邪疰之氣有所根據歸，一則勿以療人
而傷鬼也。古有徐嗣伯、劉大用者，常驗之矣。志之于后，以便
觀者。

新安名醫吳崑載錄前人諸說，詳細解釋何謂「祟病」，醫者之判斷來自於
由患者之「顏色、聲音、形、証與脈不合于病者」，得知並非尋常生理寒
熱生剋之病，從而研判患者乃為鬼物依憑而致病。因此，醫者用藥需以鬼
物「死人枕」招引患者身上的尸氣，而後使鬼氣得其所（將死人枕再埋回
於原處），游魂遂得安頓；而患者則在服用「死人枕」煎煮之湯藥後，大
瀉以癒。考諸同時之藥事典籍 ──《醫方考》所述，再回到徐枋〈張公
賦〉一文，旁以前引〈劾鼠文〉之參佐，則文章旨趣昭然若揭矣。蓋依徐
枋「天人感應」說法，人之病癥實呼應了國之病徵與天之病癥。是以治人
之痼疾以非常之藥，也意味著當今邦國之痼疾需濟之以非常之藥，用以去
除妖孽邪物之憑依也。殆遺民藉論醫論藥論去疾去邪孽，實等同於論邦
國、論天下治理之道，故〈張公賦〉一文，明言的在褒揚醫者張默全，暗
寓的卻是透過徵引典故接引文化象徵意涵 ── 旨在議論現今天下病徵猶

如邪祟痼疾之纏身，當用非常之藥「死人枕」——亡故者之天靈蓋骨，來除魅救國。不僅痛陳當世之病乃妖邪作祟，還強調救亡圖存非得施用非常之藥，方能起死回生、力挽狂瀾，這哪裡是在談尋常生理療病？謂之遺民心緒，豈不然哉？

此種醫藥論述，神秘模糊、曖昧隱晦，由人之療癒祟病，輾轉嫁接了家國救治之道，此即本文所謂多重「互文性」，一如〈主藥神賦〉、〈張公賦〉之自作注腳，徵引大量典故，讓「文中有文」，隱喻意涵猶如網絡串連之輾轉累加，層層堆疊；又如〈劾鼠文〉、〈討蟣蝨檄〉、〈絡野篇〉等文，倘分別閱讀，則影射之旨猶不甚明瞭；閱者需並觀而合論，透過不同文本之間的轉相互補說明，方得其象徵意義，本文姑且名為「療疾／救國」遺民論述。昔時秦王焚書坑儒，天下書僅存醫、卜、種樹之屬，殆因醫卜無關政治；然而，明清之際的遺民，或棄仕從醫如鄭青山者，或因疾而論醫藥，卻意圖藉醫藥而大倡救國論述，既造神又除魅，此為世變中士子精神意圖有類徐枋者乎？抑或徐枋假此論述以抒發救亡圖存之壯懷乎？狂瀾終究未能挽回，然而，時代巨輪卻輾不碎遺民的熱血憤懣，在易時易代，總有相應相和的聲調倡議，穿梭古往今來，迴盪虛空。

四　代結語 —— 場域共應論述之文化意義

遺民士子流離偃蹇，貧病交迫，飽受磨難，但也因疾而有所體悟。《孟子》稱「人恆存乎疢疾」，又史載易代之孤臣孽子，是之謂也。其書寫疾病與醫藥諸事，自不免將易代之感時悟事與遺民心緒，投射其上。論述脈絡，由徐枋之例，已見梗概。今彙整徐枋「療疾與救國」論述之文化意義，如以下三點：

其一,「疾病」的文化意義 —— 國族認同與身分標貼。

徐枋標貼遺民身分的方式,除了以「不入城」之舉,彰顯不認同異權統治空間之外,諸論述著意深化「疾病」的文化意涵,以罹疾受苦來承擔家冤國恤,以痛斥庸醫突顯良醫良相的重要,造神又除魅的醫藥論述等,實飽含批判與承擔的遺民心緒。明顯將「疾病」意涵,由純粹生理的病態,擴展為國族認同與身分標貼。

其二,所謂「療疾與救國」論述,典故多延用醫籍所述,然遺民之論邦國,與醫籍之論人身,其旨趣之主客不同。

醫籍之論療疾,多比諸治國,如《醫方考》所述(圖十二、圖十三):

> 為國者,必欲去夫蠹國之小人。故為醫者,必欲去夫蠹身之蟊蝕。身國不同,理相須也。[92]

> 積聚癥瘕,夫人心腹之疾也,凡有此疾者,宜與明醫攻療之,失而不治,復協他邪,不可為矣。譬之奸人蠹國,乘人之危而利之,雖有智者,不能善其後爾。[93]

無論是論驅除寄生蟲,或是療治內臟腫瘤,醫者吳崑皆假彼喻此地,論及治國當去除蠹國小人;即便是他人所撰敘言,也習以為常地繫連療疾與救國,如同為醫者之黃基 [94],在《醫方考》後序中闡論醫者用藥與儒者論

---

[92] 〔明〕吳崑,《醫方考》,卷 6,〈蟲門〉第 65。
[93] 〔明〕吳崑,《醫方考》,卷 4,〈積聚癥瘕門〉第 44。
[94] 〔明〕吳崑,《醫方考》,黃基〈後序〉:「往昔宗儒論仁率喻之醫,論藥率喻之兵,此曷故哉?良以醫者心乎濟人而工之上下,則人之生死係之。術固仁、技固兵也」。

仁，同為濟世宏業；此中確有異曲同工之妙，然而，細考其差別，則醫者所論側重在療疾之事；遺民之論，則側重於藉題發揮、表述家國認同，甚者痛陳時弊以圖救國。主客輕重，實有區別，論者不可不察。

其三，徐枋「療疾與救國」論述，顯然並非孤證。

明清易代遺民從醫者如方以智、呂留良、傅山等人著作中，實不乏類近論述，如傅山即有〈讀史〉：「天地有腹疾，奴物生其中。神醫須武聖，掃蕩奏奇功。金虎亦垂象，寶雞誰執雄，太和休妄頌，筆削笑王通。」[95]這種易代不仕而隱于醫的遺民，在看待紛亂時局時，常以醫病比喻政局之除弊，但文獻散亂駁散、隱晦模糊，尚待論者進一步抉發梳理。徐枋個案之深探，係旁涉同期相應論述之基模，由此管窺時代文化氛圍，堂奧之深，尚有待另闢專章申論之。

---

[95] 〔明〕傅山，《霜紅龕集》，卷 11，頁 265-266。

圖十 〔明〕徐枋《居易堂集》〈主藥神賦〉[96]

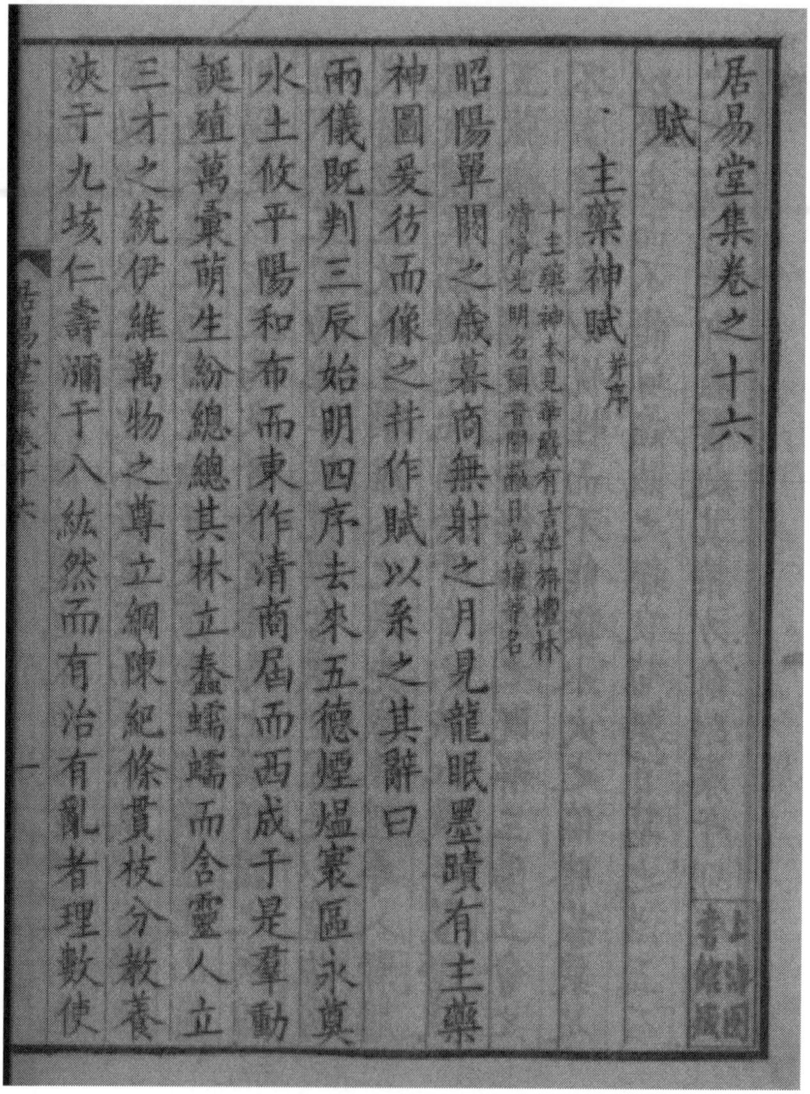

居易堂集卷之十六

賦

主藥神賦 并序

十主藥神本見華嚴有吉祥旃檀林清淨光明名稱普聞蔽日光幢等名

昭陽單閼之歲暮商無射之月見龍眠墨蹟有主藥神圖爰彷而像之并作賦以系之其辭曰

兩儀既判三辰始明四序去來五德煙煴寰區永奠水土攸平陽和布而東作清商屆而西成于是羣動誕殖萬彙萌生紛總總其林立蠢蠕蠕而含靈人立三才之統伊維萬物之尊立綱陳紀條貫枝分教養浹于九垓仁壽瀰于八紘然而有治有亂者理數使

居易堂集卷十六 一

上海圖書館藏

[96] 《居易堂集》，上海圖書館藏清康熙二十三年（1684）版本，卷 16，〈主藥神賦〉。

圖十一　〔明〕徐枋《居易堂集》〈張公賦〉[97]

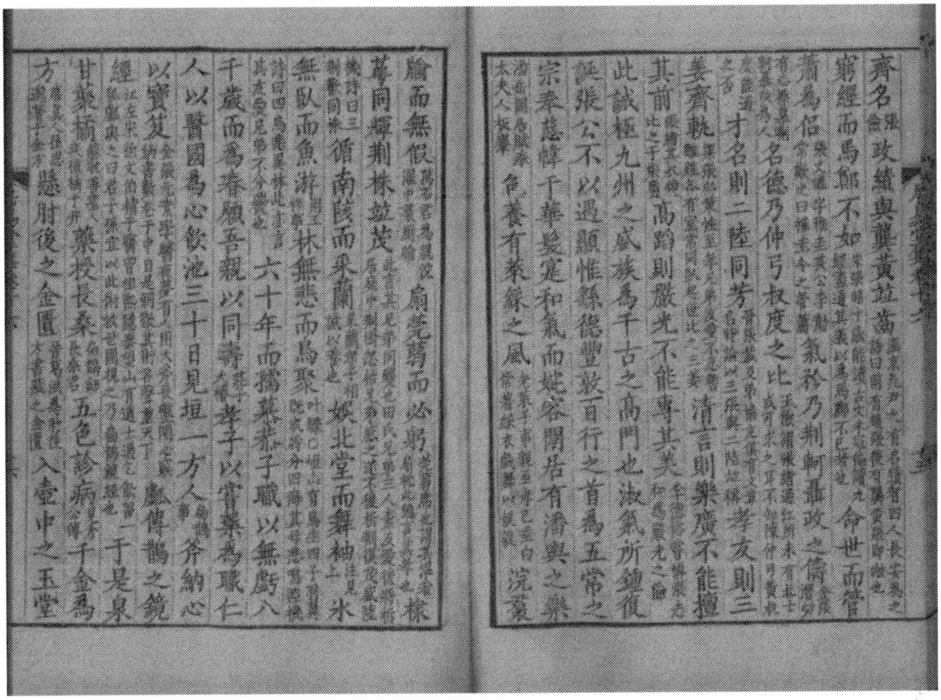

[97]　《居易堂集》，上海圖書館藏清康熙二十三年（1684）版本，卷16，〈張公賦〉。由此影像可以觀察到正文以下，以小字「自作註腳」的刊刻方式，筆者引為例證，用以說明「文中有文」之「互文性」。

圖十二 〔明〕吳崐《醫方考》卷六〈蟲門〉[98]

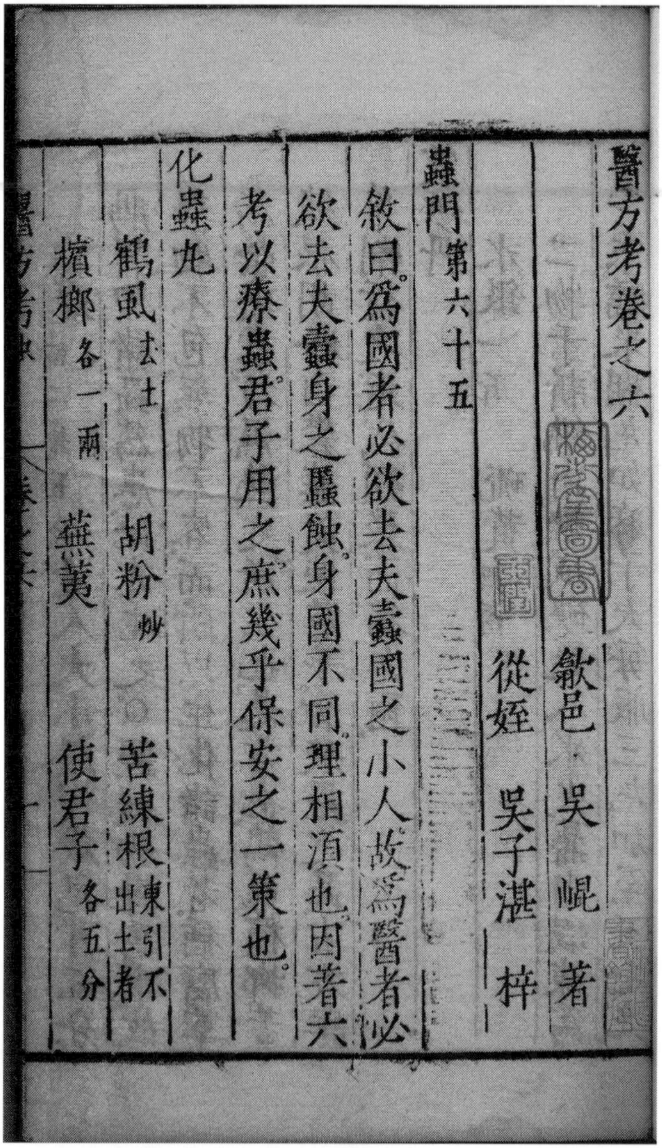

醫方考卷之六

歙邑 吳崐 著

從姪 吳子湛 梓

蟲門第六十五

敘曰為國者必欲去夫蠹國之小人故為醫者必欲去夫蠹身之蟲蝕身國不同理相須也因著六考以療蟲君子用之庶幾乎保安之一策也

化蟲丸

鶴虱去土 胡粉炒 苦楝根東引不出土者

檳榔各一兩 蕪荑 使君子各五分

[98] 上海圖書館藏明萬曆十四年（1586）刻本，臺灣未見相關版本。

圖十三　〔明〕吳崐《醫方考》卷四〈積聚癥瘕門〉

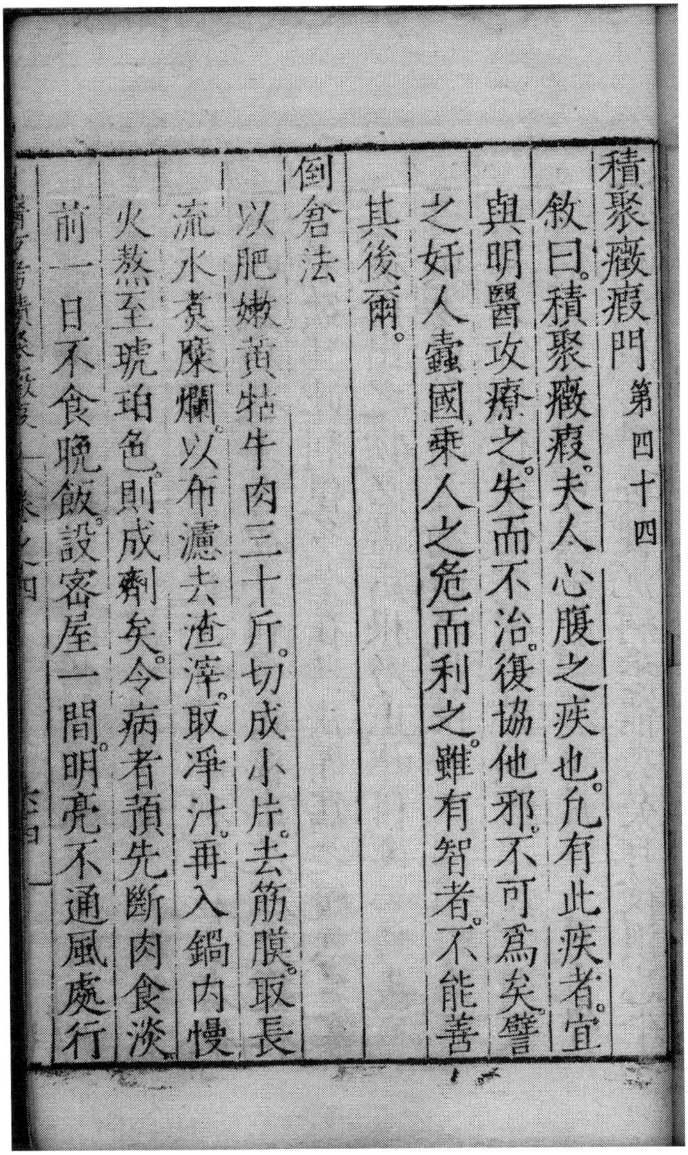

積聚癥瘕門第四十四

敘曰。積聚癥瘕。夫人心腹之疾也。凡有此疾者宜與明醫攻療之。失而不治。復協他邪不可爲矣。譬之妊人蠹國乘人之危而利之。雖有智者不能善其後爾。

倒倉法

以肥嫩黃牡牛肉三十斤。切成小片。去筋膜。取長流水煮糜爛。以布濾去渣滓。取淨汁。再入鍋內慢火熬至琥珀色。則成劑矣。令病者預先斷肉食淡。前一日不食晚飯。設客屋一間明亮不通風處行

第四章
文化場域的複調協奏
—— 明清易代「療疾／治國」論述譜系之敘述策略與傳播模式

一　引言 —— 人身疾病關乎國事良窳乎？

「療疾／治國」之論述架構，係由「人身疾病之醫療」與「國事良窳之救治」相況互喻，或以人體比諸國體，或以人君之疾而及國之安危，或言用藥如用兵，或言良醫與良相，或論醫道通治道，甚者推而演之，而有「醫王」[1]之論。此種「醫病」與「治國」[2]相提而論的載錄，除了醫事典籍中傳鈔敷衍的傳統外，多半出現於世局變動或易代鼎革之際，或藉醫病療疾而大發治國宏論，或針砭時弊而喻及醫病。本文即以明清鼎革

---

[1]　此乃「以醫王天下」之簡稱。如〔明〕汪道昆（1525-1593）之序《醫方考》：「昔人有言，不為良相則為良醫，又曰：用藥如將，吾觀吾子之挾筴，則兩者能矣。進於是則醫王，吾且望吾子之大也，勉之哉！」見〔明〕吳崑（1551-1620），《醫方考》（上海圖書館藏明萬曆十四年（1586）刻本）。本文所採用的「醫王」一詞，偏於儒家義；而在佛教中，「醫王」則專指懂得醫術、能為人治病之佛者，如白居易〈病中詩十五首‧病中五絕句〉：「身作醫王心是藥，不勞和扁到門前」；亦有以佛陀、藥師王為大醫王，又如《雜阿含經》：「如來、應、等正覺為大醫王，成就四德，療眾生病，亦復如是」等，詳參馬小鶴，〈摩尼教、基督教、佛教中的「大醫王」研究〉，《歐亞學刊》（北京市：中華書局，1999 年），第 1 輯，頁 243-258。又，范家偉，《中古時期的醫者與病者》（上海市：上海復旦大學出版社，2010 年 6 月），頁 234-235。

[2]　本文所言「治國」與「救國」之概念並無嚴格區分，文獻出現時多兼「救」、「治」二義，故行文以「救國」補充說明「治國」。然細究用語指涉，「救國」二字語調更為強烈，多有痛陳時弊、剴切陳言之深意。

（1644）為觀察點，奠基於徐枋（1622-1694）個案研究之基底[3]，上下披索、沿波討源，建構明清易代「療疾／治國」論述譜系，析探譬喻話語之敘述策略，摭例說解多元表述之傳播模式，以為旁涉他例之依據。

殆此種論述之多元並置，頗類音樂中複調多聲之協奏曲式，看似獨立，但又此起彼落地相和互應，係為眾聲喧嘩、同場進行的複雜旋律。更具體來說，本文嘗試在遺民徐枋「療疾／救國」論述之外，重塑並推舉傳統譜系之主調論述，同時也努力捕捉場域共應的多元論述。

本題研究主要涉及「醫病」與「遺民」兩大區塊，前人成果雖甚繁賾，然跨域整合且以明清易代為論者甚尠。關於「療疾／治國」論述或繫連「國體」與「病體」之前人研究，文學界如楊玉成之論文人具體疾病經驗[4]、廖肇亨之論「因病與藥」的佛教隱喻[5]、顏健富[6]之論晚清民國小說

---

[3] 遺民徐枋藉療疾而大發救治國弊的論述，認為士子因國痛家憂而導致百病叢生，甚者抑鬱而死；而國家滅亡係天地大廢，倫理教化不行於世，故有識士子承天而受苦，殉國、罹疾喪命或倖存而苟活人世，諸端皆含藏隱微大義，蓋「疾病」成為一種效忠前朝的身體語彙，與不被馴化的外在表徵；徐枋論及疾病得藥，但為何不治之因，則痛陳當世人心墮落，而致鼠輩妖孽橫行釀禍，得藥卻不得治。此種指桑罵槐的論述，意謂著大明滅亡後，當權者皆為此種「非我族類」之他者。詳見拙作：〈貧病、療疾與救國──明清之際文人徐枋的醫藥體驗與遺民論述〉會議論文，中央大學主辦之「海上真真：2013紅樓夢暨明清文學文化國際研討會」（2013 年 10 月 18-21 日）；關於徐枋之生命型態，則可參考另一拙作〈不入城之旅：明清之際遺民徐枋的身分認同與生命安頓〉，《明代研究》第 20 期（臺北市：明代研究學會，2013 年 6 月），頁 59-98。

[4] 楊玉成，〈病人絮語──晚明張大復的疾病與書寫〉，「2011 明清研究前瞻國際學術研討會」會議論文（臺北市：中央研究院明清研究推動委員會主辦，2011 年），頁 1-75。更早則有〈夢囈、嘔吐與醫療：晚明董說文學與心理傳記〉一文，中央研究院文哲所主辦，「跨界想像與文化書寫──近代中國文人生活的道與藝」國際學術研討會（2008 年 12 月），頁 1-63，後收入李豐楙、廖肇亨主編，《沉淪、懺悔與救度──中國文化的懺悔書寫論集》（臺北市：中央研究院中國文哲研究所，2013 年），頁 557-678。

[5] 廖肇亨，〈藥地愚者禪學思想蠡探──從「眾藝五明」到「俱熔一味」〉，收入《中國文哲研究集刊》，第 33 期（臺北市：中央研究院中國文哲研究所，2008 年 12 月），頁 173-203；〈從《琉球百問》看清代中葉琉球貴族的疾病與社會生活〉，《浙江工商大學學報》，第 6 期（2010 年 11 月），頁 39-43。

[6] 顏健富，〈「易屍還魂」的變調──論魯迅小說人物的體格、精神與民族身分〉，《臺大文史哲學報》，第 65 期（2006 年 11 月），頁 113-149。

攸關「國體／病體」隱喻等，皆多所發皇[7]；至於史學界於此論之關注，則多聚於專研醫療社會文化史者，所論大抵環繞《太平經》、《內經》、《五十二病方》等古代醫籍，舉其犖犖者如杜正勝、林富士、李建民、金仕起等[8]，皆著作等身。此外，異於前述學者之專研時期（漢代以前），楊瑞松[9]則關注了晚清至民初特定語彙中的國族論述與疾病隱喻。上述文史學者的耕耘成果，讓本題的開展，有所憑藉而啟示良多；然而，中古下迄明清之「療病／治國」論述，卻留下許多研究空白。

　　這或許是因為，現今專研中古至明清醫療史領域之學者如邱仲麟[10]、李貞德[11]、蔣竹山[12] 等，皆鍾情於疾病施藥等醫療實例領域；至於「療疾

---

[7] 此外亦有加入性別議題的研究，如楊彬彬，〈「自我」的困境 —— 一部清代閨秀詩集中的疾病呈現與自傳欲望〉，《中國文哲研究集刊》第 37 期（2010 年），頁 95-130。

[8] 詳參杜正勝，《從眉壽到長生 —— 醫療文化與中國古代生命觀》（臺北市：三民書局，2006 年）；林富士，〈試論太平經的疾病觀念〉，《中央研究院歷史語言研究所集刊》第 62 卷第 1 期（1993 年），頁 233-234、239-241；李建民，《死生之域 —— 周秦漢脈學之源流》（臺北市：中央研究院歷史語言研究所，2000 年）；金仕起，《中國古代的醫學、醫史與政治 —— 以醫史文本為中心的一個分析》（臺北市：政大出版社，2010 年 6 月）。

[9] 楊瑞松，《病夫、黃禍與睡獅：「西方」視野的中國形象與近代中國國族論述想像》（臺北市：政大出版社，2010 年 9 月）。

[10] 詳參邱仲麟諸作，如〈人藥與血氣 ——「割股療親」現象中的醫療觀念〉，《新史學》第 10 卷第 4 期（1999 年），頁 67-116；〈明代世醫與府州縣醫學〉，《漢學研究》，第 22 卷第 2 期（2004 年），頁 327-359；〈綿綿瓜瓞：關於明代江蘇世醫的初步考察〉，《中國史學》（京都）第 13 期（2003 年），頁 45-67 等五十餘篇專論。

[11] 李貞德之醫療史研究偏重於婦女、性別，如《公主之死 —— 你所不知道的中國法律史》（臺北市：三民書局，2001 年）；《女人的中國醫療史 —— 漢唐之間的健康照顧與性別》（臺北市：三民書局，2008 年）等。

[12] 詳參蔣竹山〈東亞博物學知識的文化相遇 —— 一本十八世紀的琉球本草書籍初探〉、〈藥、醫學知識與消費文化：東亞人參史研究的新方向〉等論文，收入氏著，《當代史學研究的趨勢、方法與實踐：從新文化史到全球史》（臺北市：五南圖書出版公司，2013 年 3 月二刷），頁 247-254；255-295。〈晚明江南祁彪佳家族的日常生活史 —— 以醫病關係為例的探討〉一文，則見孫遜，楊劍龍主編，《都市文化研究》第 2 輯（專輯主題：都市、帝國與先知 = Urban, empire and prophet），上海市：上海三聯書店，2006 年，頁 181-212。

／治國」論述,事涉政治隱喻,尤其是明清易代遺民論述之晦澀周折,醉心物質文化之史學研究者,顯然意不在此。至於文學界之諸前賢,仍多半認為繫聯國體與病體的論述,應遲至晚清民國始現,論者可由大量學術專研時期,一見端倪。

其次,回顧遺民研究成果。無論是文學還是史學,有關流離士夫之生命樣態、國族身分的認同與想像、禪佛思想與救國之糅和等,實蔚為大觀;反觀明清易代「療疾／治國」遺民論述,仍是滿目荊棘,荒蕪待墾。

筆者雖意圖多方呈現語境,但為論述之便,全文分就二大區塊進行陳議:其一、沿波討源,建構「療疾／治國」論述譜系之敘述策略與傳播模式:「醫病／治國(救國)」議題實由來久遠,有其發展傳統與譜系可循;而明清時期印刷刊刻甚為普及,是以大膽推論,系譜諸說於文藝場域應有其效應與影響。其二、鋪陳明清易代「醫病／治國(救國)」論述氛圍:殆此論多現於具有救亡圖存者,如徐枋、傅山(1607-1684)、呂留良(1629-1683)等遺民,故顯非孤例,而現今學界多執持「晚清民初始現」之解,實未能深究明清以前早現端倪之故。

爰此,本文所亟欲嘗試建構明清易代「療疾／治國」論述諸面向,將有助於學術見解之多元並置。

二 傳統論述之母題曲式──「療疾／治國」論述譜系之敘述策略與傳播模式

倘以「療疾／治國」論述作為母題,而將異時異代的相應論述中,不斷重複出現的主旋律勾勒出來,即可形塑為「療疾／治國」論述之系譜傳統。不但可證明此說之由來久遠,並非遲至晚清民初方現;同時,論者也藉此更能掌握「藥病論述」之傳統隱喻的象徵意蘊,從而推敲明清易代遺民論述之可能指涉。

（一）擬塑「療疾／治國」論述譜系 —— 遠古迄明

蓋「醫病」與「治國」並論之議題，實由來久遠。茲以《國語》這段載錄作為發論：

> 平公有疾，秦景公使醫和視之，出曰：「不可為也。是謂遠男而近女，惑以生蠱；非鬼非食，惑以喪志。良臣不生，天命不祐。若君不死，必失諸侯。」趙文子聞之曰：「武從二三子以佐君為諸侯盟主，於今八年矣，內無苛慝，諸侯不二，子胡曰『良臣不生，天命不祐』？」對曰：「自今之謂。和聞之曰：『直不輔曲，明不規闇，拱木不生危，松柏不生埤。』吾子不能諫惑，使至於生疾，又不自退而寵其政，八年之謂多矣，何以能久！」文子曰：「醫及國家乎？」對曰：「上醫醫國，其次疾人，固醫官也。」文子曰：「子稱蠱，何實生之？」對曰：「蠱之慝，穀之飛實生之。物莫伏於蠱，莫嘉於穀，穀興蠱伏而章明者也。故食穀者，晝選男德以象穀明，宵靜女德以伏蠱慝，今君一之，是不饗穀而食蠱也，是不昭穀明而皿蠱也。夫文，『蟲』、『皿』為『蠱』，吾是以云。」文子曰：「君其幾何？」對曰：「若諸侯服不過三年，不服不過十年，過是，晉之殃也。」是歲也，趙文子卒，諸侯叛晉，十年，平公薨。[13]

這段記載於《晉語八》的典故，亦見於《左傳》[14]，然左氏並無趙文子與

---

[13] 〔周〕左丘明撰；〔吳〕韋昭注，《國語》（臺北縣：漢京文化事業有限公司，1983年），卷14，〈晉語八〉，〈醫和視平公疾〉，頁473。

[14] 亦見《左傳》第41-53卷〈昭公〉，收入〔清〕阮元校勘《十三經注疏》，第6冊（臺

醫者論辯之對話。秦景公派遣醫者視察疾病纏身的晉平公，醫者出告「不可為也」，臣子趙文子遂與醫者論辯，由「醫及國家乎」之提問，導出「上醫醫國，其次疾人，固醫官也」的重要論述。所謂醫之上者，所言可以醫治國家弊病，次等的醫者，僅能醫治人身疾病。蓋平公之疾乃基因于遠男近女、非鬼非食之惑亂作為，是以「良臣不生，天命不祐」，且「君若不死，則必失諸侯」，蓋君主既為「人身」，同時又是「國體」運勢之所繫，論者由醫者言「療疾」，繫聯了「人」與「國」之間的相應關聯。

俯瞰歷史長河，此文獻為後世相關論述徵引不斷的經典，其影響與重要，自不可言喻。在《漢書·藝文志》闡述「論病以及國，原診以知政」[15] 時，即將史載真實人物醫和，與太古岐伯、俞拊、扁鵲[16] 等傳說人物，並列而述。根據金仕起之研究，除《國語》、《左傳》醫和論疾及國之外，更早在古代《黃帝內經》、《史記·扁鵲倉公列傳》，乃至於《周禮》醫官制度[17]中，即有將人身療疾與國家治理並舉的具體論述[18]。由是

北市：大化書局，1989 年 10 月四版），頁 4394-4396。

[15] 《漢書》〈藝文志〉：「方技者，皆生生之具，王官之一守也。太古有岐伯、俞拊，中世有扁鵲、泰和。蓋論病以及國，原診以知政。漢興有倉公，今其技術掩昧，故論其書，以序方技為四種。」詳見〔東漢〕班固撰，《漢書》120 卷，《二十六史》（臺北市：成文出版社有限公司，1971 年）第 3-4 冊，據北宋景祐監本配南宋重刊北宋監本影印。

[16] 參〔日〕山田慶兒，〈扁鵲傳〉，《東方學報》（京都大學人文科學研究所編，1988 年 3 月）通 60，頁 73-158。

[17] 《周禮》〈天官〉有「疾醫」，其職掌為：「掌養萬民之疾病。……凡民之有疾病者，分而治之，死終則各書其所以，而入於醫師。」醫者在政治體制中列一席之地，雖然《周禮》係制度之理想藍圖，未必真正實踐，但由職官的隸屬結構來看，涉及醫療的職官除了「醫師」、「食醫」、「疾醫」、「瘍醫」、「獸醫」與「巫馬」等，醫者與國政之關聯密切，是以論醫而及政，亦頗合理。詳參金仕起，〈「王官之一守」的虛與實：古代醫政的界限與醫療者的角色〉，見氏著，《中國古代的醫學、醫史與政治──以醫史文本為中心的一個分析》（臺北市：政大出版社，2010 年 6 月），頁 291-352。

[18] 詳參金仕起，〈「醫及國家乎？」：醫和論述的歷史背景與義涵〉，見氏著，《中國古代的醫學、醫史與政治──以醫史文本為中心的一個分析》，頁 353-390。

足知，「療疾／治（救）國」論述之淵遠流長，其間之隱喻意涵複雜，論者不可不察。而以人君身體比擬國體，甚至是天下之具體而微的展示場，則可上推至西周晚期封建時代[19]。走筆至此，「療疾／救國」論述之傳統譜系，已焉成形；而這個母題主旋律，又將以何種曲式進行複音協奏呢？即為下文所示之敘述策略與傳播模式。

（二）「療疾／治國」論述之敘述策略與傳播模式

倘要列舉諸說，以下推「療疾／救國」論述譜系之敷衍流變，實無疑自陷掛一漏萬的泥淖；是以本文所著力嘗試的，在於歸納、建構出譜系諸說之敘述策略與傳播模式，茲分二大類型，陳述於下：

1　假國體以喻人體，主在論養生療疾，而以國事治理為客為喻

或始於談論養生療疾，而後輾轉徵引進入醫事典籍中，歷時傳鈔敷衍者，如晉代葛洪（283-343）《抱朴子》這段談論養氣長生的文字：

> 故人之一身，一國之象也。胸腹之位，猶宮室也。四肢之列，猶郊境也。骨節之分，猶百官也。神猶君也，血猶臣也，氣猶民也，故知治身則能治國也。夫愛其民，所以安其國。養其氣，所以全其身。民散則國亡，氣竭即身死。死者不可生也，亡者不可存也。是以至人消未起之患，治未病之疾。醫之於無事之前，不追於既逝之後。民難養而易危也，氣難清而易濁也，故審威德所以保社稷，割嗜欲所以固血氣，然後真一存焉，三七守焉，百害

---

[19] 詳參有關古代國家觀念興起之研究，如杜正勝、邢義田、甘懷真、王建文等研究。

　　　　卻焉，年命延矣。[20]

　　葛洪將人的身體比況為國家格局，所謂以「國體」喻「人體」，主要在藉此論證：如何經由養身固氣而卻病延壽。人的精神就猶如國家的君主一般，氣血就猶如臣子與人民，一個人倘若知道惜血養氣足以保身，則同理可推，從而把握愛民重臣以治國興邦的道理與方法。「治未病之疾，醫之於無事之前，不追於既逝之後」一句則強調治病之疾，重在防患未然、防微杜漸。

　　此段文字爾後被唐朝孫思邈（西元 545 或 581-682 年）輯入所著《備急千金要方》[21] 中，而《千金要方》又適為後世醫籍徵引不斷、傳鈔敷衍的經典論述。此乃「療疾／治國」論述，在醫事典籍中根植深遠的傳播模式。

　　推而衍之，人體比諸國體，疾病猶如弊端，用藥即如用兵。蓋「用藥如用兵」論，在醫藥典籍乃尋常套語，論述重點在於以用兵論醫療用藥，主客分明，茲略舉數例為證，如元朝王好古（1200-1264）《醫壘元戎》

---

[20] 〔晉〕葛洪，《抱朴子內外篇》（臺北市：臺灣商務印書館，1968 年），〈內篇〉，卷 17，〈地真〉，頁 368。

[21] 〔唐〕孫思邈撰；〔宋〕林億等校，《孫真人備急千金要方》卷 81〈養性〉，收入《正統道藏》（臺北市：新文豐出版公司，1985 年），太平部・投字號-隱字號，第 45 冊，頁 81。茲載錄引文於後，以見文字之出入：「抱朴子曰：一人之身（「一人之身」原作「人之一身」），一國之象也。胸腹之位，猶宮室也，四肢之列，猶郊境也。骨節之分，猶百官（「官」原作「宮」）也。神猶君也，血猶臣也，氣猶民也。（此句起首原有「故」字）知治身則能治國也，夫愛其民，所以安其國，惜（「惜」原作「養」）其氣，所以全其身。民散則國亡，氣竭則身死，死者不可生也。亡者不可存也，是以至人消未起之患，治未病之疾，醫之於無事之前，不追於既逝之後。夫人（「夫人」原作「民」）難養而易危也，氣難清而易濁也，故能審威德所以保社稷，割嗜欲所以固血氣。然後（原無「後」字）真一存焉，三一（「一」原作「七」）守焉，百病卻焉（「病」字原作「害」），年壽延焉（「壽」字原作「命」；「焉」作「矣」）」。

自序謂「良醫之用藥，若臨陣之用兵也」[22]；又如〔明〕張介賓（1563-1640）《景岳全書》言「《本草正》二卷，採藥味三百種，以人參、附子、熟地、大黃為藥中四維，更推人參、地黃為良相，大黃、附子為良將」。[23] 下至清中葉名醫徐大椿，於醫書中即撰有〈用藥如用兵〉為題之文章，累累五百餘字，暢言醫者用藥，攻守交錯，施策有方：

> 聖人之所以全民生也，五穀為養，五果為助，五畜為益，五菜為充。而毒藥則以之攻邪，故雖甘草、人參，誤用致害，皆毒藥之類也。古人好服食者，必生奇疾，猶之好戰勝者，必有奇殃。是故兵之設也以除暴，不得已而後興；藥之設也以攻疾，亦不得已而後用，其道同也。故病之為患也，小則耗精，大能傷命，隱然一敵國也。以草木偏性，攻臟腑之偏勝，必能知彼知己。多方以制之，而後無喪身殞命之憂。是故傳經之邪，而先奪其未至，則所以斷敵之要道也；橫暴之疾，而急保其未病，則所以守我之巖疆也。挾宿食而病者，先除其食，則敵之資糧已焚；合舊疾而發者，必防其併，則敵之內應既絕。辨經絡而無泛用之藥，此之謂嚮導之師；因寒熱而有反用之方，此之謂行間之術。一病而分治之，則用寡可以勝眾，使前後不相救，而勢自衰；數病而合治之，則併力搗其中堅，使離散無所統，而眾悉潰。病方進，則不治其太甚，固守元氣，所以老其師；病方衰，則必窮其所之，更益精銳，所以搗其穴。若夫虛邪之體，攻不可過，本和平之藥，

---

[22]　《四庫全書總目》子部‧卷104‧子部14‧「醫家類二」，頁870。

[23]　〔明〕張介賓撰，《景岳全書》，《景印文淵閣四庫全書》（臺北市：臺灣商務印書館，1983年），第777-778冊。又此段文字被節入《四庫全書總目》，子部‧卷104‧子部14‧「醫家類二」，頁876。

而以峻藥補之，衰敝之日，不可窮民力也；實邪之傷，攻不可
緩，用峻厲之藥，而以常藥和之，富強之國可以振威武也。然而
選材必當，器械必良，克期不愆，佈陣有方，此又不可更僕數
也。孫武子十三篇，治病之法盡之矣。[24]

所謂「兵之設也以除暴，不得已而後興」，故「藥之設也以攻疾，亦不得
已而後用」，道理相同，故藥之施用，如攻堅之緩急力道，需考量主體
（人身／國家）之體質，不可過當，亦不可窮兵黷武，是以《孫子》十三
篇，實已道盡治病療疾之諸法。綜觀後世醫籍序言多以此為習用話頭，可
謂俯拾即是，此略摭以證。

2　假療疾以論國政，主在論治國大道，而以醫藥療疾為客為喻

此種論述文獻，較常出現於史傳，或為官者之個人著作。但看殷殷血
鑑，凡人臣意欲諷諫君王，倘直言無諱，多慘遭殺身之禍，故說者多輾轉
託喻、借彼喻此，是以假借療疾醫病而論及國政治理者，時而有之[25]。除
《史記・扁鵲倉公列傳》彰顯「使聖人預知微，能使良醫得蚤從事」之
旨[26]外，還有《范雎蔡澤列傳》中范雎「良醫知病人之死生，而聖主明於

---

[24] 《醫學源流論》，卷上。收入〔清〕徐靈胎著；江忍庵增批；林直清校勘，《徐靈胎醫
書全集》（新北市：五洲出版社，2013 年三刷），卷 1，頁 83-84。

[25] 如《靈樞・師傳》所述：「王公大人、血食之君，驕恣從欲輕人，而無能禁之，禁之則
逆其志，順之則加其病，便之奈何？治之何先？」這種勸諫君主的兩難情境，勢必讓諫
說者發展出權衡事宜的言說策略，讓君主聽後能會心一笑、欣然接受。參〔明〕馬蒔撰
《黃帝內經靈樞註發微》第 4 卷，收入《四庫全書存目叢書》（臺南縣：莊嚴文化事業
公司，1995 年）子部・醫家類，第 39 冊，頁 151。
　　　除了以醫道論治道外，也有以廚藝論政、以音樂論政等話語策略，詳參杜正勝推薦
序〈醫療社會文化史外一章：從專職技術到政事治理〉，收入金仕起《中國古代的醫
學、醫史與政治——以醫史文本為中心的一個分析》一書。

[26] 有關研究如〔日〕山田慶兒，〈扁鵲傳說〉，見氏著，《夜鳴く鳥——醫學・呪術・

成敗之事」之論，以及《殷本記》中，伊尹借太素、上皇及九主治國之事，與湯王商討國策，所謂「用其新，棄其陳，腠理遂通，精氣日新，邪氣盡去，及其天年」，皆以醫理論及國事治理，旨不在醫療，而在於治國道理。

　　此外，哲理論道之作，亦間有之，如《韓非子》〈安危〉篇[27]：「聞古扁鵲之治其病也，以刀刺骨；聖人之救危國也，以忠拂耳」，即以扁鵲刺骨療疾之事，比況而論，聖賢之人倘欲救治危殆國勢，則須接納逆耳忠言。其下接續闡論：「刺骨，故小痛在體而長利在身；拂耳，故小逆在心而久福在國。故甚病之人利在忍痛，猛毅之君以福拂耳。忍痛，故扁鵲盡巧；拂耳，則子胥不失，壽安之術也。病而不忍痛，則失扁鵲之巧；危而不拂耳，則失聖人之意。如此，長利不遠垂，功名不久立。」是以危國得救與否，還看國君之能否接受拂逆諫言，忍一時之小痛，而得長利久福，如接受扁鵲刮骨去毒、療傷得救之事一般。此亦是「療疾／救國」隱喻發用之例證。

　　再者，以詩詞文賦為例。〔唐〕柳宗元（773-819）的〈愈膏肓疾賦〉，則假《左傳》景公詢醫療疾之典故[28]，來說明治理國家、除弊利政

　　傳說》（東京都：岩波書店，1990 年）；又根據金仕起所考，此傳旨趣可能在譏刺漢高祖劉邦、漢武帝等人之判斷與行事態度。見〈「聖人預知微」的期待：《扁鵲倉公列傳》的撰述意旨析論〉，收入氏著，《中國古代的醫學、醫史與政治——以醫史文本為中心的一個分析》，頁 265。

[27] 詳參〔周〕韓非（西元前 280-233）撰，《韓非子》卷 8 第 25 篇〈安危〉，收入《四部叢刊》（臺北市：臺灣商務印書館，1965 年）初編・子部，第 79 冊。

[28] 《左傳》第 25-28 卷〈成公〉：「（傳十・四）晉侯夢大厲，被髮及地，搏膺而踊，曰：「殺余孫，不義。余得請於帝矣！」壞大門及寢門而入。公懼，入于室。又壞戶。公覺，召桑田巫。巫言如夢。公曰：「何如？」曰：「不食新矣。」公疾病，求醫于秦。秦伯使醫緩為之。未至，公夢疾為二豎子，曰：「彼，良醫也，懼傷我，焉逃之？」其一曰：「居肓之上、膏之下，若我何？」醫至，曰：「疾不可為也，在肓之上、膏之下，攻之不可，達之不及，藥不至焉，不可為也。」公曰：「良醫也。」厚為之禮而歸之。六月丙午，晉侯欲麥，使甸人獻麥，饋人為之。召桑田巫，示而殺之。將

的方法。夢二豎子于膏肓的景公，雖身有疾而氣力未衰，秦醫緩指稱「上醫療未萌之兆，中醫攻有兆之疾」，景公現況只是「外強中乾」，其實早已「不可為也」。秦醫緩攘袂發論後，俟立一旁的忠臣，聞後不禁憤懣感嘆：

> 「非藥曷以愈疾？非兵胡以定亂？喪亡之國，在賢哲之所扶匡：而忠義之心，豈膏肓之所羈絆？余能理亡國之刓弊，愈膏育之患難，君謂之何以？」醫曰：「夫八紘之外，六合之中，始自生靈，及乎昆蟲，神安則存，神喪則終。亦猶道之紊也，患出於邪佞；身之憊也，疾生於火風。彼膏肓之與顛覆，匪藥石而能攻者哉！」[29]

醫者認為藥石罔效，勢不可為，而忠臣堅持自己能「愈膏肓之患難」，大有知其不可而為的堅持。這番對話，大抵就是「人體疾病之療藥」與「國家刓弊之治理」二組相況而論，文中也出現「用藥如用兵」的論述，全文重點在於以療疾論治國。這種互喻相況的敘述策略，幾乎襲用為常見的修辭套語，後來在宋朝文人詩詞中，可謂屢見不鮮，如陸游「胸次豈無醫國策，囊中幸有活人方」[30]；辛棄疾「萬金不換囊中術，上醫元自能醫

食，張，如廁，陷而卒。小臣有晨夢負公以登天，及日中，負晉侯出諸廁，遂以為殉。」收入〔清〕阮元校勘，《十三經注疏》，第 6 冊，頁 4136。

[29] 〔唐〕柳宗元，《柳宗元集》（北京市：中華書局，2000 年重印），卷 2，頁 65-67。

[30] 此為陸游〈小疾偶書〉：「書生本願致時康，自怪秋來疾在床。胸次豈無醫國策，囊中幸有活人方。但知元氣為根本，正使長生亦粃糠。豎子何勞一掃除，區區猶欲恃膏肓。」全詩由秋後因病在床而發論，自嘲書生原本力致時局康泰，但卻臥病在床，所謂「胸次豈無醫國策，囊中幸有活人方」，即串聯治理國家與醫療疾病之間的況喻。末二句即點化前引《左傳》典故，但反其膏肓之疾無法醫治之說，而強調元氣固守為根本，自可延年御病，就算是「豎子」，又何勞掃除，尚且需恃膏肓之處而作亂。見〔宋〕陸

國」[31]等等，皆成了鎔鑄點化譬喻修辭的傳統典故。

　　醫書中節入文集、筆記小說等文獻，編輯者未必不了解撰者之初始用意。如蘇軾寫給神宗的策書中[32]，即論「夫國之長短，如人之壽夭，人之壽夭在元氣，國之長短在風俗」，旨意甚為明瞭。後為〔清〕徐士鑾（1835-1915）《醫方叢話》卷八截頭去尾地收入，姑引錄如下：

　　　　軾〈上神宗書〉云：「世有尪羸而壽考，亦有盛壯而暴亡。若元氣猶存則尪羸而無害，及其已耗，則盛壯而愈危，是以善養生者慎起居、節飲食，導引關節，吐故納新，不得已而用藥，則擇其品之上，性之良，可以久服而無害者，則五臟和平而壽命長；不善養生者，薄節慎之功，遲吐納之效，厭上藥而用下品，伐真氣而助強陽，根本已危，僵仆無日。」《蘇文忠公集》[33]

游著；錢仲聯校注，《劍南詩稿校注》（上海市：上海古籍出版社，1985 年），卷 68，頁 3828。

　　陸游以療疾喻治國之作，多見晚年，如「憂身如憂國，畏病如畏亂；此身雖幸健，敢作無事看？禍福在呼吸，恐懼兼寢飯。」（卷 77〈病戒〉，頁 4197）；其中又以〈病起雜言〉最為精采：「國不可以無菑眚，身不可以無疾病。無菑之國，亂或更速；無疾之身，死或無日。昆夷玁狁無害於周之王，闢土富國無救于隋之亡。壯夫一臥多不起，速死未必皆羸。古來惡疾棄空谷，往往更得度世方。」（卷 83，頁 4436）相關闡論可參見黃奕珍，〈陸游晚年以「疾病」隱喻之和戰思想〉，《成大中文學報》第 40 期（2013 年 3 月），頁 75-98。

[31]〔宋〕辛棄疾（1140-1207），見《稼軒長短句》，卷 11，〈菩薩蠻〉（又贈張醫道服為別，且令鑱河豚），收入《續修四庫全書》集部・詞類，第 1723 冊，上海市：上海古籍出版社，2002 年，頁 93。據 1959 年中華書局上海編輯所影印元大德三年（1299）廣信書院刻本影印

[32]〔宋〕蘇軾，《蘇軾文集》（北京市：中華書局，1996 年 2 月四刷），卷 25，〈上神宗皇帝書〉，頁 729-742。

[33]〔清〕徐士鑾，《醫方叢話》，卷 8，收入《四庫未收書輯刊》（北京市：北京出版社，1997 年），第 10 輯，第 8 冊，頁 701。據清光緒十五年（1889）津門徐氏蝶園刻本影印。

其後徐氏自加案語：「案文忠書中之語，蓋借論人之元氣，以喻國家也。茲節錄之，特取其說有關於養生云」，不但揭示蘇軾為文之原旨，也說明自己選文之用意，在於該文所論符合養生之道，足可取法。這個例證，適足以察見醫書傳鈔敷衍之模式與特色。

由上述兩大敘述策略與傳播模式可知，將「療疾」與「治國」並論的情況，行之久遠，或因論政而述及醫病，或因醫病而論及政局時弊，主從雖有不同，然而二者互為況喻，已然成為尋常的修辭套語。

三　多音複調之協奏樂章 ── 明清「療疾／治國」論述之多元表述與互應共鳴

（一）由開國明臣之宏偉倡議到「醫道通治道」

大抵世變或易代之際，或為前朝遺民亟欲救亡圖存，或為新朝賢士之開國論策，亦是出現「醫病／治國（救國）」論述的尖峰時期。明代開國之初的劉基（1311-1375），寫了好幾篇有關醫病與治國為譬的文章，其中〈贈醫學錄江仲謙序〉一文，論「良醫用藥」與「良將用兵」，兩個主軸排比相襯、並論而下，累累如貫、氣勢暢達：

> 或稱良醫之用藥，猶良將之用兵，其信然哉！人之死生倚于醫，國之存亡倚于將。反掌之間，吉凶分焉。不得其良而用之，是以人與國棄也。故良將投其兵于敵，而敵失其所御；良醫投其藥于病，而疾失其所聚。兵可以殺敵，藥可以殺病，人皆知之。用之有牲，則殺病之藥不于病，而于其人。殺敵之兵不于敵，而于其國，可不慎哉！故人之將死，而得良醫，國之將亡，而得良將，

> 天下之幸，无有大于此者，而天下之功，亦無有逾于此者。以之
> 并言，良非過矣。……今以仲謙觀之，良醫與良將，其用心真有
> 不期而吻合者。[34]

文中主角係紹興江仲謙，以良醫名于郡，治好了水土不服的劉基一家人，故劉特為序以贈之。此文著意標彰「醫療用藥」乃通于將領之用兵，天下興亡亦繫乎此道。蓋「醫道通于治道」之說，劉基顯然認同，再如《郁離子》〈千里馬〉一文所敘：

> 曰：「治天下者，其猶醫乎？醫切脉以知證，審證以為方。證有
> 陰陽虛實，脉有浮沉細大，而方有汗下、補瀉、針灼、湯劑之
> 法，參苓、姜桂、麻黃、芒硝之藥，隨其人之病而施焉。……故
> 治亂，證也；紀綱，脉也；道德、刑政，方與法也；人才，藥
> 也。夏之政尚忠，殷承其弊而救之以質；殷之政尚質，周承其弊
> 而救之以文；秦用酷刑苛法以鉗天下，天下苦之，而漢承之以寬
> 大，守之以寧壹。其方與證對，其用藥也无牾。天下之病有不瘳
> 者，鮮矣。」[35]

醫療用藥需隨病症而權變，比諸治理天下，需審治亂之證、診紀綱之脈，以道德、刑政為方法，以人才為救濟之藥，如此一來，天下之病無有不療癒者。這段原為論政的文字，在明代中後期，卻被徵引進入新安祁門醫學

34　〔明〕劉基著；林家驪點校，《劉基集》（杭州市：浙江古籍出版社，1999 年 12
　　月），頁 79。
35　〔明〕劉基著；林家驪點校，《劉基集》，頁 5。

大家徐春甫（1520-1596）所撰之《古今醫統大全》[36] 一書，足見醫家之認同。文獻一旦進入醫籍後，傳鈔敷衍的傳播模式，自然如同滾雪球般地下延深遠、堆疊彌厚，影響不可小覷。

　　至於清朝，則出現匯集眾家說法、交織多元話語策略的論述模式。如名醫徐大椿（1693-1771）《醫學源流論》[37] 中，文題即明白標舉為〈醫道通治道論〉：

> 治身猶治天下也。天下之亂，有由乎天者，有由乎人者。由乎天者，如夏商水旱之災是也；由乎人者，如歷代季世之變是也。而人之病，有由乎先天者，有由乎後天者。由乎先天者，其人生而虛弱柔脆是也；由乎後天者，六淫之害，七情之感是也。先天之病，非其人之善養，與服大藥，不能免於夭折；猶之天生之亂，非大聖大賢不能平也。後天之病，乃風寒暑溼燥火之疾，所謂外患也；喜怒憂思悲驚恐之害，所謂內憂也。治外患者以攻勝，四郊不靖，而選將出師，速驅除之可也；臨辟雍而講禮樂，則敵在門矣。故邪氣未盡而輕用補者，使邪氣內入而亡。治內傷者以養勝，綱紀不正，而崇儒講道，徐化導之可也。若任刑罰而嚴誅戮，則禍益深矣。故正氣不足而輕用攻者，使其正氣消盡而亡。然而大盛之世，不無玩民，故刑罰不廢，則補中之攻也。然使以小寇而遽起戎兵，是擾民矣。故補中之攻，不可過也。征誅之年，亦修內政，故教養不弛，則攻中之補也。然以戎首而稍存姑

36　〔明〕徐春甫，《古今醫統大全》（臺北市：新文豐出版社，1978 年），景印中央圖書館珍藏善本書籍，明萬宋禮刊本。

37　〔清〕徐大椿《醫學源流論》常見版本為《景印文淵閣四庫全書》（臺北市：臺灣商務印書館，1983 年），第 785 冊。然而並非完足版本，經查未見〈醫道通治道論〉等篇，此處闡論之版本為〔清〕徐靈胎著；江忍庵增批；林直清校勘，《徐靈胎醫書全集》（新北市：五洲出版社，2013 年三刷），頁 94-95。

息，則養寇矣。故攻中之補不可誤也。天下大事，以天下全力為
之，則事不墮；天下小事，以一人從容處之，則事不擾。患大病
以大藥制之，則病氣無餘；患小病以小方處之，則正氣不傷。然
而施治有時，先後有序，大小有方，輕重有度，疏密有數，純而
不雜，整而不亂，所用之藥，各得其性。則器使之道，所處之
方，各得其理；則調度之法，能即小以喻大。誰謂良醫之法，不
可通於良相也。

在此贅引全文，主要可以呈現徐靈胎如何不避繁瑣、反覆論證地繫聯了
「醫道」與「治道」；除此之外，徐氏在卷下還有〈病隨國運論〉[38]一
文，談到國家氣運，異時異代有其更迭轉變，故同一症狀，醫者施藥應隨
之而權變[39]，如宋朝積弱不振故宜補中宮、明朝宜補陰益下、清朝則陽盛
火旺不宜再投溫熱之燥藥：

天地之氣運，數百年一更易，而國家之氣運亦應之。上古無論，
即以近代言。如宋之末造，中原失陷，主弱臣弛。張潔古、李東
垣輩，立方皆以補中宮，健脾胃，用剛燥扶陽之藥為主，局方亦
然。至于明季，主暗臣專，膏澤不下於民。故丹溪以下諸醫，皆
以補陰益下為主。至我本朝，運當極隆之會，聖聖相承，大權獨
攬，朝綱整肅，惠澤旁流，此陽盛於上之明徵也。又冠飾朱纓，

---

[38] 〔清〕徐靈胎著；江忍庵增批；林直清校勘，《徐靈胎醫書全集》，卷1，《醫學源
流論》，卷下，頁96。

[39] 此乃「應病與藥」的說法，始源於佛經，鳩摩羅什譯《維摩詰所說經‧佛國品》：「為
大醫王，善療眾病，應病與藥，令得服行」，參范家偉，《中古時期的醫者與病者》，
頁29-35。又，徐聖心以王夫之、方以智為例，探討「應病與藥」之儒釋對話，其詮釋
觀點與模式之差異，見氏著，〈儒學論最高教法之形態——王夫之與方以智之「應病
與藥」喻辯〉，《青天無處不同霞——明末清初三教會通管窺》（臺北市：國立臺灣
大學出版中心，2010年），頁159-182。

口燔煙草，五行惟火獨旺。故其為病，皆屬盛陽上越之症。數十年前，雲間老醫知此義者，往往專以芩、連、知、柏，挽回誤投溫補之人，應手奇效，此實與運氣相符。近人不知此理，非惟不能隨症施治，並執「寧過溫熱，毋過寒冷」之說。偏於溫熱，又多矯枉過正之論。如中暑一症，或有伏陽在內者，當用大順散、理中湯，此乃千中之一。今則不論何人，凡屬中暑，皆用理中等湯。我目睹七竅皆裂而死者，不可勝數。至於托言祖述東垣用蒼朮等燥藥者，舉國皆然。此等惡習，皆由不知天時國運之理，誤引舊說以害人也。故古人云：不知天地人者，不可以為醫。

徐大椿論病症之療治用藥，應考慮國運時勢異朝異代的與時變化，醫者切勿執著於典籍所提供的方藥與劑量，否則容易刻舟求劍，甚者，致令患者七竅皆裂、枉送黃泉。用藥權變與治國權宜之間，的確有相通之理，誠如《呂氏春秋・察今》之論：「故治國者無法則亂，守法而弗變則悖，悖亂不可以持國。世易時移，變法宜矣。譬之若良醫，病萬變，藥亦萬變。病變而藥不變，嚮之壽民，今為殤子矣。故凡舉事必循法以動，變法者因時而化。若此論則無過務矣。」[40]此文旨趣係以療病用藥（為賓為喻）來說比況治理國事（為主為體），然與徐大椿之論並觀，則適可見其承繼與發皇。

這些論述，繫聯了病體與國體、病徵與國弊、施藥與用兵，其主調實不離「療疾」與「救國（治國）」並論。徐子之論人體與國體之繫連，已非限於君王，而是人人皆可；療疾與治國二者互動較勁，主客位階此起彼

---

[40] 〔周〕呂不韋輯，《呂氏春秋》，卷 5，〈慎大覽〉第 8，收入《叢書集成初編》第 582-584 冊，北京市：中華書局，1991 年，頁 413-417。

落，曲式更形複雜，議論更趨宏辯，猶如多音複調的協奏曲，閱讀者行走字裡行間，惝恍迷離之際，似乎很難將論述主調歸諸為論醫，抑或論政？

此節所引「醫病／治國（救國）」論述之諸多例證，如「上醫醫國」、「不為良相則為良醫」、「人身與國體」、「用藥如用兵」等諸多話語，猶如主旋律之外的多音複調，讓論述模式更趨複雜。而劉基之文旨在假醫病而論政治國，至若為後世醫藥典籍引入，則旨在醫病，主從之別，論者不可不察。

然而，這些「醫病／治國（救國）」論述，雖成為文人士子習以為常的論述套語或敘述策略，卻皆未及易代遺民借題發揮的深刻與隱晦艱澀，故下文特立一節專論之。

（二）由易代遺民之幽微影射到多重「互文性」

明清易代「療疾／救國」遺民論述，徐枋並非孤例，實還有許多相和互應的論述，在場域中此起彼落的交織出時代樂章，此種深具社會文化意義的多元話語，顯然並非官方主調載錄中，可以聽見的複調樂聲。

在徐枋《居易堂集》中即可見到明亡後許多士子「棄仕從醫」，成為遺民生命型態之一[41]。「隱於醫」者著書，或是病者因療疾而論醫，則多療疾醫病與救國（治國）二者交涉之論述[42]。如徐枋困阨致疾，後因療疾

---

[41] 可參見李德鋒、喬龍續，〈從「獨善其身」到「則為良醫」—— 試析晚明士向醫的心理歸依〉一文，該文指出晚明出現「棄仕從醫」一類士人，如王偁著，《思軒文集》，卷 7，〈贈盛用美序〉：「予又聞用美性明敏，嘗習舉子業，游場屋不利，遂棄去業醫」，收入《中醫文獻雜誌》第 4 期（2005 年），頁 33-35。

[42] 漢學家白謙慎長期關注於遺民藝術家的反清意識，但主要討論的還是在藝術作品，詳參 Qianshen Bai「Illness, Disability, and Deformity in Seventeenth-Century Chinese Art.」 In Wu Hung and KatherineR. Tsiang Mino, eds., Body and Face in Chinese Visual Culture, 147-170,391-398.Cambridge:Harvard University Asia Center, 2005.另，可參見白氏中文著作，

與醫者鄭青山、鄭三山等人成默莫逆之交，為鄭作《醫家炯戒》序以及往來尺牘文章，嘗發論而為「療疾／治國」論述[43]。徐枋並非孤例，至於時代場域共應互和之相關論述，筆者擬從兩方面進行鋪陳——首先，舉遺民從醫者勾勒文化氛圍；其次，再舉徐枋之弟徐柯為佐證，從旁烘襯，說解遺民心曲。

首先，列舉遺民從醫者之「療疾／救國」論述，勾勒易代氛圍及文化意蘊。

蓋明清易代遺民從醫者如方以智（1611-1671）、呂留良、傅山等人著作中，實不乏「療疾／救國」論述，在此僅聊舉遺民傅山（1607-1684）為例，以管窺豹斑。

自言「戀著崇禎十五年」[44]的傅山，在明亡後，即以行醫作為生計來源[45]，如顧炎武（1613-1682）所稱「隱于醫」[46]者。〈賣藥〉一文，即言明易代明晦之際，儒生從醫之窘境：

> 衡尹傳湯液，疇箕不見書。想來明晦際，亦事鬼神區。所以長沙
> 老，相承金匱俱，既無嘗藥聖，誰是折肱儒，即不千緡也，其能

《白謙慎書法論文選》（北京市：榮寶齋出版社，2010 年 6 月），〈17 世紀中國藝術中的疾病、殘疾與畸形〉，頁 70-93。文中言及明清鼎革時期導致「巨大的社會與政治錯位、心理創傷，以及漢族社會精英的身分危機」，此種失落與疏離感，往往成為藝術家們聲稱身體病痛，與形成特殊風格的內在因素。論者可由藝者之字號察見跡象，如傅山自稱「七十三歲病夫」、畫僧「髡殘」、八大山人之「膏肓子」、石濤之「瞎尊者」等，皆刻意以殘敗「病體」之姿，展現於公眾場域。

[43] 詳參本書第二章。

[44] 〔明〕傅山，《霜紅龕集》（臺北市：文史哲出版社，1886 年），卷 10，〈甲申守歲〉，頁 295。以下徵引此書，皆同此版本。

[45] 魏宗禹，《傅山評傳》（南京市：南京大學出版社，1995 年 9 月），頁 435。

[46] 〔明〕顧炎武，〈《大小諸證方論》序〉：「予友傅青主先生，學問淵博，精實純粹，而又隱于醫」。

　　一視歟！真人十六字，一半老夫除。[47]

文中嘲諷自己既非親嚐百藥方劑之古聖，又非三折肱而為良醫那種療疾經驗豐富的儒者，道教真人十六字[48]的養生要訣，到了老夫傅山手中，也只剩一半了。這種易代不仕而隱于醫的遺民，在看待紛亂時局時，常以醫病比喻政局之除弊，如〈讀史〉一文所言：

　　　天地有腹疾，奴物生其中。神醫須武聖，掃蕩奏奇功。金虎亦垂
　　　象，寶難誰執雄，太和休妄頌，筆削笑王通。[49]

天地有腹疾，是因為奴物生其中。若要得醫治，得要如周武聖王掃蕩天下、屢奏奇功，方能如神醫一般藥到病除。此以天地比況人身（而腹乃居人身之中，是以「腹疾」」係指三才居中的「人」出現了問題）蓋世局的疾病，在於任用了奴物，這當然也隱射當時皇上並非武聖之賢君，無法任用賢才，掃蕩弊病，而致世道沉淪。

　　然而，面對「世界瘡痍」、「帝醉未痊」，傅山仍以「詩是吾家事」來標舉自己如杜甫的儒士身分與自我期許：

---

[47] 〔明〕傅山，《霜紅龕集》，卷 11，頁 302-303。
[48] 此指丹家喻十六字訣，所謂「〈長生一十六妙訣〉：『一吸便提，氣氣歸臍；一提便咽，水火相見。』右十六字，仙家名曰『十六錠金』，乃至簡至易之妙訣也。」此十六字為明代養生修道之常論，可參見〔明〕武林‧冷謙（啟敬）著，《修齡要旨》，收入《百部叢書集成》（臺北市：藝文印書館，1967 年），第 24 輯《學海類編》第 23 函之 8 冊。又可參〔明〕尹真人著；〔清〕閔一得訂正，《尹真人寥陽殿問答編》，收入《藏外道書》（成都市：巴蜀書社，1992 年）第 10 冊，頁 391。等。蓋傅山在甲申（1644）年秋，攜子入山避難，拜精通《易》學的還陽子郭靜中為師，成為道人，道號真山，別號朱衣道人。參見魏宗禹，《傅山評傳》，頁 247-267。
[49] 〔明〕傅山，《霜紅龕集》，卷 11，頁 265-266。

（其二）詩是吾家事，花香雜柳煙，豈堪塵市得，或可藥籠邊，
世界瘡痍久，呻吟感興偏，人間多腐婢，帝醉幾時痊。

（其四）只益丹心苦，黃連自蜀中。昔年騰附子，今日賤芎藭。
霸略無昭烈，奴才但李雄，藥材還地道，天府遂成空。

（其九）丸藥流鶯囀，高情與會孤。奇方悲海上，老病憶山圖。
塞北多奔馬，江南想寄奴。殊功無反忌，兵法寓諸壺。

（其十二）浩蕩難倚賴，錐刀試小才。不相違背處，隨在法華
開。果識壺中定，蓮心藥上胎。鎮江鑷子好，會過那頭來。[50]

士子滿腹雄才霸略，在朝政更迭之後，卻如「昔年騰附子，今日賤芎
藭」，淪為賤材不為世用，救世「奇方」也只能「悲海上」，時局如此
「浩蕩」、難以「倚賴」，唯有將兵法良策寄託于法華佛門以及醫者的壺
中天地，而差略無違心志了。此處運用「醫病論述」中常見的隱喻修辭
──以「藥材」比況「人才」。身為士子昔日意興風發，猶如珍貴藥材
「騰附子」，而改朝換代後，遂空有滿腹霸略而淪為卑賤的「芎藭」，慨
嘆世道不濟如許沉重。除此之外，傅山尚有〈醫藥論略〉一文論及醫疾用
藥，需因奴人胡人妙人之別，而施與奴藥胡藥妙藥之理；〈禮解〉一文論
禮者乃「治世之衣冠而亂世之瘡也」，「不知刲括其根而以膏藥塗之又厚
塗之，曰治瘡之禮也」，係以瘡痍之醫療談論亂世用禮之道（集卅一，頁
844-846）；〈治人事天莫若嗇節〉一文，言「（人）不知自己精氣原是
最勝大藥」，係由節養精氣來談治人事天（集卅二，頁 875-876）；又論
賣藥之業「韓康伯休賣藥不二價，其中斷無盈贏，即買三百賣亦三百之

---

50 〔明〕傅山，《霜紅龕集》，卷 9，〈兒輩賣藥城市誹諧杜工部詩五字起得十有二
章〉，頁 248-249。

道，只是不能擇人而賣，若遇俗惡買之，豈不辱吾藥物，所以處亂世無事可做，只一事可做，喫了獨蔘湯、燒沉香、讀古書，如此餓死，殊不怨尤也」（集卅七，頁 1035）等等，多以儒醫身分論治國、治人事天的道理。

綜觀上述例證，易代之際不仕從醫的傅山，在詩文中以天地比況人身，以療疾用藥論及治國用兵，藉此抒發遭時不偶的忿懥情懷，作為遺民論述自無疑義，引之為證，適足說明本文所亟欲勾勒明清易代遺民論述的文化氛圍。[51]

其次，試舉徐枋之弟徐柯（1627-1700）為例證。

同樣經歷明清易代的尤侗（1618-1704），撰〈東海一老人傳〉一文，稱許徐氏二兄弟，並較其同異：「昭法天貭木強，碻碻古道人也；貫時則風流佻達，有翩翩之概」，又說「間或消遙山水，跌宕於酒旗歌扇間，阿兄聞之，意弗善也」、「貫時謝諸生，浮沉城市，既去二株園，流寓湖州，卒大困，復歸於蘇，蹴齊女門一廛老焉。」蓋易代後，兄弟皆為遺民，行徑實有差別，但尤氏指出二人相同之情致：「二子者不同道，其致一也，安得以首陽之拙，非柳下之工乎？」筆者以為這段話，很值得玩味。茲以徐柯《一老庵詩文集》為例，嘗試在「療疾醫病」與「治國」論述當中，分析徐氏兄弟二者「不同道而其致一也」的遺民情懷，論者可由徐柯之筆而映照出徐枋為文之用心何在。章節題為多重互文性，旨即在此。

徐柯嘗因姐姐以及子婦輾轉病榻、沉痼多時，後因機緣偶嘗化州橘之藥方，皆得奇效。這都得歸功於醫者東來以之投藥，徐柯遂因而撰寫〈橘

---

[51] 傅山的「遺民」形象，僅僅是生命風貌的一角，如趙園所撰〈我讀傅山〉，即從文人、名士、遺民等多重面向來勾勒傅山複雜的生命情調，且強調單一面向皆「不足以盡其人」。見氏著，《明清之際的思想與言說》（香港：三聯書店，2008 年 10 月），頁 180-206。

頌說〉一文，借用韓愈詩中言及玉井蓮「一片入口沉痾痊」之意，載記療疾之事並從而託喻遺民情思：

> 昌黎《古意》：「太華峰頭玉井蓮，開花十丈藕如船。冷比雪霜甘比蜜，一片入口沉痾痊。」余贈東來詩取其意，以為《化州橘頌》，東來果以見投。適余姊氏年七十餘矣，病瀯沉綿，却藥不御，又子婦病不安穀，亦經歲月，試服之，皆得奇效。余於是而知其果為袪病衛生之上藥也。今之人不察，猥云化州無橘，樹久枯死。化州不在天上，世人於耳目所不接，好為異論，往往如此，不獨一小物也。
>
> 余近始識東來，挹其議論風采，知為吾輩人。其於石城，所以佐其主人臨民者，有古良吏風。主人少年，以他故驚憂不祿，東來於其身後所以周旋其風波險難者，心力罄竭，知命之年，頭鬚盡白，又有古烈士風，顧肯以小物欺其鄉里手？
>
> 昔韓康賣藥於長安市，守價不移，女子曰：「君非韓伯休，那乃不二價耶？」羊祜之鎮南夏，與陸抗敵境相接，兵交使往，抗病，祜饋之藥，抗服之無疑，心知羊叔子之不鴆也。東來行己在語默之間，處為韓伯休，出為羊叔子，當卓然不愧古人無疑者。顧古人能信於市中小女子與敵國之將帥，而東來不能釋同里故人之疑。此世道之衰也，於東來奚病？[52]

醫者東來為人誠悃，為人主料理周旋時「心力罄竭」，致「頭鬚盡白」，

誠「有古烈士風」，孰知世人不辨薰蕕，懷疑他藉化州橘之小物來欺世騙財。徐柯此文引用韓康伯以及羊怙之歷史典例，意在推舉醫者東來之風範上比古賢，當其時，尚有市集不知名之女子與敵軍陸抗有識人之明；而今世，醫者東來卻遭逢世人誤解，古今際遇之對照，反襯此時賢才不偶，頗含時運不濟、世道衰微之慨歎。此段文字以「療疾」論及了「國局世道」，無疑也可視之為一種流露憤懣怨懟的遺民論述。

　　除此例之外，徐柯又嘗赴徐枋隱居處所澗上草堂，因風雨狂作而滯留三日，拜讀《主藥神賦》與《鷦鴣賦》二文，驚訝於徐枋筆底之風雨颯然、金石鏗然：

> 主藥之神鷦鴣鳥家孟二賦名賦筆驚看風雨飛。擲起金聲作者苦，讀愁霓字識人希。休將草木供驅使，直到絪縕作範圍。絕知孤子鈎神異，遺伴中丞五色輝。家孟有五色定窯中丞，云默泉所贈，余以漢鈎截作水匙配之。[53]

　　蓋徐枋《主藥神賦》的託喻意涵，實整合「醫病／治國（救國）」之論述，如今參看徐柯此段文字，則世之具眼識者當知——徐枋二賦有著他人不易閱讀出來的「愁」「苦」，蓋長篇大論之字裡行間，實飽涵風雨金石之遺民情思。論者又執徐枋自為〈書鷦鴣賦圖卷後〉一文，並觀而察其意旨：

> 偶然有觸，遂成此賦，俯仰身世，慨有餘悲。昔禰處士作鸚鵡

53　〔明〕徐柯，《一老庵遺稿》，卷 3，《一老庵詩文集》，〈新春策款段過澗上草堂，風雨留三日，歸後卻寄六首〉，頁 46。

賦，感其慧也；張司空作鷦鷯賦，識其小也；趙元叔作窮鳥賦，憫其阨也；盧思道作孤鴻賦，賞其高也。雖筆精墨妙，辭擅雕龍，然皆就一事一物為賦，未有能極身世之流連，窮心性之寄託者。昔人云：「心之精微，口不能言，況文章乎？」而此賦遂能書寫胸懷，形容畢殫，上下千載，渺焉無儔，吾將庶幾於楚騷之離憂而風人之怨誹矣。賦成，既自賞之，因復倣雲東逸史[54]筆，寫鷗鶿之狀而書賦其後，以授吾甥權焉。權固妙年，擅文章，工辭賦，余故不吝筆墨以贈之。昔張僧繇畫龍乘雲上天，司馬長卿賦有凌雲之氣，吾正恐此圖挾此文劈青天而去也，權甥其善寶之。（權姓吳氏，字超士）[55]

徐枋自言作〈鷗鶿賦並序〉一文（圖十四），並繪圖卷（圖十五）的旨意，乃「極身世之流連，窮心性之寄託者」，學者鄭毓瑜曾闡述〈鷗鶿賦〉一文旨趣，係以鷗鶿「飛必南翔，集必南首」之「懷南」行徑，表述九死不悔的遺民心緒。[56]此種遺民的「江南」情結，學者楊念群亦曾娓娓闡論。[57]筆者以為：徐柯將《主藥神賦》與《鷗鶿賦》並論，即以《鷗鶿賦》比擬《主藥神賦》，故推論徐枋《主藥神賦》一文，表面上論醫病用藥，實則有身世流連、心性寄託之深意，故論者將之視為「醫病／治國（救國）」的遺民論述，當無差解。此種多重隱喻的嫁接與轉渡，以及文

---

[54] 〔明〕姚綬（1423-1495），畫家。字公綬，號谷庵，雲東逸史，又稱丹丘先生，嘉善（今屬浙江）人。

[55] 〔明〕徐枋，《居易堂集》，卷9，〈論〉，頁242。

[56] 詳參氏著，《文本風景：自我與空間的相互定義》（臺北市：麥田出版公司，2005年），〈明清之際辭賦作品的「哀江南」論述──以夏完淳〈大哀賦〉為端緒的討論〉，頁167-171。

[57] 楊念群，《何處是江南？──清朝正統觀的確立和士林精神世界的變異生活》，（北京市：生活‧讀書‧新知三聯書店，2010年7月）。

獻中看似不相干、卻又相互補充說明的「互文性」，正是易代之際「療疾／救國」遺民論述中，最若有似無、引人入勝的幽微曲音。

　　綜上言之，無論是由遺民醫者傅山之論，或是徐枋弟徐柯之論，都從旁烘襯並印證了當時文化氛圍中，存在著相應但曲式複雜的「醫病／治國（救國）」論述。作為「療疾／治國」論述的變奏曲，其隱晦周折之極致，莫若於此。

四　結語 —— 學術見解的多元並置

　　現今學界之成說，多半認為「療疾／救國」係晚清民初始現，而本文則企圖證明：自古以來，異時異代實不乏藉此闡論者（此擬塑譜系之用意），明清遺民論述中亦有同聲相應之作（徐枋非孤例，且共應者不少），論者應正視此種論述之文化意義。在著眼於說話者採取的敘述策略與文化場域之傳播模式後，相應例證的多元表述，讓易代文化氛圍更是眾聲喧嘩、熱鬧非凡。

圖十四 〔明〕徐枋〈鷦鵒賦並序〉[58]

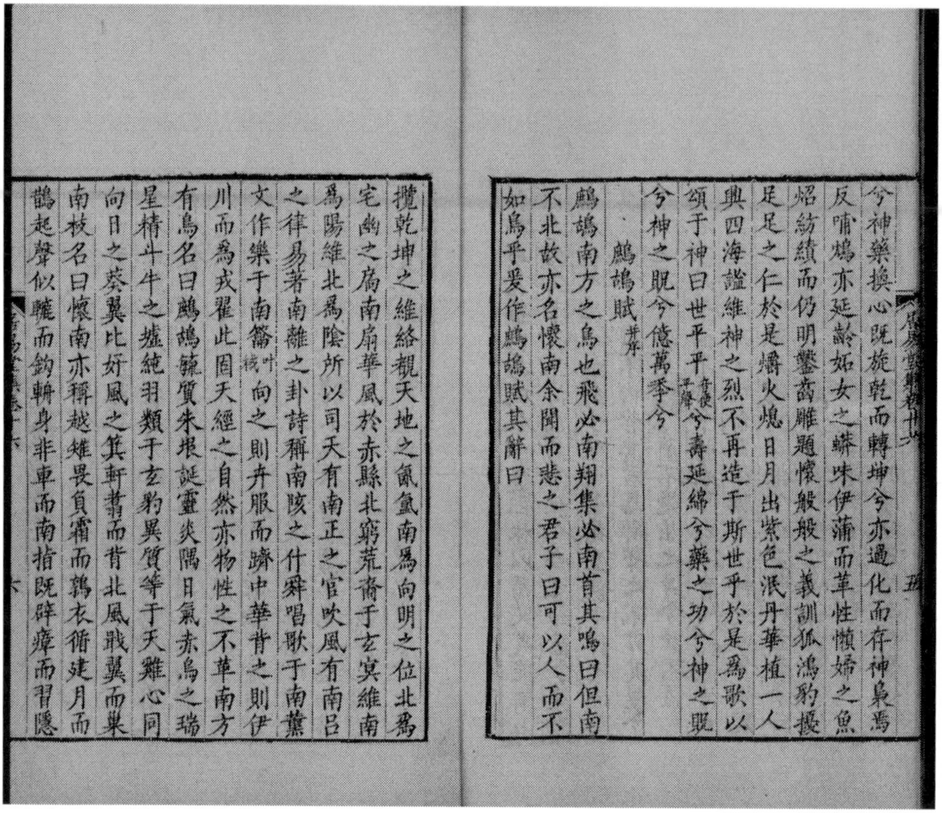

鷦鵒南方之鳥也飛必南翔集必南首其鳴曰但南
不北故亦名懷南余閒而悲之君子曰可以人而不
如鳥乎要作鷦鵒賦其辭曰

鷦鵒賦 甲申

今神藥摂心既旋乾而轉坤今亦遍化而存神臭焉
反噚鵝亦延齡如女之蘇咪伊蒲而革性懶姤之魚
焙紡績而仍明鳖高雕題懷殷殷之義訓狐鳴豹攝
足足之仁於是嬌火燒日月出紫色泯丹華植一人
與四海諠維神之烈不再造于斯世乎於是為歌以
頌于神曰世平平慶今壽延綿今藥之功今神之既
今神之既今億萬季今

攬乾坤之維絡覩天地之氤氳南爲向明之位此爲
宅焉之扁南扁華風於赤縣北窮荒裔子玄冥南
爲陽維北爲陰所以司天有南正之官吹風有南呂
之律易著南離之卦弁服而跡中華昔之則伊
文作樂于南籥之則誦亦物性之不革南方
有鳥名曰鷦鵒韜質朱根誕靈炎隅日氣赤鳥之瑞
星精牛牛之墟絨羽異類干玄豹等于天雞心同
向日之葵翼比奸風之箕軒竦而背北風戢翼而巢
南枝名曰懷南亦稱越雛畏負霜而鶩衣循晨月而
鵠起聲似鸛而瓔而鈎輈身非車而南指既辟瘴而冒隱

---

[58] 《居易堂集》，卷 12。係上海圖書館藏，清康熙二十三年（1684）刻本掃描影像。

圖十五　〔明〕徐枋〈鷓鴣賦圖〉[59]

徐枋
鷓鴣圖并序手卷
236*29

第五章
祟病之除魅指南
—— 晚明醫方典籍與醫案實錄之摭例略述

一　引言 —— 邪祟致病？何以除魅？[1]

　　邪祟致病的說法，自古即有，通稱為「祟病」[2]，研究學者如李零[3]、林富士[4]、杜正勝[5]、李建民[6]、吳一立[7]、陳秀芬[8]、張嘉鳳[9]等，皆有專

---

[1] 關於鬼怪物魅之考，詳參林富士，〈釋「魅」——以先秦至六朝時期的文獻資料為主的考察〉，收入蒲慕州編，《鬼魅神魔：中國通俗文化側寫》（臺北市：麥田出版公司，2005 年），頁 109-134。

[2] 「祟」，東漢許慎《說文解字》注謂之「神禍也」，清人段玉裁闡述為「瀆於鬼神則致祟」。

[3] 李零，〈早期卜筮的新發現〉，《中國方術考》（北京市：人民中國出版社發行：新華經銷，1993 年），第四章，頁 218-280。

[4] 林富士，《小歷史——歷史的邊陲》（臺北市：三民書局，2000 年）、《中國中古時期的宗教與醫療》（臺北市：聯經出版事業公司，2008 年）、《孤魂與鬼雄的世界——北臺灣的厲鬼信仰》（臺北縣：臺北縣立文化中心，1995 年）、《疾病終結者：中國早期的道教醫學》（臺北市：三民書局公司，2001 年）、《漢代的巫者》（臺北市：稻鄉出版社，1988 年初版，1999 年新版）。

[5] 杜正勝，〈形體、精氣與魂魄——中國傳統對「人」認識的形成〉，《新史學》第 2 卷第 3 期（1991 年），頁 3-8。

[6] 李建民，〈祟病與「場所」：傳統醫學對祟病的一種解釋〉，《漢學研究》第 12 卷第 1 期（1994 年），頁 101-148。

[7] 吳一立，〈鬼胎、假妊娠與中國古典婦科中的醫療不確定性〉，收入李貞德主編，《性別、身體與醫療》（臺北市：聯經出版事業公司，2008 年），頁 159-188。

[8] 陳秀芬，〈當病人見到鬼：試論明清醫者對於「邪祟」的態度〉，《國立政治大學歷史學報》第 30 期（2008 年），頁 43-86；〈在夢寐之間——中國古典醫學對於「夢與鬼交」與女性情欲的構想〉，《中央研究院歷史語言研究所集刊》第 81 本第 4 分（2010 年 12 月），頁 701-736。

[9] 張嘉鳳所探討的祟病，係以魏晉時期為限，見氏著，《「疾疫」與「相染」——以《諸病源候論》為中心試論魏晉至隋唐之間醫籍的疾病觀》，《臺大歷史學報》，第

論，各有所成。諸說大抵由醫療文化社會史諸面向切入[10]，將上古至明清以降的重要醫療文獻，廣蒐博羅，發論闡述；然而「祟病」之療，事涉神鬼幽冥，介乎宗教與醫療，與純粹生理疾病之治療，取徑有別，往往籠罩濃厚的神秘色彩。本文接續前章之論，繼力以之，針對此種邪祟致疾與奸佞弊國的雙關隱喻，探討醫事襲用套語，如何輾轉流動到明清易代遺民敘述中，形成別有所指的國族論述，晚明時期之醫療場域氛圍論述[11]，與遺民話語策略之間遙相唱和，其微妙關聯正是本章亟欲嘗試勾勒的文化氛圍。

本章聚焦於此一關懷議題，選擇具有代表性的醫方典籍與醫案實務，做為研究之核心文獻，藉此具體而微、管窺蠡測地了解晚明以降，文化氛圍給予的支撐，與隱喻符碼暗渡陳倉之諸多可能。

據以為討論的核心文獻有二，醫方典籍部分茲以吳崑《醫方考》為例，實務醫案則以孫一奎《醫案》為考，其相關版本及篇目架構，茲略敘於下：

---

27 期（2001 年 6 月），頁 37-82。此外，張氏另有晚明醫案研究，但未言及祟病，見氏著，〈愛身念重——《折肱漫錄》（1635）中文人之疾與養〉=Sensitivity on the Body and Health: Experience of Body Feeling, Disease and Medicine in the Zhegong Manlu (1635)，《臺大歷史學報》，第 51 期（2013 年 6 月），頁 1-80。

[10] 杜正勝，〈作為社會史的醫療史——並介紹「疾病、醫療與文化」研討小組的成果〉，《新史學》第 6 卷第 1 期（1995 年），頁 114。

[11] 本文所研究的還是知識階層的閱讀典籍，至於醫療場域的氛圍論述，應當還包括庶民階層的閱讀知識，此中最關鍵的則是明清時期流行的日用類書，當代研究者自以坂出祥伸之論最為經典。坂出認為明代「日用類書」醫學門，提供了救急與實用的醫療知識，但張哲嘉繼而反思其說，認定日用類書於救急實用層面仍舊不強，應定位為提供庶民基本的醫學知識教養。詳參〔日〕坂出祥伸，〈明代「日用類書」医学門について〉，《關西大學論文集》第 47 期（3）（1998 年 2 月），頁 1-16，收入氏著《中國思想研究：醫藥養生‧科學思想篇》（吹田市：關西大學出版部，1999 年）；張哲嘉，〈日用類書「醫學門」與傳統社會庶民醫學教育〉，收入梅家玲編，《世變中的啟蒙：文化重建與教育轉型（1895-1949）》（臺北市：麥田出版公司，2006 年），頁 167-185。

1　醫方典籍──《醫方考》

此為醫者〔明〕吳崐（1552-1620）所撰，吳氏字山甫，又稱「參黃生」，此書於明末刻本甚多，足見出版流行之盛。吳崐著作常見的有四種：《醫方考》六卷、《脈語》二篇、《素問吳注》二十四卷、《針方六集》八卷。《醫方考》一書，論病二十一門，收方七白餘首，分類簡明，是明清時期至今學習方劑者不可忽略之藥典。目前臺灣藏本並無《醫方考》善本，僅資料庫電子書，或點校鉛字印刷版。本研究採用的版本則是上海圖書館收藏的三種版本：1.明萬曆十二年（1584）刻本，二冊。2.萬曆十三年（1585）刻本，四冊。3.明萬曆十四年（1586）刻本，線裝善本六冊。文末所附圖即是影自上海圖書館藏本。

2　實務醫案──《孫氏醫案》

此為〔明〕孫一奎（1522-1619）所撰輯，又名《孫氏醫案》、《赤水玄珠醫案》，為晚明以降盛行的行醫實務載錄。共五卷，收載醫案二百五十餘則，係由其子泰來、明來同編。以經治地區分為三吳醫案、新都醫案、宜興醫案，所治病證列有子目。本文所採用之版本，係明萬曆孫泰來等刻本影印本，原件藏於中國科學院圖書館[12]。

撰者孫一奎，字文垣，號東宿，又號生生子，新安休寧人。時人狀其貌為「魁然長髯者」[13]，今傳本小像頗符其述（見圖十六）。

12　《四庫全書存目叢書》（臺南縣：莊嚴文化事業公司，1995 年）子部‧醫家類，第 48
　　冊，頁 1 起。此外，另有《續修四庫全書》子部‧醫家類，第 1026 冊，據上海圖書館
　　藏明萬曆刻本影印。
13　〔明〕孫一奎撰，《醫案》，卷 3，〈新都治驗〉，頁 122。

圖十六 〔明〕孫東宿先生小像[14]

此醫案乃孫氏行醫三十餘年的實務經驗[15]，縱使諸多撰序者，屢屢提醒閱
讀群眾，應當「師君之意，毋泥君之案」[16]，因為「醫者意也，得意者亡
法，案于何有？」[17]，但是孫氏療疾時「臨症殫思，務以己之精神，通於
患者之精神，對病投劑，匪苟然嘗試漫為也」[18]，故仍有可傳之必要。
《醫案》在孫一奎在世時即刊刻行世，明萬曆二十四（丙申）年（1596）
海陽黃石孫氏有德堂家刊本[19]，又《赤水玄珠》三十六卷，附錄十三卷，

---

[14] 〔明〕孫一奎撰，《醫案》，頁 192。〔明〕吳郡太守徐顯卿撰寫之〈孫東宿先生像
贊〉，謂之「炯然其眸，飄然其髯」，適為佐證。

[15] 孫燁（元素），〈族叔生生子醫案小序〉，見〔明〕孫一奎撰，《醫案》，《四庫全書
存目叢書》子部・醫家類，第 48 冊，頁 9。

[16] 唐鶴徵，〈孫君醫案序〉，見〔明〕孫一奎撰，《醫案》，頁 1。

[17] 程涓（巨源），〈孫氏醫案序〉，〔明〕孫一奎撰，《醫案》，頁 11。

[18] 孫燁（元素），〈族叔生生子醫案小序〉，〔明〕孫一奎撰，《醫案》，頁 9。

[19] 「中央研究院漢籍電子文獻」全文為此版本。〔明〕孫一奎撰，《赤水玄珠》三十卷，
附《醫旨緒餘》二卷，《醫案》五卷，共 20 冊。

係〔明〕孫一奎著輯；〔明〕黃濂等校；海外珍本有日本明曆三年（1657）至萬治三年（1660）翻刻本，共五十一冊（9 函）[20]。足見《孫氏醫案》在明末清初時期，流行於海內外。

除了這兩種核心文獻之外，醫方典籍部分，又輔以〔明〕李時珍撰《本草綱目》[21]、〔明〕陳嘉謨（1368-1644）《本草蒙筌》[22]、〔明〕李士材（1368-1644）《鐫補雷公炮製藥性解》[23]、〔清〕趙學敏撰《本草綱目拾遺》[24] 等書為佐證。醫案部分，則佐以〔清〕徐大椿《洄溪醫案》[25] 為參考，說明清初醫案實務，於行醫問診時所處理之祟病案例。研究者可以藉此掌握論述於場域氛圍中下延之情狀，同時也可以理解藥劑之施用，並非虛存古例而已，而是實務中派上用場的藥劑。以下分二大面向進行論述：（一）為何除魅？（二）如何除魅？依其說法，解釋祟病治療之學理依據與判病實務，以及具體實務之藥性解說與施用歷程。

二　除魅之用藥指南

（一）為何除魅？——學理依據與判病實務

「祟病」之醫療，始於區分判斷。外表徵狀皆同，但還需繼以望聞問

---

[20] 縮影資料，華盛頓：美國國會圖書館，1995 年 3 月。傅斯年圖書館視聽室有收藏。

[21] 〔明〕李時珍撰《本草綱目》五十二卷，附圖九卷，收入任繼愈，傅璇琮總主編，《文津閣四庫全書》子部・醫家類，第 256 冊，北京市：商務印書館，2005 年。

[22] 〔明〕陳嘉謨《本草蒙筌》，收入《續修四庫全書》子部・醫家類，第 991 冊，上海市：上海古籍出版社，1997 年。

[23] 〔明〕李士材《鐫補雷公炮製藥性解》，收入《四庫全書存目叢書》子部・醫家類，第 45-46 冊，臺南縣：莊嚴文化，1997 年，據中國中醫研究院圖書館藏明天啟二年刻本影印。

[24] 〔清〕趙學敏撰《本草綱目拾遺》十卷，卷首附正誤一卷，臺北市：鼎文書局出版，1973 年。

[25] 一卷，收入《續修四庫全書》子部・醫家類，第 1027-1028 冊。

切，才能給予正確判斷，避免誤診傷人害命。如《醫方考》卷三之序文：

> 病人顏色、聲音、形、證與脈不合于病者，名曰鬼疰，宜此方主之。
> 鬼疰，是病人為邪鬼所憑而致疾也。顏色不合于病者，面生五色
> 而含愧赧也。聲音不合于病者，語言不倫於理，而涉幽微也。形
> 不合於病者，動搖跳躍而無內熱也；證不合於病者，為患詭異，
> 不合於病情也。脈不合於病者，乍大乍小，乍長乍短也。凡此五
> 者，不必悉備，但有一焉，便為鬼疰，即邪祟之謂也。然人鬼異
> 途，不相為類，鬼亦何樂于附人哉？能引之以類，則脫然舍人而
> 就鬼矣。故死人枕，鬼物也，以此物煎湯飲之，則鬼邪觸類而
> 出，大瀉數行而愈者勢也，此之謂病氣衰去，歸其所宗。用畢，
> 即以其枕送還原處者，一則使邪疰之氣有所依歸，一則勿以療人
> 而傷鬼也。古有徐嗣伯、劉大用者，常驗之矣。志之于後，以便
> 觀者[26]。

吳崐所言，大抵不脫葛洪《肘後方》所述，且與明代李時珍《本草綱目》
之名目，多所交集。蓋醫者對於「祟病」之判斷，係「脉不合於病者」，
因為純粹生理疾病，則脉病相合；若是邪祟致疾，則脫序無理，如顏色、
聲音、語言、形、脉證五項，其一有不合理者，便為「鬼疰」，即本文所
謂邪祟致疾也[27]。

---

[26] 卷3，〈五尸傳疰門第十九〉。

[27] 相關論述，又可參見〔清〕徐大椿（1693-1771），《蘭臺軌範》，卷7，〈疫癧鬼
疰〉。該子目下條列「尸厥」、「鬼擊」、「尸注」、「喪尸」、「尸氣」等各類祟
病，藥方則有所謂「辟瘟殺鬼方」，採用虎頭骨、硃砂、鬼臼、雄黃、皂莢、雌黃、蕪
荑等，混蠟蜜製成彈丸，再以大絳囊盛裝，繫縛臂膀之上，男左女右；或置於家屋中四
角，每月朔夜半，於中庭燒一丸。收入《中國古代醫方真本秘本全集》（北京市：全國

　　施用藥方之學理依據，乃同類相感，以陰引陰。以「天靈蓋」（圖十七）、「死人枕」（圖十八）之鬼物，煎湯服之，引類隨之，歸其所宗。陰陽各得其所，人鬼各得其處。故施用藥方，皆極陰極穢之物，如死人枕、獺肝、獺爪、虎糞內骨等，服之後同類相感，大瀉而出。陰邪穢氣既出，人自得安穩，精神氣色自佳，「祟病」即癒。相關病方，詳參表五「祟病藥方」。

　　所謂同氣相引之說，又可參見吳崑論述人體寄生蟲除蟲之方的總敘：

　　　蟲藥總考
　　　昆按：古方殺蟲，如雷丸、貫眾、幹漆、蠟塵、百部、鉛灰，皆其所常用也。……。用敗鼓心、桃符板、虎糞骨、死人枕、獺爪、鶴骨者，驅療蟲也。或用桃柳東南枝者，以其得天地春生夏長之氣，而假之以為吾身之助也。或用吳茱萸東引根，或用酸石榴東引根，煎湯吞藥者，一以此物亦能殺蟲，一以東方者生物之始，諸蟲受氣之所也。東引根，能引諸藥東行，奪其生生之氣，乃伐根之斧也。

寄生蟲如何能施藥以導洩之？也是運用同氣相引之道，如茱萸、桃柳東南枝之施用，乃以東方為諸蟲受氣而生的處所，故施用為藥引，故能殺蟲驅「療蟲」也。姑引之以為佐證。

　　祟病藥方於晚明清初之醫籍中並不罕見，如表六「天靈蓋、死人枕」藥方一覽表所示，則有〔明〕李時珍撰《本草綱目》、〔明〕陳嘉謨《本草蒙筌》、〔明〕李士材《鐫補雷公炮製藥性解》、〔清〕趙學敏撰《本

草綱目拾遺》等書皆載錄，且內容大同小異，足見醫籍中藥方輾轉傳鈔的現象。

（二）如何除魅？──藥性解說與施用歷程

至於實務醫案，《孫氏醫案》中載錄了晚明關於治療祟病的珍貴實錄。孫一奎判斷病患癥候時，會多方觀察、確認，若只是看起來像見鬼之症，而並非真為邪祟致病的，就會以「如見鬼」之用語來區分。論者也可以由他施用的藥方來確認。殆醫有所謂「蓄血如見鬼」之病症，如〔漢〕張仲景《傷寒論》云：「婦人傷寒發熱，經水適來，晝日明了，暮則譫語，如見鬼狀者，此為熱入血室。」孫氏多據此以判定癥狀，究竟為鬼魅導致的「祟病」，抑或只是「蓄血如見鬼」的生理症狀？[28]

如治療三吳地區的病患孫康宇媳婦[29]，引用醫書之言「『蓄血如見鬼』，治當消瘀血、麵食、解其暑氣」；治療新都地區葉潤齋之心膈嘈雜、好食雞肉，不吃不行，吃了以後又腹大痛、吐涎水，狀甚痛苦，「市人咸以為祟」。[30] 孫氏診斷「六脈大小不等，觀其色，唇紅臉黃，予曰：據色脉，迺虫症，非祟也。」故先後給予雄黃丸、膩粉、史君子末一錢，「用雞子打餅，五更空心飼之，辰刻下長蟯十條，內有二大者，長尺有咫，自首貫尾皆紅，下午又下小虫百餘」，患者自此不再喜肉，痊癒得救。

---

[28] 「熱入血室」症亦見載於民國 19 年千頃堂書局發行、署名晚明太醫院醫官龔居中所撰之《太醫院秘傳明醫斟酌紅爐點雪》，卷 2 載述：「婦人身熱，經水適斷，寒熱如瘧，日晡尤甚，如見鬼狀，譫語，此熱入血室，以柴胡地黃湯」，此劑係以柴胡、黃芩、半夏、人參、甘草、生地、生姜（七片）、大棗（二枚）等煎製，於食前服用。收入《中國古代醫方真本秘本全集‧明代卷》第 5 冊，頁 102。考諸安徽省圖書館藏明書林劉大易刻本影印之《新刻痰火點雪》（《續修四庫全書》本），亦未見收。

[29] 〔明〕孫一奎撰，《醫案》，卷 2，〈三吳治驗〉，頁 72。

[30] 〔明〕孫一奎撰，《醫案》，卷 4，〈新都治驗〉，頁 157

「如見鬼」的病癥敘述，在孫氏《醫案》中，還有好幾例。如卷二〈三吳治驗〉「李悅齋夫人腹痛譫語如狂鼻衄」條，描述了患者家人質疑倘為「熱入血室」所致，為何患者「當夜間譫語如狂，如見鬼，何至胸脅痛劇咬人也？」孫氏則引張仲景語申論之「經水適來適止，得疾，皆作熱入血室治之，治同少陽，而以小柴胡湯為主，加涼血活血之藥，此古人成法可守也」；在此之外，卷二〈三吳治驗〉「大司馬令媳產後暈厥發狂」條，載大司馬潘印川第三令子室，尚書蔣公孫女，年二十五，體素羸弱，因難產悲戚過度，時時暈厥，後又誤聽庸醫用藥，而致狂言亂語，還自稱「是觀音大士降壇，所言皆儒雅官話，問答如流，聲甚壯厲，殊無產後不足之態。生平不諳漢聲，至是出語如生成者，人皆異之，目為神附，禳禱百般」，眾人以為神佛附體而爭相膜拜之際，唯獨孫氏力排眾議，堅持此種癥狀係「惡露不盡，乃蓄血如見鬼之症，非真有神佛相附也」，施與「清魂散加滑石、童便」藥方，到了隔天，患者即「小水乃行，狂亂皆定」。

此外，還有卷三〈新都治驗〉「文貴者明疫漏底發熱譫語」條載患者「病發熱，晝夜不止，口渴，齒燥，鼻幹，舌苔黃濃，不得眠」、「夜譫語如見鬼狀」、「熱入血室故也」；又卷三〈新都治驗〉「朱宅女眷熱入血室」條：「飲食不進，夜如見鬼者，乃熱入血室也」，皆屬此。

至於真正是邪祟致病的，他會根據歷來典籍所述之實務用藥，並參照病患體質現狀，來施與補洩以及增減劑量。孫氏醫案中至少有兩則記錄，詳述始末，讀來令人咋舌稱奇，甚者駭目驚心。

陰魂致疾，如荒郊野外之孤魂野鬼等，最為常見。然特別的是家鬼，尤其是家眷之死別。生為一家人，死後陰陽兩隔。情感上眷戀徘徊，難以立即切割，但就醫者而言，幽冥與人世當分涇渭分判，人與鬼魂長久混同，將致陽氣漸消，陰氣漸長，生人呈現諸多病癥，醫者謂之「祟病」。

傳染力極強的疫疾，甚者滅門，謂之「傳尸瘵疾」。孫一奎曾經手一病患程道吾先生令眷，其瘵狀為「夜為夢魘所驚，時常暈厥，精神恍惚。一日三五發，嗽面色青，不思穀食，日惟啖牛肉脯數塊而已」，乍看之下，乃受驚嚇而導致來精神恍惚、魂不守舍的病症。但再看看家族病歷「道吾先生令眷二，皆卒於瘵，知其為傳屍瘵症也，不易治之」，原來是危及生命，甚者滅門的可怕瘟疫。用藥程序有緩急二法，首先，施以「壯神補養之劑，消息調理。俟飲食進，胃氣轉，始可用正治之法」。其次，製成「太上渾元丹藥」，以及「霹靂出獵丹」：

> 姑用人參、茯苓、柏子、仁石、菖蒲、遠志、丹參、當歸、石斛，以補養神氣，以陳皮、貝母、甘草、紫苑，化痰治嗽，服半月而無進退，迺為製太上渾元丹藥，用紫河車一具，辰砂、鱉甲、犀角各一兩，鹿角膠、紫石英、石斛各八錢……煉蜜為丸，赤豆大，每早晚鹽湯或酒送下三十六丸。又製霹靂出獵丹，藥用牛黃、狗寶、阿魏、安息各一錢，虎頭骨五錢、啄木鳥一隻、獺爪一枚、敗皷心、破皮三錢，射香五分，天靈蓋一個，煉蜜為丸，雄黃三錢為衣，每五更空心蔥白湯送下五分，三五日服一次，與太上渾丸丹相兼服，纔服半月，精神頓異，不似前時恍惚矣。[31]

此中詳述先補後洩的醫療依據與歷程，藥方中有治療祟病常見的「獺爪」、「天靈蓋」等，皆為極陰之物。施用有時，半個月後，患者不但因

---

[31] 〔明〕孫一奎撰，《醫案》，卷3，〈新都治驗〉，頁97。

此安神定氣，回復康泰，還於次年生下一女。宅中瘵疾疫厲，從此再亦不傳。

此外，還另有一祟病療治之例——新都的程家內眷藏溪汪氏女疾案。其夫歿於疫癘，在守寡初七那天，疫疾就發作在汪氏身上。瘵狀是「大熱，頭疼，口渴，胸脅併痛」[32]，醫者施藥小柴胡湯。但夜半「忽夢夫，交洩而覺，冷汗淫淫，四肢如解，略不能動，神昏譫語，面如土色，舌若焦煤，強硬」，家人急忙迎接孫一奎至府上診脉。孫醫發現「六脉沉絃而數，大小便俱秘」，遂判斷為「陰陽易類」，而「疫後有是，危已極矣」，顯然是極具傳染性的致死疫厲。醫者施藥先給予「生脉湯」，加上柴胡、黃芩、桂枝、甘草，用水煎成，再者，「將乃夫昔穿舊褲襠燒灰調下」，服用兩劑後而神醒，而「體溫汗斂，舌始柔和，焦亦漸退」，後來十歲子、十四歲女、妯娌及婢輩六人等族親，皆服用六神通解散，終於平安度過這場原本會導致家破滅門的瘟疫災難。

「夢與鬼交」即是祟病判斷之一[33]，根據漢學家費俠莉（Charlotte Furth）之研究，明清醫案中，認為婦女疾病，或可能起因於「夢與鬼交」，而非房事過度。[34] 又脉證怪異，故確認為「陰陽易類」，疾病傳染來自男女相傳，故名「陰陽易」。在〔東漢〕張仲景（西元 25-220 年）

---

[32] 〔明〕孫一奎撰，《醫案》，卷 4，〈新都治驗〉，頁 142。

[33] 明清時期的醫藥典籍中不乏相關記載，如迴溪老人徐大椿，於醫書之〈婦人〉篇中載「與鬼交」病，瘵狀為「臟腑虛，神守弱，鬼氣得病之也。其狀不欲見人，獨言笑悲泣，脉來遲伏或如鳥啄」，見氏著，《蘭臺軌範》，卷 8，收入《中國古代醫方真本秘本全集》（北京市：全國圖書館文獻縮微復制中心，2004 年），清代卷第 74 冊，頁 635。又，近人關於夢與鬼交的研究，可參見前述陳秀芬、吳一立、李建民等專論，此外還有李貞德，《女人的中國醫療史——漢唐之間的健康照顧與性別》，頁 382。

[34] 該書徵引〔明〕程從周（約 1581 出生）《程茂先醫案》卷一例子為證。詳參〔美〕費俠莉（Charlotte Furth）著；甄橙主譯，吳朝霞主校，《繁盛之陰：中國醫學史中的性（960-1665）》（南京市：江蘇人民出版社，2006 年），第七章，〈醫生的實踐〉，頁 231、239。

《傷寒論》中即載有「陰陽易」之病，徵狀為「人身體重、少氣、少腹裡急，或引陰中拘攣，熱上沖胸，頭重不欲舉，眼中生花，膝脛拘急」，藥方之一，即為「近隱處，取燒作灰」、「婦人病，取男子燒服」；〔隋〕巢元方（西元 6-7 世紀）《諸病源候論》亦闡述其義，此病之傳染，大抵為病人患疾初瘥，即行男女交接，則女病及男，男病及女。巢氏更進一步說明此病之命名與徵狀，則因性別而有區分：「其男子病新瘥未平復，而婦人與之交接得病者，名陽易。其婦人病新瘥未平復，而男子與之交接得病者，名陰易。若二男二女，並不相易。所以呼為易者，陰陽相感，動其毒，度著於人，如換易也。」[35] 足見醫家辨別徵狀、判定疾因、從而施藥之依據如此 [36]。

然而，孫一奎所載此案，特別之處，在於患者係夢與亡夫交接，而並非尋常人世之男女交接，故此病則又添「邪祟致病」一層。

醫者施以生脉湯，養氣安神之外，又添以「將乃夫昔穿舊褲襠燒灰調下」，殆事涉男女情欲交歡，故取亡夫下體所著衣物，燒灰服用，以陰氣引陰氣，導瀉而出，如此方使陰陽各得其所，人鬼各安其處。

這些實務醫案，讓後世研究者如你我，了解到《醫方考》所列之死人枕、虎糞內骨、天靈蓋，甚或亡者貼身褻褲，此類極陰極穢之藥方，並非虛設假擬之傳言，而是在明清醫療疾病中，真實運用且有具體成功療效的特效藥方。

---

[35] 〔隋〕巢元方撰，丁光迪主編，《諸病源候論校注》（北京市：人民衛生出版社公司，1991 年），卷 23，頁 685。又相關病證藥方亦見載於〔明〕王肯堂《傷寒證治準繩》，足見孫氏《醫案》所載，有其時代氛圍之支持。

[36] 相關研究參見張嘉鳳，〈「疾疫」與「相染」——以《諸病源候論》為中心試論魏晉至隋唐之間醫籍的疾病觀〉，《臺大歷史學報》，第 27 期（2001 年 6 月），頁 37-82。

三　結語──崇病除魅之文化意蘊

本文藉此管窺之效，了解到晚明醫方典籍以及實務醫案對於崇病施藥之治療，具有下列三個面向之文化意蘊：

（一）醫方典籍之傳播意義

醫方典籍做為一套知識系統，其刊刻流傳的模式，係透過古典醫籍之傳鈔敷衍，繼之以增枝添葉、歷時累疊而成。雖然承續前說難免源流駁雜，但論者仍可於編纂者如何巧立子目（以重組知識）、子目總說序文（表述己見），以及案例中所續寫之當代耳聞或親見例證（譜系增生）當中，察見說話者觀點之蛛絲馬跡。如《醫方考》，中所載崇病醫方，殆援引了葛洪《肘後方》之述，然卷三〈五尸傳疰門第十九〉序文吳崐如是說明：「蓋曰：『拘于鬼神者，不足以言至德云爾』。今著六考，益滋斯世之笑！不笑者，尚謂我哉！」又於「死人枕」藥方之下，再次表述「崐謂二醫者，古昔神良之流也，知鬼神之原，故能察識異疾。諸醫以口耳之識，執方以治之，其不效也固宜！」知藥籍存載古方之用意良深，但行醫者萬不可執著以治；又〔清〕趙學敏（1719-1805）引李時珍醫藥書 [37]，轉引古方則特別闡論如下：

> 時珍曰：按謝士泰《刪繁方》：治尸疰，或見尸，或聞哭聲者。取死人席（斬棺內餘棄路上者）一虎口（長三寸），水三升，煮一升服，立效。此即用死人枕之意也，故附之。

---

[37] 《本草綱目》「服器部」「服帛類」──死人枕席（《拾遺》）。

當中轉錄南北朝醫家謝士泰《刪繁方》的藥方,並進一步闡述該方乃「用……之意」,所謂「得意忘言」,論者不應拘泥於文字糟粕,這也再次呼應醫方典籍中「醫者,意也」的原則[38]。孫一奎治療傳尸癆疾,採用亡者衣物燒灰服用,即取其意也,也是因個案而變通的實例。

此外,以死人衣物入藥來治療「祟病」的藥方,在晚明醫事典籍中是普遍存錄的。以「天靈蓋」(或稱死人枕、故尸枕、死人席)而言,《本草綱目》、《本草蒙詮》、王肯堂《證治準繩》,甚或太醫院醫官龔居中所輯之《新刻痰火點血》[39],下至清中葉洄溪老人徐大椿《蘭臺軌範》皆載錄此方;至於「褌襠」入藥以治療「陰陽易病」的藥方,則在《本草綱目》、《蘭臺軌範》有載。查其內容,相同者多,除了顯示醫方典籍彼此雜鈔、累疊諸說的現象,同時也可以看到祟病醫方的流傳普遍。各家內容大同小異的現象,詳參表六「天靈蓋、死人枕」藥方一覽表、表七「陰陽易」病藥方表。

四庫館臣在《總目》中評論〔明〕王肯堂(1549-1613)《證治準繩》一書,係「采摭繁富,而參驗脈證。辨別異同,條理分明,具有端委。故博而不雜,詳而有要」,然而有趣的是,向來對怪力亂神總斥為無稽荒唐的翰林學士,卻對王氏醫書載錄之禁方,十分寬容,蓋「附載傳屍

---

[38] 根據廖育群的研究,有關「醫者意也」的載錄,可見諸北宋蘇軾《東坡志林》卷3,一人渡江遇風受驚,醫者以舵工手汗漬處刮末,雜丹砂等飲之而癒;又南宋吳曾《能改齋漫錄》卷2說明以意用藥之理在於「意類相假,變化感通」,此又與《呂氏春秋‧有始覽》所載:「類固相召,氣同則合,聲比則應」以及北宋贊寧〈物類相感志〉所述相應,詳參廖育群,《醫者意也——認識中國傳統醫學》(臺北市:東大出版社,2011年),頁39-67;又可參見〔日〕山田慶兒,〈「物類相感志」的產生及其思考方法〉,見氏著,《古代東亞哲學與科技文化》(瀋陽市:遼寧教育出版社,1996年),頁126。

[39] 詳參安徽省圖書館藏明書林劉大易刻本影印之《新刻痰火點雪》卷2,〈傳尸痄病主方〉,收入《續修四庫全書》子部‧醫家類第1005冊,頁595-596。

勞諸蟲之形雖似涉乎語怪」，然「觀北齊徐之才，以死人枕療鬼痊，則專門授受，當有所傳，未可概疑以荒誕也」[40]，揭示了此說其來有自，相傳久遠，未可妄斥荒誕而刪去。四庫館臣之說，適足堪為本題研究之註腳也。

　　殆神鬼邪孽之說，其幽微處多不可言說，明清之際，西學早已東漸，務求實證的科學揭竿而起，力闢邪說，率歸之為虛妄迷信者，大有人在。明清醫家對於鬼神的態度，大抵是姑妄存之，醫籍醫案亦零星散見。即便入清醫者王宏翰（1648-1700）者，身為天主教徒，於其著作《古今醫史》，即有辨徐秋夫針鬼之妄者：「夫世人皆有形體肉軀，因七情攻于內，六淫攻于外，以致血氣不和而染疾焉。蓋鬼無形，乃虛靈之性，既無有形之肉軀，何得患病？此鬼魔侮弄世人，或秋夫捏造邪說，假以驚人耳。」[41] 由此反例推想，明清易代遺民於醫事實務，容或未必全然信服鬼神之說；然而，假「療疾／救國」譬喻傳統之敘述策略，大書特書救國除弊之宏論，確實已隱然形成心照不宣的遺民論述。

（二）儒家與道教思想之駁雜交融

　　醫者有仁人救世之心，其本質不離儒道；醫而及國，亦有其傳統氛圍

---

[40] 〔明〕王肯堂《證治準繩》，收入《景印文淵閣四庫全書》子部‧醫家類第 73-77 冊，臺北市：臺灣商務印書館，1983 年。

[41] 見王宏翰，《古今醫史》，卷 3，〈徐秋夫〉，收入《續修四庫全書》子部‧醫家類，第 1030 冊，頁 330。此類接觸西學而力辟神鬼之說為邪術歪道者，在民國三十年代被「中華醫史學會」特別標舉出來。民國時期正以西洋醫學為主流，西醫研究者擔憂「我國醫學厄於神道」、「厄於方術」，故多著書力辟舊學、事事實證為務，（見余巖《明季西洋傳入之醫學》序言，頁 3），中有一學者范行準即以明季醫學為研究對象，撰述了《明季西洋傳入之醫學》一書，以西洋醫學類目編排，將明季至入清醫家舉凡接觸西學者，羅列並詳加辨析其學流派，當中述及了清初醫者王宏翰。詳參范行準著；牛亞華校注，《明季西洋傳入之醫學》（上海市：上海人民出版社，2012 年），頁 212-213。

支撐，所謂「儒醫」之稱名也。[42]；至於祟病施用藥方，考其源，係屬道教方術之除魅手法，後世醫者混同用之，論者自可見儒道交融之跡。如《醫方考》汪道昆序言所述：「吾郡貴醫如貴儒，其良者率由儒徙業，吳山甫故儒生也，則亦降儒而就醫，其言曰：儒者上治經術，下治百家，於是乎始。有成業醫家，上軒岐而下四氏，宜亦如之。……昔人有言，不為良相則為良醫，又曰：用藥如將，吾觀吾子之挾篋，則兩者能矣。進於是則醫王」，即儒醫合論之。

　　至於方術取方，除了《醫方考》之祟病療法外，又如《本草綱目拾遺》載〈珠蘭〉條之述：

> 中條山有老道士，教人治狐魅。有一女子為雄狐所祟，教以用珠蘭根搗爛，置床頭，俟狐來交時，塗其莖物上，狐大噪竄去。次日野外得一死狐。道士云，此根狐肉沾之即死，性能毒狐，尤捷效也。[43]

此方所述頗類鄉野傳奇，狐狸化成人身蠱惑女子與之交合，道士施與珠蘭，使邪祟狐魅受不了香氣，嗥嚎而死。這種除魅方式係以相剋之理而為，足見駁雜萬端乃醫籍常見現象，祟病除魅之方亦不脫此。

　　「祟病」之成為「疾病」，牽涉到「鬼神」以及「魂魄」之說，下至

[42] 詳參陳元朋、祝平一、余新忠之專論。如陳元朋，《兩宋的「尚醫士人」與「儒醫」兼論其在金元的流變》（臺北市：臺大出版委員會，1997 年）；祝平一，〈宋明之際的醫史與「儒醫」〉，《中央研究院歷史語言研究所集刊》第 77 本第 3 分（2006 年 9 月），頁 401-449；余新忠，〈「良醫良相」說源流考論──兼論宋至清醫生的社會地位〉，南開大學中國社會史研究中心暨歷史學院編：《天津社會科學》，第 4 期（2011 年），頁 120-131。

[43] 〔清〕趙學敏（1719-1805）撰，《本草綱目拾遺》（臺北市：鼎文書局，1973 年），卷 7，〈花部〉，頁 285-286。

晚明清代的醫書中，發展成更完整的醫學論述，如〔清〕徐大椿《醫學源流論》卷上即有〈病有鬼神論〉：

> 人之受邪也，必有受之之處，有以召之，則應者斯至矣。夫人精神完固，則外邪不敢犯，惟其所以禦之之具有虧，則侮之者斯集。凡疾病有為鬼神所憑者，其愚魯者，以為鬼神實能禍人；其明理者，以為病情如此，必無鬼神，二者皆非也。夫鬼神，猶風寒暑濕之邪耳。衛氣虛則受寒，榮氣虛則受熱，神氣虛則受鬼。蓋人之神屬陽，陽衰則鬼憑之，《內經》有五臟之病，則現五色之鬼。《難經》云：脫陽者見鬼。故經穴中有鬼床、鬼室等穴。此諸穴者，皆賴神氣以充塞之。若神氣有虧，則鬼神得而憑之，猶之風寒之能傷人也。故治寒者壯其陽，治熱者養其陰，治鬼者充其神而已。其或有因痰因思因驚者，則當求其本而治之。故明理之士，必事事窮其故，乃能無所惑而有據。否則執一端之見，而昧事理之實，均屬憒憒矣。其外更有觸犯鬼神之病，則祈禱可愈。至於冤譴之鬼，則有數端，有自作之孽，深仇不可解者；有祖宗貽累者；有過誤害人者，其事皆鑿鑿可徵。似儒者所不道，然見於經史，如公子彭生、伯有之類甚多，目睹者亦不少，此則非藥石祈禱所能免矣。

蓋同氣相引、以陰引陰的學理依據，上溯其源，可以《說文》「鬼之為言歸也」[44]、《禮記》「魂氣歸於天，形魄歸於地」[45] 為依。人之存在，除

---

[44] 〔晉〕郭璞注《爾雅》〈釋訓第三〉：「鬼之為言歸也……故尸子曰：『古者謂死人為歸人』」，收入《續修四庫全書》經部‧小學類，第 185 冊，頁 131-132。

[45] 《禮記》卷 5〈郊特牲〉：「魂氣歸於天，形魄歸於地，故祭求諸陰陽之義也。殷人先求諸陽，周人先求諸陰。」收入〔漢〕鄭玄注；〔唐〕陸德明釋文；〔唐〕孔穎達疏，《禮

了肉軀之外，還有魂魄，在死亡之後，各有所歸，倘遭逢意外，或有冤屈者，則或可能「馮依於人，以為淫厲」[46]；至於，有關鬼魅與魂魄之近人研究，筆者寓目所及，則以日人出石誠彥、[47] 池田末利[48] 之論，最為詳贍精要；錢穆、[49] 余英時[50] 乃至於王德威，[51] 下迄蒲慕州、[52] 廖育群，[53] 皆侃侃而談，「鬼魅」論述以及「魂魄」知識，其譜系之形塑，實由來久矣。

故治療祟病需追本溯源，如讓馮依之鬼魂，回歸該去之所，如《左傳》所述，所謂「鬼有所歸，乃不為厲」。[54] 除魅之人，元氣復原，而所謂「祟病」癥候，自不藥而癒。這也是天靈蓋、死人枕在用藥完畢後需埋回原取處所之故。此種醫方論述來源之駁雜，由此可見端倪。

記注疏》（北京市：人民出版發行：新華經銷，2009 年），頁 150。

[46] 《春秋左傳》（召公七年）：「能，人生始化曰魄，既生，陽曰魂。用物精多，則魂魄強，是以有精爽，至於神明。匹夫匹婦強死，其魂魄猶能馮依於人，以為淫厲。」見〔周〕左丘明，〔民〕楊伯峻注，《春秋左傳注》（臺北縣：漢京文化，1987 年）頁 1292。

[47] 〔日〕出石誠彥，〈鬼神考〉，《東洋學報》（東京：東洋文庫），第 22 卷，第 2 期（1935 年 2 月），頁 96-139。

[48] 〔日〕池田末利，〈魂魄考〉，《東方宗教》（京都：東方道教學會），第 3 卷（1953 年 7 月），頁 1-14。

[49] 錢穆，〈中國思想史上之鬼神觀〉，《新亞學報》，第 1 卷，第 1 期（1995 年 8 月），頁 8-11。

[50] 余英時著，侯旭東等譯，《東漢生死觀》（臺北市：聯經出版事業有限公司，2008 年），第三章〈死與神滅的爭論〉，頁 109；〈中國古代死後世界觀的演變〉，收入氏著，《中國思想傳統的現代詮釋》（臺北市：聯經出版事業有限公司，1987 年），頁 123-143。

[51] 王德威，《歷史與怪獸：歷史‧暴力‧敘事》（The Monster That Is History: History, Violence, Narrative）（臺北市：麥田出版公司，2004 年），第四章〈魂歸來兮〉，頁 227-269。

[52] 蒲慕州，〈中國古代鬼論述的形成〉，收入蒲慕州編，《鬼魅神魔——中國通俗文化側寫》（臺北市：麥田出版公司，2005 年）。

[53] 廖育群，〈咒禁療法——「意」的神祕領域〉，收入氏著，《醫者意也——認識中國傳統醫學》（臺北市：東大圖書公司，2003 年）。

[54] 《春秋左傳》（昭公七年），見〔周〕左丘明，〔民〕楊伯峻注，《春秋左傳注》（臺北縣：漢京文化，1987 年），頁 1292。

圖十七　〔明〕吳崐《醫方考》卷六〈天靈蓋〉[55]

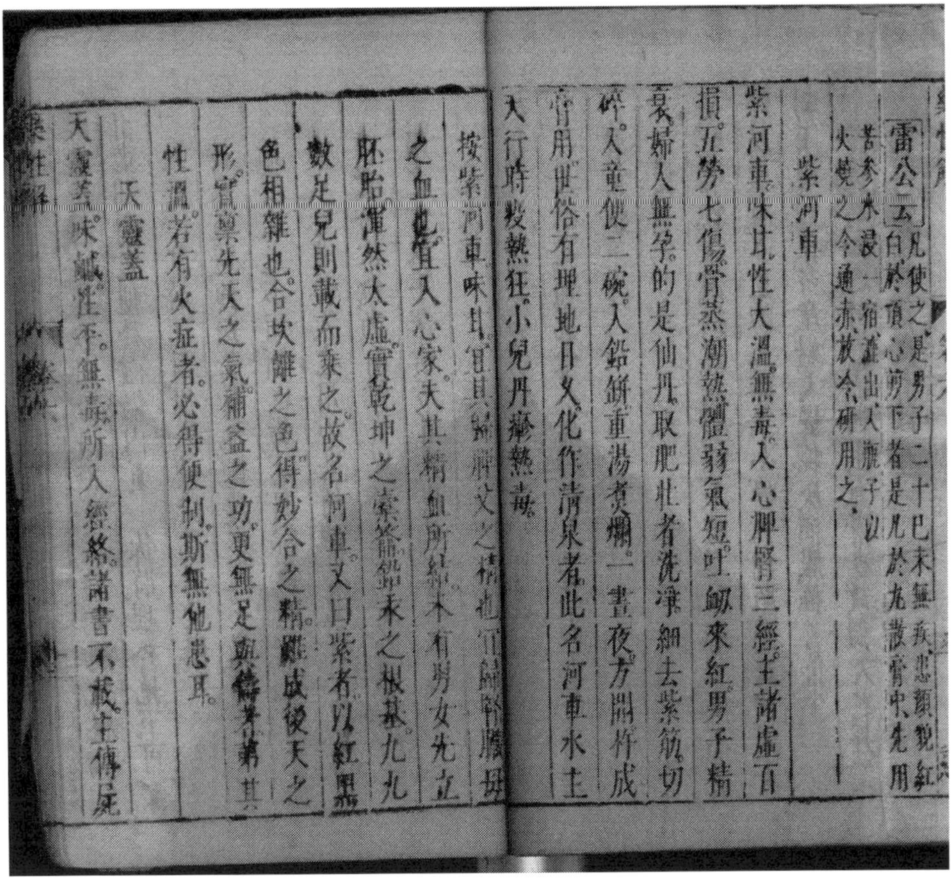

按紫河車味甘鹹，且目鬴桐文之禍也，宜鐫班之血也，質入心家。大其稍血所紅，本有男女，先立之血也，質入心家大。其稍血所紅本有男女先立胚胎，渾然太虛，實乾坤之奧，窮鉛永之根甚。九九數足，兒則藏而兼之，故名河車，又曰紫者以紅黑色相雜也，合坎離之色，得妙合之精，離成後天之形，實稟先天之氣，補益之功，更無足觀德矣。第其性溫，若有火症者，必得便刺，斯無他患耳。

天靈蓋

天靈蓋味鹹性平無毒，所入經絡諸書不載，主傳尸……

天行時疫，熱狂，小兒丹藥，熱毒。

紫河車味甘鹹，性大溫，無毒，入心肺腎三經。主諸虛百損，五勞七傷，骨蒸潮熱，體弱氣短，咳來紅，男子精衰，婦人無孕。的是仙丹。取肥壯者，洗淨，細去紫筋，切碎，入童便一碗，入鉛餅，重湯煮爛，一晝夜方開竹成。守用世俗有埋地日久化作清泉者，此名河車水土……

紫河車

雷公云：兄使之，是男子二十已未……苦參水浸一宿，漉出入瓶子，以火煅之，令通赤，放令研用之。

[55]　上海圖書館藏明萬曆十四年（1586）刻本，線裝善本影像。

圖十八　〔明〕吳崐《醫方考》卷六〈死人枕〉

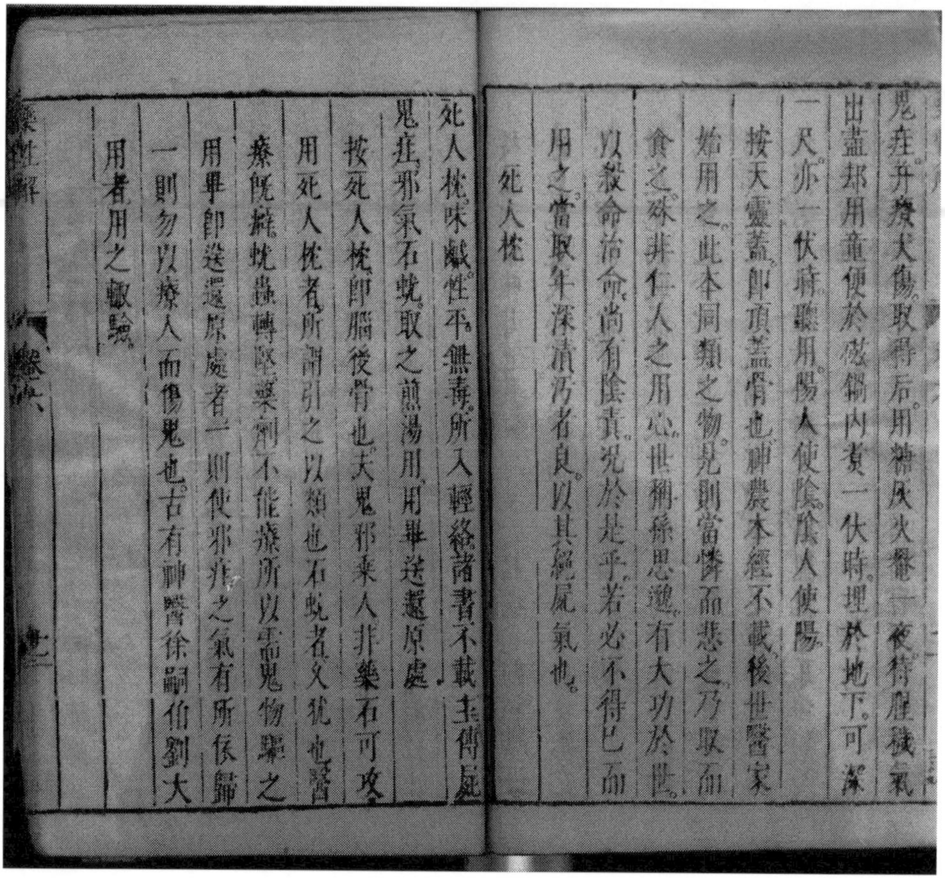

鬼在升療犬傷取得石朋絆灰火煑一夜待歷幾氣
出盡邦用童便於慈鍋內煑一伏時埋於地下可藏
一尺亦一伏時藥用陽太使陰入使陽
按天靈蓋即頂蓋這神農本經不載後世醫家
始用之此本同類之物兒則當嘗而悲之乃取而
貪之殊非仁人之用忑世稱孫思邈有大功於世
以殺命治命尚有陰責況於起平若必不得巳而
用之當取年深漬污者良以其穢屍氣也。

死人枕

死人枕味鹹性平無毒所入輕經諸書不載主得屍
鬼疰邪氣石蚘取之煎湯用畢送還原處
按死人枕即腦後骨也大鬼邪乘人非藥石可攻
用死人枕者所以開引之以類也石蚘名又犬也醫
療既畢枕蟲轉區藥劑不能療所以需鬼物驟之
用畢即送還原處者一則使邪祟之氣有所依歸
一則勿以療人血傷鬼也古有帥醫徐嗣伯劉大

藥性解

用者用之瓤驗。

表五　崇病藥方 [56]

出處	卷三　五尸傳疰門第十九
總說	敘曰：五疰之說，惟古昔神良之醫言之，未登神良之堂者，鮮不起而笑之矣。嗚呼！知鬼神之原者，自昔難之，彼笑者，未必其無見也。蓋曰：拘于鬼神者，不足以言至德云爾。今著六考，益滋斯世之笑！不笑者，尚謂我哉！
藥方一	死人枕
	病人顏色、聲音、形、證與脈不合于病者，名曰鬼疰，宜此方主之。 鬼疰，是病人為邪鬼所憑而致疾也。顏色不合于病者，面生五色而含愧赧也。聲音不合于病者，語言不倫於理，而涉幽微也。形不合於病者，動搖跳躍而無內熱也；證不合於病者，為患詭異，不合於病情也。脈不合於病者，乍大乍小，乍長乍短也。凡此五者，不必悉備，但有一焉，便為鬼疰，即邪祟之謂也。然人鬼異途，不相為類，鬼亦何樂于附人哉？能引之以類，則脫然舍人而就鬼矣。故死人枕，鬼物也，以此物煎湯飲之，則鬼邪觸類而出，大瀉數行而愈者勢也，此之謂病氣衰去，歸其所宗。用畢，即以其枕送還原處者，一則使邪疰之氣有所依歸，一則勿以療人而傷鬼也。古有徐嗣伯、劉大用者，常驗之矣。志之于後，以便觀者。 徐嗣伯者，劉宋時人，徐文伯之弟也。有人患滯冷，積年不瘥。嗣伯診之曰：尸疰也，當得死人枕煮服之。於是往古塚取枕。枕已一邊腐缺，煮服之即瘥。後秣陵人張景，年十五，腹脹面黃，眾醫不能療，以問嗣伯，嗣伯曰：此石蚘蚘耳，極難療，當得死人枕煮服之。依語煮枕，以湯投之，下蚘蟲頭堅如石者五升，病即瘥。後沈僧翼患眼痛，又多見鬼物，以問嗣伯。嗣伯曰：邪氣入肝，可覓死人枕煮服之，服竟，可埋枕于故處。如其言又愈。王晏問之曰：三病不同，而皆用死人枕而俱瘥者，何也？答曰：尸疰者，鬼氣伏而未起，故令人沉滯，得死人枕促之，魂氣飛越，不得復附體，故尸疰可瘥；石蚘者，久蚘也，醫療既癖，蚘蟲轉堅，世間藥不能遣，所以須鬼物驅之，然後可散，故令煮死人枕也；夫邪氣入肝，故使眼痛而見魍魎，應須鬼物以勾之，故用死人枕也。氣因枕去，故復埋于塚間。

	宋季詔州南七十里,鄉曰古田,有富家婦人抱異疾,常日無他苦,每遇微風吹拂,則股間有一點奇痒,搔不停手,已而舉體皆然。逮於發厥,三日醒,及坐有聲如咳,其身乍前乍后,若搖拽之狀,率以百數始定。又經日困臥不知人,累夕方愈,至不敢出戶,更十醫弗效。劉大用視之曰:吾得其證矣,先與藥一服,取數珠一串來。病家莫知何用也。當婦人搖動時,記而數之,覺微減。然後云:**是名鬼疰,因入神廟,為邪鬼所憑,致精采蕩越,法當用死人枕煎湯飲之。**既飲,大瀉數行,宿疴脫然。大用云:枕用畢,即送還原處,遲留則令人顛狂,但借其氣耳。**崐謂二醫者,古昔神良之流也,知鬼神之原,故能察識異疾。諸醫以口耳之識,執方以治之,其不效也固宜!**
藥方二 **獺肝**	
	葛洪云:鬼疰是五尸之一疰,其病變動有若干種,大略使人寒熱淋瀝,沉沉默默,不得知所苦,無處不惡,積年累月,漸就沉滯,以至於死。傳于旁人,乃至滅門。覺如是候者,急治獺肝一具,陰乾杵末,服方寸匕,日三,未止再作。《肘後》亦云此方神良。夫獺,一獸也,其肝能治鬼疰,此何以故哉?凡物惡人而辟處,夜出而晝伏者,皆陰類也。以陰類而治幽隱之疾,《大易》所謂同氣相求,《內經》所謂衰之以屬是也。獺有五臟六腑,而獨用其肝者,肝為厥陰,其主藏魂,用之尤精良也。諺稱鷗臬能療心頭氣痛,亦是假陰類以療幽隱爾。
藥方三 **獺爪屑**	
	許學士《本事方》云:宣和間,天慶觀一法師,行考召極精嚴,時一婦人投狀,率患人所附。須臾召至,附語云:**非我為患,別是一鬼,亦因病患命衰為祟耳。**渠今已成形,在患人肺中,為蟲食其肺系,故令吐血聲嘶。師掠之,此蟲還有畏忌否?久而無語。再掠之,良久云:容某說,惟畏獺爪屑為末,酒調服之,則去矣。患家如其言而得愈。此予所目見者也。 夫獺肝、獺爪,一體也。肝極獺之陰,爪極獺之陽,肝蘊獺之精,爪利獺之用,故皆為盡妙。

藥方四	鰻煎
	《稽神錄》云：有人多得勞疾，相因傳死者數人。後一女子病，生置之棺中，釘之沉于江，冀絕傳染之患。流之金山，有漁人異之，引至岸，見一女子猶然活，因取置漁舍，多得鰻鱺魚食之，病愈，遂為漁人之妻。又越州鏡湖邵長者女十八，染瘵疾累年，刺灸無不求治，醫亦不效。有漁人趙十煮鰻羹與食，食竟，內熱之病皆無矣。世人得此二說，凡遇瘵疾，即以鰻魚食之，率多不效。崐謂鰻魚之性，天和則伏，風洶則動，是逐風之鱗也。若用之以療風尸，無不愈者。若概以之治療，則恐不能。風尸者，五疰之一，其證淫濯四肢，不知痛之所在，每發昏沉，得風雪便作，漸就危篤，以至於死也。
藥方五	傳勞百一選方
	天靈蓋（三錢，炙黃為末，年深沉泥漬朽者良）**虎糞內骨**（一錢，酥炙。殺虎，于大腸內取者，亦可）**青蛇腦**（小豆許，酥炙，色變為度，無此亦可）**鱉甲**（酥炙黃色，一兩，九肋者尤良）**安息香**（半斤）**桃仁**（一枚，去皮尖，上件皆為細末）**檳榔**（一枚，別為細末）**麝香**（一分，別研）**青蒿**（六兩，取近薰三四寸者）**豉**（三百粒）蔥根（二寸一個，拍）**東引桃柳李桑枝**（各七莖，如箸大，長各七寸，細銼）**楓葉**（二十一片）**童子小便**（半升）
	上件，先將青蒿、桃柳李桑枝、楓葉、蔥、豉，以官升量水三升，煎至半升許，去渣，入天靈蓋、虎糞內骨、青蛇腦、鱉甲、安息香、桃仁、童子小便，同煎取汁，去渣有四五合，將檳榔、麝香同研，勻調，作一服。早晨溫服，被覆取汗。恐汗內有細蟲，以帛拭之，即焚。
	相次須瀉，必有蟲下，如未死，以大火焚，並棄長流水內。所用藥，切不得令病人知，日後亦然。十來日後，氣體復原，再進一服，皆如前法，至無蟲而止。
	《百一選方》云：袁州寄居武節郎李應，本湘州法司，有男女三人，長子因議買宅，入無人所居之室，忽覺心動，背寒凜凜，遂成瘵疾，既死。次女尋病，又傳于第三子，證候一同。應大恐，每日祈神設飯，以齋雲水，冀遇異人，且許謝錢三十萬。後遇一道人，傳以此方，不受一錢而去，且教以祈于城隍，以為陰助。遂如其言，下蟲七枚，其色如紅（爐）肉而腹白，長約一寸，闊七八分，前銳後方，腹下近前有口，身之四周有足，若魚骨，細如針尖而曲，已死。試取火焚之，以鐵火箸箚刺不能入，病勢頓

	減。後又用一劑，得小蟲四枚，自此遂安。崐謂天靈蓋，人蟲之尸物也。虎糞內骨，毛蟲之尸物也。青蛇腦，鱗蟲之尸物也。鱉甲，介蟲之尸物也。二五之精，各從其類，故假尸物以療五尸痔疾。此《大易》所謂同氣相求，《內經》所謂衰之以屬是也。東引桃柳李桑枝，出乎震者也，得天地升生之氣。故能匡正而辟不祥。楓葉、青蒿，相見乎離者也，得天地長養之氣，故能正陽而驅邪熱。蔥根、豆豉，表藥也，能疏腠而開鬼門。麝香、安息，竄藥也，能利竅而消痔惡。檳榔能殺三蟲，桃仁能除惡敗。童子小便者，以其得少陽之完氣，一能去邪火，一能致新氣也。
藥方六	**蘇合香丸**
	白朮（炒）青木香烏犀角香附子（炒，去毛）丁香朱砂（研，水飛）訶黎勒（煨，去皮）白檀香安息香（另為末，無灰酒一升熬膏）麝香（研）蓽茇龍腦（研）沉香（各二蘇合香油（入安息香膏內） 蜜丸蠟固聽用。
案例 癥狀	古稱尸古稱尸痔有五，飛尸、遁尸、風尸、沉尸、注尸也，宜此方主之。《本事》云：飛尸者，遊走皮膚，穿臟腑，每發刺痛，變作無常。遁尸者，附骨入肉，攻擊血脈，每發不可得近，見尸喪、聞哀哭便發。風尸者，淫濯四肢，不知痛之所在，每發昏沉，得風雪便作。沉尸者，纏骨結髓，沖心脅，每發絞切，遇寒冷便發。注尸者，舉身沉重，精神錯雜，常覺昏廢，每節氣至，輒變大惡。是方也，香能辟邪惡，故用沉、檀、腦、麝、安息、薰陸、蘇油、青木、香附。溫能壯胃氣，故用蓽茇、丁香。朱能辟鬼魅，故用朱砂。甘能守中氣，故用白朮。酸能致新液，故用訶黎。犀能主蟲痔，故用生犀。互考見中風門。
藥方七	**案死人枕天靈蓋敗龜板紅鉛說**
	蜜丸蠟固聽用。 昔徐嗣伯用死人枕，取半朽者，用畢日復埋故處。師云：天靈蓋非出《神農本經》，不得已而用，則取年深漬朽者，均之仁人之言也。蓋醫，仁術也，使其明而利人，幽而禍鬼，如陰責何？故昔人推此心以及物，凡于藥內宜用禽蟲之類，皆取自死者，如用龜板而曰敗龜板是也。孫真人曰：殺生以求生，去生益遠。皆所以全此心之仁也。近世術家有導取紅鉛者，使童女內服壯陽泄陰之藥，外用導術以取之，往往致瘵，是殺人而療人也，豈同仁之德耶！

表六　「天靈蓋、死人枕」藥方一覽表

醫方典籍	藥方	其他
〔明〕陳嘉謨（1368-1644）《本草蒙筌》	**天靈蓋** （俗呼靈山柴。）味鹹，氣平。無毒。此死人頂骨十字解者，乃天生蓋壓一身之骨成，名曰天靈蓋也。皂莢湯洗淨，酥油塗炙黃。少加麝香，研細入藥。療久發溫瘧寒熱，治傳尸癆瘵骨蒸。托黑陷痘瘡，辟昏迷鬼疰。又燒死尸灰爐，亦主魘魔夢多，取置枕中，是夜即止。 　按：《別說》云：《神農本經》人部惟有髮髢一條，餘皆出後世醫家，或禁術之流，增補奇怪之論列，非仁人之用心也。世稱孫思邈有大功于世，謂以殺命治命，尚有陰責，況于是焉。近見用治傳屍病証，未有一效者，信《本經》不用未為害也。殘忍傷神，又不急于取效，苟有可易，仁者宜當盡心。語云：非此不可，是不得已，須擇年深塵泥所漬朽者為良，以其絕尸氣也。	
	故尸枕 取自塚中，用水煮服。能除三病，俱獲全功。治尸疰沉滯身間，頓服則魂氣飛越。療石蚘堅癖腹內，必須以鬼物遣馳。仍理邪氣入肝經，故致眼疼見魑魅。無他藥可卻，亦使此鈎除。 　按：三病不同，皆用死人枕而瘥，何也？夫尸疰者鬼氣也。伏而未起，令人沉滯，得此治之，使魂氣飛越，不復附體，而自瘥矣。石蚘者，醫療既瘥，蚘蟲轉堅，世間藥俱不能遣，所以須鬼物驅之，然後乃散。又邪氣入肝，故使眼見鬼，須即鬼物以鈎之，乃可除也。	

醫方典籍	藥方	其他
〔明〕李時珍（1518-1593）《本草綱目》	**死人枕席** （《拾遺》）【主治】屍疰、石蚘。又治疣目，以枕及席拭之二七遍令爛，去疣（藏器）。療自汗盜汗【發明】藏器曰有嫗人患冷滯，積年不瘥。宋・徐嗣伯診之，曰：此屍疰也。當以死人枕煮服之，乃愈。於是往古塚中取枕，枕已一邊腐缺。嫗服之，即瘥。張景聲十五歲，患腹脹面黃，眾藥不能治，以問嗣伯。嗣伯曰：此石蚘爾，極難療，當取死人枕煮服之。得大蚘蟲，頭堅如石者五六升，病即瘥。沈僧翼患眼痛，又多見鬼物。嗣伯曰：邪氣入肝，可覓死人枕煮服之，竟可埋枕於故處。如其言，又愈。王晏問曰：三病不同，皆用死人枕而俱瘥，何也？答曰：屍疰者，鬼氣也，伏而未起，故令人沉滯。得死人枕治之，魂氣飛越，不復附體，故用死人枕煮服之。邪氣入肝，則使人眼痛而見魍魎，須邪物以鈎之，故用死人枕之氣。因不去之，故令埋於故處也。時珍曰：按謝士泰《刪繁方》：治屍疰，或見屍，或聞哭聲者。取死人席（斬棺內餘棄路上者）一虎口（長三寸），水三升，煮一升服，立效。此即用死人枕之意也，故附之。	
	天靈蓋 （宋《開寶》） 【釋名】腦蓋骨（《綱目》）、仙人蓋（《綱目》）、頭顱骨。《志》曰：此乃死人頂骨十字解者，方家婉其名耳。 時珍曰：人之頭圓如蓋，穹窿象天，泥丸之宮，神靈所集。修煉家取坎補離，複其純幹，聖胎圓成，乃開顱囟而出入之，故有天靈蓋諸名也。【修治】藏器曰：凡用彌腐爛者乃佳。有一片如三指闊者，取得，用 灰火罨一夜。待腥穢氣盡，卻用童男溺，於瓷鍋子中煮一伏時，漉出。於屋下掘一坑，深一尺，置骨於中一伏時，其藥魂歸神妙。陽人使陰，陰人使陽。好古曰 方家有用檀香湯洗過，酥炙用，或燒存性者。男骨色不赤，女骨色赤，以此別之也。【氣味】鹹，平，無毒。時珍曰：有毒。	

【主治】傳屍屍疰，鬼氣伏連，久瘴勞瘧，寒熱無時者，燒令黑，研細，白飲和服，亦合丸散用（《開寶》）。治肺痿，乏力羸瘦，骨蒸盜汗等，酥炙用（大明）。退心經蘊寒之氣（《本草權度》）。

【發明】楊士瀛曰：天靈蓋治屍疰。屍疰者，鬼氣也。伏而未起，故令淹纏。得枯骸枕骨治之，則魂氣飛越，不復附人，故得瘥也。陳承曰：《神農本經》人部，惟發一物。其餘皆出後世醫家，或禁術之流，奇怪之論耳。近見醫家用天靈蓋治傳屍病，未有一效。殘忍傷神，殊非仁人之用心。苟有可易，仁者宜盡心焉。必不得已，則宜以年深漬朽、絕屍氣者，可也。

【附方】新十一。天靈蓋散：追取勞蟲。天靈二指大（以檀香煎湯洗過，酥炙，一氣咒七遍雲：雷公神，電母聖；逢傳屍，便須定；急急如律令），尖檳榔五枚，阿魏二分，麝香三分，辰砂一分，安息香三分，甘遂三分，為末，每服三錢。用童便四升，入銀石器內，以蔥白、薤白各二七莖，青蒿二握，甘草二莖（五寸長者），桃枝、柳枝、桑枝、酸榴枝各二握（七寸長），同煎至一升。分作三盞，五更初，調服前藥一服；蟲不下，約人行十裡，又進一服；天明再進。取下蟲物，名狀不一，急擒入油鐺煎之。其蟲觜青赤黃色可治，黑白色難治，然亦可斷傳染之患。凡修合，先須齋戒，於遠處淨室，勿令病患聞藥氣，及雞犬貓畜、孝子婦人、一切觸穢之物見之。蟲下後，以白粥補之。數日之後，夢人哭泣相別，是其驗也。

（《上清紫庭仙方》）虛損骨蒸：《千金方》：用天靈蓋如梳大，炙黃，以水五升，煮取二升，分三服，起死神方也。張文仲《備急方》用人頭骨（炙）三兩，麝香十兩，為末，和蜜搗千杵，丸梧桐子大。每服七丸，粥飲下，日再服。若胸前有青脈出者，以針刺看血色；未黑者，七日瘥。小兒骨蒸，體瘦心煩 天靈蓋（酥炙）、黃連等分，研末。每服半錢，米飲下，日二服。（《聖惠方》）諸瘧寒熱：天靈蓋研末，水服一字，取效。（《普濟方》）膈氣不食：天靈蓋七個，每個用黑豆四十九粒，層層隔封，水火升降，楊梅色，冷定取出，去豆不用，研末。每服一錢，溫酒下。（孫氏《集效方》）青盲不見：天靈蓋（酥炙）、龍膽各二兩，白龍腦一錢，為末。取黑豆五升淨淘，以水煮爛濾汁，卻煉成煎拌藥，丸梧桐子大。每服溫水下二十丸，日三。頻用新汲水洗頭面。先令患人沐浴，及剃卻頂心髮。靜一室，令安止，晝夜不得見明，令滿百日。切忌羊血雜肉及動風壅滯熱物、喜怒房室等。（《聖惠方》）痘瘡陷伏 灰平不長，煩躁氣急。用天靈蓋燒研，酒服三分（一方入雄黃二分），其瘡自然起發。（《痘疹經驗方》）下部疳瘡：天靈蓋研末，先以黃柏湯洗淨，摻之神效。又一方入紅褐小紅棗等分，同燒研。（劉氏《經驗方》）瘡濕爛：人頂骨（燒研）二錢，龍骨三錢，金絲硫黃一錢，為末。用冬蘿蔔芽陰乾，熬水洗之，乃貼。（劉松石《保壽堂方》）小兒白禿：大豆、髑髏骨各燒灰等分，以臘豬脂和塗。（姚僧坦《集驗方》）

〔明〕李士材（1588-1655）輯，《雷公炮製藥性解》	**死人枕** 味鹹，性平，無毒，所入經絡，諸書不載。主傳屍、鬼疰、石蚘。取之煎湯用，用畢送還原處。 　按：死人枕即腦後骨也，夫鬼邪乘人，非藥石可攻，用死人枕者，所謂引之以類也。石蚘者，久蚘也，醫療既癖，蚘蟲轉堅，藥劑不能療，所以需鬼物驅之。用畢即送還原處者，一則使邪祟之氣有所依歸，一則勿以療人而傷鬼也。古有神醫徐嗣伯、劉大用者，用之輒驗。	
	天靈蓋 天靈蓋，味鹹，性平，無毒，所入經絡，諸書不載，主傳屍、鬼疰，并療犬傷。取得后，用糖灰火醃一夜，待腥穢氣出盡，卻用童便於磁鍋內，煮一伏時，聽用。陽人使陰，陰人使陽。 　按：天靈蓋　頂蓋骨也，神農本經不載，後世醫家始用之，此本同類之物，見則當憐而悲之，乃取而食之，殊非仁人之用心，世稱孫思邈，有大功於世，以殺命致命，尚有陰責，況於是乎？若必不得已而用之，當取年深漬污者，良以絕屍氣也。	

表七　「陰陽易」病藥方表

醫方典籍	「陰陽易」病藥方
《本草綱目》	褲襠（拾遺） 【釋名】所謂「褌」，褻衣也。 【主治】洗褌汁，解毒箭，並女勞復。（別錄）陰陽易病，燒灰服之，並取所交女人衣裳覆之。（藏器）主女勞（疸），及中惡鬼忤。 【發明】（時珍曰）按張仲景云：「陰陽易病，身體重，少氣腹裏急，或引陰中拘急，熱上衝胸，頭重不欲舉，眼中生花，膝徑拘急者，燒褌散主之，取中褌近隱處，燒灰水服，方寸匕，日三服，小便即利，陰頭微腫則愈，男用女，女用男，成無己解云，此以導陰氣也，童女尤良。[60]

---

[57] 〔明〕李時珍，《本草綱目》（新北市新店：國立中國醫藥研究所，1988 年三版），卷 38，〈器服部帛類〉〈褲襠〉，頁 1244。

第六章　結論
研究成果之回顧與展望

　　本題研究針對易代世變下之文人士子，考察諸多面向——「舟舫」如何成為易代之際文人雅聚的移動空間？「疾病」如何成為身分認同的敘述語彙？「醫療」之傳統譜系，如何成為士子既造神又除魅的論述策略？又如何暗渡陳倉、輾轉嫁接成國族想像之憑藉？全書由遺民士子徐枋之具體個案，旁而博涉易代遺民醫者與藥籍醫案，編織出雜沓詭譎的場域論述，希冀一窺諸端隱喻之究竟。

　　綜而論之，舟舫雅聚之行徑在中明與易代，即具有迥異的文化意義；而貧病書寫，除生理狀態外，實展示了隱諱的遺民身分認同與託喻；嘗試勾勒遺民士子的「療疾／救國」論述，也在場域流傳之醫方典籍及醫案實務中，披沙揀金地找出共應相和之諸多例證；再拆解符碼、編織重構，累積多時，亦隱隱然足以形塑出數種約定俗成的隱喻意涵與敘述模式。

　　以下針對本題研究之初步成果，分別陳述，探究說法之延續與轉出之可能。

一　世變氛圍舟舫雅聚之文化意蘊與多元展現

遺民的移動空間——舟舫上的文人雅集

　　易代之際，「舟舫」對於遺民士子而言，則是阻絕世俗的移動空間。假文藝為媒，邀友朋雅聚，在緬懷故國與昔時歡樂中，徹夜不眠於此秘會場域。

　　易代士子選擇「不入城」後不免流離失所，由其詩文中多有舟旅行遊

的飄零感受，略知一二。無論是幾經遷徙，或是雅集聚會，透過「舟舫」
這個移動空間，文人士子進行一種非完全公開、但亦非完全私密的交流。
本題研究成果顯示：徐枋深居土室、不入城市，自然不高調參與公開聚
會，但慕名而來的居城士子如李文中者，即透過舟舫湖會，而與之有了一
場暗夜聚會。除此之外，巢鳴盛在順治年間，曾經跋山涉水、歷經三天兩
夜，終於來到徐枋所居處所，其間亦不乏舟舫之濟，方得以成就這場相
聚。就其所述，巢之來訪，在場者有數人，隨即傳為場域美談，可見得這
種遺民高士的動見，其實深受世人注目。考其聚會方式與「舟舫」實有密
切關聯，由此可見「舟舫」雅集之於遺民高士的某種文化意蘊。

　　本書第二章揭示了居城士子李文中，如何透過「舟舫」這個移動的世
外空間，與不入城之遺民徐枋，進行詩文書畫之雅集聚會。筆者據此擴而
考察——當其時，歸莊也參與盛事；此外，值此鼎革之際，世稱「海內三
遺民」的徐枋、沈壽民、巢鳴盛，在遭逢遽變後都選擇了「不入城」，藉
此表述士子堅持的身分認同。而三人各居長洲、宣城與嘉興，地緣雖皆在
江南，然文獻載記，亦有跋山涉水的雅聚，且傳為「一時美談，千秋盛
事」；除此之外，「舟舫」也提供了當世者迂尊就駕、以世外之禮迎見遺
民的途徑。茲就上揭易代「舟舫」文化之諸面相，分別闡述於下：

　　首先，有關易代遺民舟舫相會之事。易代遺民士子雖憤不入城，然彼
此之間，仍假「舟舫」訪求以見。如歸莊，即嘗於康熙五年（1666），意
即亂後二十年，訪徐枋於山巔水涯：

> 君家孺子稱高士，……生逢國難與家艱，廿載山居絕城市。天池
> 鄧蔚又金山，屢遷今在靈巖趾。江程二日數相尋，猶憶醉倒梅花
> 裏。霜葉紅時又過君，方葺廬舍支傾圮。垣墉塗堅度已畢，山遊
> 可作居停矣。靈巖積雪稱奇勝，扁舟遠道難乘興，今冬擬借山麓

住，雪作便上攀危磴，不須鞭策瀟橋驢，那怕凍僵東郭脛。山家
惟有徐子賢，亂餘與我同蹭蹬，攜得醇醪幸已足，不妨相視生塵
甑。辯論文史致足樂，唱酬詞翰良亦稱。晴天妄意同雲興，入門
一笑姑相訂。[1]

此又可與卷一〈別徐昭法〉（頁 115）併觀。此事詳述於歸莊〈觀梅日
記〉一文，篇幅甚長，姑徵引述及與徐昭法相遇之事：

鄧蔚山梅花，吳中之盛觀也。崇禎間，嘗來游。亂後二十年中，
凡三至。……訪徐昭法云：「羨殺來船盡載花，輕舠還喜路非
遐。欲尋徐孺為遊伴，迂道停橈問上沙」。徐介白云：「不見徐
翁二十年，狂夫湖海爾雲泉。尋梅今日兼尋友，好醉山花明月
天」。先訪昭法，舟子崑山人，不識郡西山路，過木瀆，始問津
於上沙，計行四十餘里。……至昭法家，以詩代刺，昭法方作書
遣人至崑，招余入山，相見甚樂。適李文中自山中看梅還，攜酒
至，余亦於舟中取魚蟹等物共酌。已而徘徊園梅之下，見花放始
五六分，知入山未遲，殊慰也。訪介白，袖詩與之，隨同至昭法
家夜飲。文中初欲入城，以余至復留，更於舟中搜括酒餚共飲，
遂大醉。醉後，步月園中，取梅花嚼之，芬芳滿口，寢時已三更
矣。是日，晤吳開奇及筑在、鏡菴二僧於座上。吳生者，亡友潘
力生之弟，吳赤溟之門人也。二君以國史事被殺，家徙塞外，故
生改姓竄於山中。余見生，傷其兄及其師，為之執手號慟。生出

<hr>

[1]　〔明〕歸莊（1613-1673），《歸莊集》（上海市：上海古籍出版社，1984 年 6 月）卷
1，〈冬至後五日訪徐昭法於靈巖山下(名枋)〉，頁 114。

諸時古文相質，才筆驚人，志尚尤可嘉。筇在者，寧國沈眉生之
姪，以其父僉憲公己亥之事遇害，遂戒葷酒，託跡空門，能詞
賦，著述甚多。鏡菴，崑山人，姓管氏，與吾宗有親，今為靈巖
書記。十四日，急欲入舟進山，以宿醒臥不能起，起則復小飲，
別昭法而入舟，二僧及光福王公案同載。[2]

此處徵引文獻，適可補充說明第二章舟舫雅聚一事。而徐枋之例並非孤
例，又如呂留良寫給魏氏之信：

弟去歲浪遊白下，臘盡歸里，即有移居村莊之役。……聞有「不
入城市」之戒，南望停雲，徒切懷想耳。……夏初稍安，雖不入
城，當櫂舟湖上，圖面以悉。[3]

遺民士子互相以書信提醒彼此堅守「不入城市」之戒，但邀約於湖舟會
見，足見「舟舫」之易代文化意義。

其次，再談「海內三高士」之相聚與交遊。所謂「海內三高士」之
說，係出於徐枋自述：「乙酉世變後，即遁跡荒野，矢以廬墓終身，不毀
膚髮，時天下稱遺民之中有同調者三人，則宣城沈徵君眉生、嘉興巢孝廉
端明及余不佞也。」[4] 三人係指徐枋、沈壽民與巢鳴盛，徐枋將時人說法
引入與巢氏書信之中，頗有以此自許、互相砥礪之深意。而這種「海內三
高士」之類的表述方式，實則為史傳常見筆法，撰史者透過類近例證的排

---

[2]　〔明〕歸莊，《歸莊集》，卷6，〈觀梅日記〉，頁392-407。
[3]　〔明〕呂留良，《呂晚村先生文集》，卷2，〈與魏方公書〉，頁46。
[4]　〈致巢孝廉端明書〉（附答書，又附書後一則），見〔明〕徐枋，《居易堂集》，卷
　　3，頁49。

比並列策略，冠以數字如三、四、五、六……十等等，進而表彰士人群體
相互輝映的特殊氣節或才華。類近的說辭是「海內三遺民」，最為世人熟
知的，莫過於〔清〕趙爾巽等撰寫之《清史稿》列傳二八七之「遺逸二」
之〈徐枋〉傳[5]，其後〔清〕李元度《清朝先正事略》卷四五三，亦如是
稱許，足見明清之際的公共場域中，此三人頗受世人關注，而其遺民氣節
被撰史者高調表彰，以示認同。

　　《居易堂集》中顯示徐、沈、巢三人，雖少有親見之例，然書信頗有
往返。如徐枋與巢鳴盛之往來，可由〈致巢孝廉端明書〉[6]得其梗概：

　　　　昔春，道駕忽越二十餘年足不踰戶、不接親故之例，破格遠顧，
　　　　迴旋二百里之遠，踰嚴城、遇非類而不惜，再越宿始到吾草堂。

所謂遺民高士「不入城」、「不出土室」的堅持，其實已成了世人囑目的
焦點，所以當巢氏打破二十年來之慣例，遠從兩百里外來訪徐枋，立刻傳
為「一時美談，千秋盛事」。可惜筆者考察今傳巢氏作品，僅存《老圃良
言》[7]一卷，而內容大抵條列農事，如「下種」、「分插」、「催養」、
「卻蟲」、「貯土」、「澆灌」等等，純粹就農務技術層面載錄其要，無
法探求文中是否具有遺民託寓。唯卷首有言：「生世業緣芟除殆盡，村居
荒僻祇鄰一二老圃相與往還，嘗為余言種植大事……因述老圃良言以告世

5　《續修四庫全書》（上海市：上海古籍出版社，1997 年），史部・正史類，第 295-300
　　冊，據上海辭書出版社圖書館藏民國十七年清史稿鉛本（關內本）影印。傳中將徐和
　　沈、巢並稱「海內三遺民」。
6　〔明〕徐枋，《居易堂集》，卷 3，頁 49。
7　據南京圖書館藏清道光十一年（1833）六安晁氏木活字印學海類編本影印，《續修四庫
　　全書》，子部・農家類，第 976 冊。

之從事灌園者」，[8] 由此推論，巢氏隱於農，其實是挪用了莊子灌園之典故意涵。然值得注意的是，巢氏由嘉興「越嘉禾、松陵、吳郡，凡兩宿而後到吾草堂」，其路線圖徑，實足作為勾勒遺民移居動線之一實例。當然也有「以農論救國」之論述，但筆者礙於見識不足，僅僅見到〔清〕奚誠《農政發明》之敘，但也已經是咸豐壬子年（1852）了，與巢氏時代相去甚遠，無從並論，這是本研究在後續拓展上的困境之一。

另外，徐枋與沈壽民的互動也頗勘玩味。在〔明〕沈壽民於清康熙年間刊行的《姑山遺集》，頁首前序之後即載錄徐枋撰寫的〈沈耕巖先生傳〉[9]。蓋徐枋與沈眉生以氣節相礪，然細究其思想，如對佛老禪學的態度，卻大相逕庭。徐枋多與禪佛者相處，如〈答靈巖老和尚〉、〈與堯峰月涵和尚書〉、〈答退翁老和尚書〉、〈與靈巖曇應和尚書〉等多封書信可以得見，言談中多方讚許習禪佛者「然時節因緣固有以不救世為救世者」（〈與寶安去息和尚書〉）、「以忠孝作佛事」（〈退翁老人南嶽和尚哀辭〉（卷 19，頁 463-464））。蓋徐氏深深肯定遺民逃禪者乃「以忠孝作佛事」，其意義深遠不可小覷。

然而，沈壽民則否。根據《四庫全書總目》所言《閑道錄》[10] 二十卷，則幾乎專為辟佛而為，「是書為排斥佛老而作，故名閑道。取先儒格言，分條節錄，凡不惑於二氏者咸載之以為世訓。不能無惑者，亦錄以示戒。」（子 15，頁 721）。

再次，「舟舫」，同時也提供了當世者迂尊就駕、以世外之禮迎見遺

8　《續修四庫全書》，子部・農家類，第 976 冊，頁 643。

9　〔明〕沈壽民，《姑山遺集》三十卷；《昔者詩》一卷，據北京圖書館藏清康熙有本堂刻本影印，收入《四庫禁燬書叢刊》（北京市：北京出版社，2000 年），集部，第 119 冊，頁 3。

10　《四庫全書存目叢書》，子部・儒家類，第 15 冊。清華大學圖書館藏清雍正有本堂刻本。

民的途徑。黃宗羲曾載記湖上三高士軼事：

> 當是時湖上有三高士之名，皆孝廉不赴公車者……監司盧公尤下
> 士……遣人通殷勤於三高士者，置酒湖船，以世外之禮相見。其
> 二人幅巾抗禮，盧公相得甚歡，唯魏美不至為恨事。已知其在孤
> 山，放船就之；魏美終排牆遁去。[11]

此乃清之當權者，欲藉舟舫，拜見高士而不得見，憾恨而歸的故事，在當
時傳為美談，其後，諸如《明遺民所知傳》、《皇明遺民傳》（卷 3）、
孫敬庵《明遺民錄》（卷 20）等有關遺民傳記的文獻，皆轉相載錄、銘
刻再三。[12]

　　這諸多線索，鋪陳牽扯、縱橫交錯，猶如一張遺民交遊網絡，編織出
「不入城」士子生命型態的種種面向。而這張編織圖像，為研究者揭示
——所謂易代士子，假舟舫雅聚，暢敘故國之思，故並非全然為「枯槁蕭
索」之刻板扁平形象，而是有血有肉、以文藝撐起天地幅寬的鮮活生命。

二　明清易代遺民士子之貧病隱喻與救國想像

　　徐枋言疾病，既造神亦除魅。涉及祟病之療癒，殆以陰陽各得其所，
邪祟當有所歸，此乃遺民轉用於論述救國除弊，實具異曲同工之妙，其多

---

[11] 見〔清〕黃宗羲，《黃宗羲全集》，第 10 冊，〈汪魏美先生墓誌銘〉，頁 392-393。相
　　關論述亦可參見楊念群，〈文字何以成獄？——清初士人逃隱風格與「江南」話題〉，
　　收入氏編，《新史學：感覺‧圖像‧敘事》，第一卷（北京市：中華書局，2007
　　年），頁 3-58。
[12] 謝正光、范金民編，《明遺民錄彙輯》（南京市：南京大學出版社，1995 年 7 月），
　　頁 331-334。

重轉用之譬喻、以及多元文本之互文補充,更可擴而言之為明清易代遺民論述的特殊話語策略。而第五章,主要由醫方典籍(《醫方考》)以及實務醫案(《孫氏醫案》),參佐王肯堂、徐大椿等醫籍專著與醫案實錄,從而了解:有關祟病除魅諸方之傳鈔,與療治祟病之實務載錄,實普遍存在。

經考明清易代之際,士子文人,欲取得這些醫籍知識,並非難事;且其說在知識階層已流傳久遠,應非江湖術士之底層知識階層,得由道聽塗說之方;由是推論:徐枋,或如傅山、呂留良等其他遺民醫者,自有寓目機會。

是以徐枋〈張公賦〉、〈主藥神賦〉、〈劾鼠文〉、〈絡野篇〉等文中,將相關醫者神話系譜以及除魅諸說鈔入為文作註,自有所本[13]。如〈張公賦〉中列舉扁鵲、醫和、孫思邈、葛洪等,皆為醫者系譜之權威代表,良醫能存活千萬人,濟之以良藥,施用得時,則可使天下疾疾得以救治。最重要的是,所存處的家國是治世,人心未澆,判斷未失,故良醫得用,良藥亦得以發揮效用;相對的,徐枋等人所遭逢的卻是易代鼎革,係乃天地大廢之亂世,如〈主藥神賦〉所述之外顯癥狀:

> 天地之病,隕星蝕日,吹霾雨血,澥飛墜沈,山崩川竭,是以聖
> 王為良醫,修定德為上藥;邦國之病,四維不張,五經掃地,學
> 較荒蕪,倉廩空虛,是以聖佐為良醫,施王政為上藥。[14]

---

[13] 詳參本書第三章〈疾病隱喻與救國想像──明清之際文人徐枋的醫藥體驗與遺民論述〉。

[14] 〔明〕徐枋,《居易堂集》(上海市:華東師範大學出版社,2009年),卷16,〈主藥神賦〉(并序十主藥神本見華嚴有吉祥旛檀林清淨光明名稱普聞蔽日光幢等名),頁375-379。

天地邦國之病，需聖王聖佐，如良醫般地，以修寔德、施王政為上藥，浣滌人心之墨，砭曲為直；至若鼠輩妖孽（如〈劾鼠文〉所述），切勿縱放，當極力捕拿下獄，磔而殺之，如此世局方得救治，病方得癒；至於群醫束手之陳痼頑疾，則須以死人枕起之（如〈張公賦〉自注），殆因常藥已不能發揮作用，需施用以非常之藥，假極陰極穢之物，引出邪祟，使之大瀉而出，陰陽各得其所，如此一來，人身之「積聚癥瘕」，方得化除；倘引申遺民心緒的言外意旨，則暗寓的是，為國者當力除奸孽小人，[15] 既倒狂瀾之局勢，則或尚有可為。

　　徐枋之論（第二、三章），係以醫藥療疾論救國除弊，引祟病除魅之方論蠹國奸孽之磔殺，此種易代士子之遺民論述，適與第四章所勾勒之「療疾／救國」論述傳統，以及第五章醫事典籍與實務醫案之祟病除魅敘述，遙相呼應，相映成趣，足見明清易代場域之論述氛圍。

　　〔明〕宋曹（1620-1701）於明亡後稱病不出，嘗有一行書作品，係載記觀看黃道周臨難楷書後，慷慨激昂所書之長歌手卷（見圖十九）：

> 我生不辰魑魅攻，江淮浪跡如飄蓬。歷盡坎坷慎出處，匣龍古劍摩蒼穹。……君不見萬疊燕山忽已墮，龍髯扳斷鵑血紅。（謂莊烈皇帝死媒山）又不見紫金山上妖氛走（謂逆闖設偽官於江南）木末亭前竄野熊，仰天嘆息復嘆息，綱常扶直欽黃公。迴天倒海魚龍死，巖巖正氣挺孤忠。[16]

---

[15] 見〔明〕吳崐，《醫方考》，卷4，〈積聚癥瘕門〉第44。姑引原文為證：「積聚癥瘕，夫人心腹之疾也，凡有此疾者，宜與明醫攻療之，失而不治，復協他邪，不可為矣。譬之奸人，蠹國乘人之危而利之，雖有智者，不能善其後爾。」

[16] 見杜三鑫執行編輯，《明末清初書法展：忠烈・名臣・遺民・高僧》（臺北市：何創時書法藝術基金會，1998年)，頁211。

宋氏稱滿清為「魑魅」、為「妖氛」、為「逆闖偽官」，而顯而易見的
是，其國族認同則是已亡去的明朝，故言「燕山已墮」、「龍髯扳斷」。
在在稱許的則是，遺民黃道周之臨難就義，故言「綱常扶直」，為「巖巖
正氣」。此中頗值玩味，該論述模式——將「綱常正氣」與「魑魅妖
邪」，二元對立、並舉映襯——適與前述徐枋論醫疾之除魅論述，恰有異
曲同工之妙。

　　然而，此種易代遺民除魅救國之論述，實已無法力挽狂瀾於既倒，更
猶如螳臂擋車，在企圖扭轉時代巨輪之際，被輾壓扁平，成一張張肉身紙
片。所謂「治國」甚或「救國」，就歷史發展而言，終究只是「想像」；
弔詭的是，此種遺民士子之巨大「想像」，卻栩栩如生地變化為心理「真
實」。吾人翻開諸多遺民錄中，一個個名字，泰半是義無反顧、赴湯蹈火
者，燃燒淬鍊俗世肉身，在化為灰燼之際，沾醮血淚，銘刻心緒與身分認
同。此情此義，就不再是「想像」二字而已，溫度穿透紙張，力量不絕如
縷，如許真實。

圖十九　〔明〕宋曹〈行書觀黃道周臨難楷書長歌手卷〉[17]

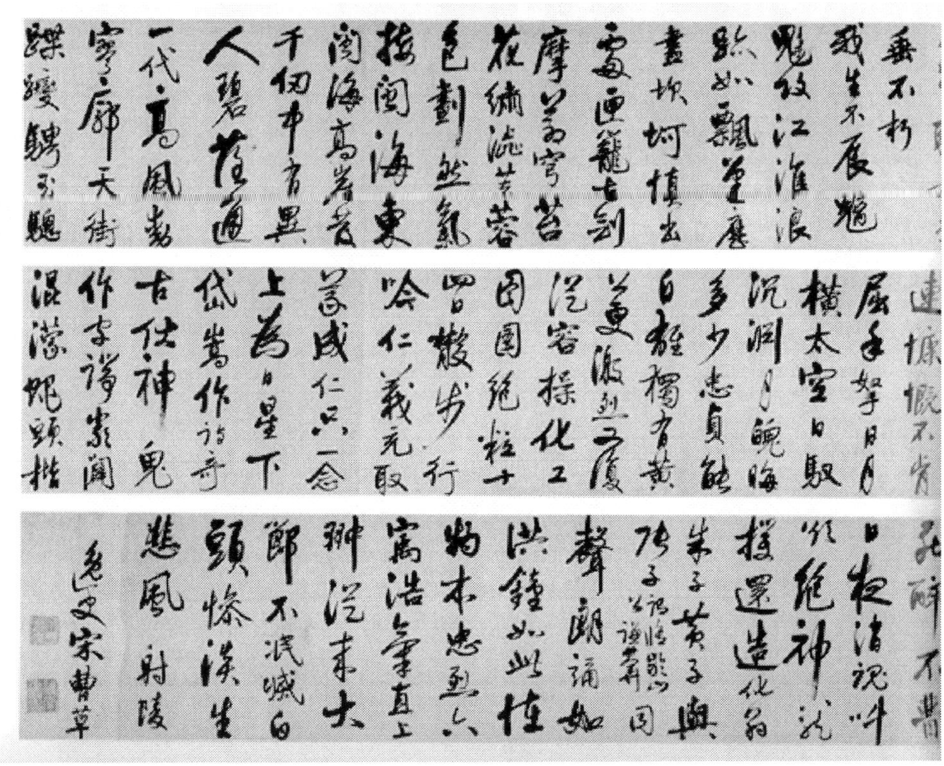

---

[17] 見杜三鑫執行編輯，《明末清初書法展：忠烈‧名臣‧遺民‧高僧》（臺北市：何創時書法藝術基金會，1998 年），頁 109。

附論
山光／粉黛共消遙？
── 晚明文人江南歷遊之文藝再現與敘述策略[1]

一　引言

（一）問題的提出：
一樣風景，異樣情致──觀看「城市／山水」的殊異模式

明中葉以降，文人遊歷之風大熾[2]。

常人難以親炙的崇山峻嶺，即有以壯遊自許如徐霞客（1587-1641）

---

[1] 本篇文章之芻論，以〈山光／粉黛共消遙？──明代文人城市歷游書寫中的多重對話〉為題，發表於 2006 年 3 月，國立東華大學中文系主辦之第二屆「文學傳播與接受國際學術研討會」。此後經大幅增補，投稿刊登於《國文學報》（臺北市：國立臺灣師範大學國文學系，2010 年 6 月），第 47 期，頁 197-236。（核心期刊 THCI Core）本論文係執行 97 年國科會計畫（計畫編號：NSC 97-2410-H-260-049-）之研究成果。

[2] 有關明人好遊成癖的現象，近來已為學者周振鶴、陳建勤、巫仁恕、吳智和、陳寶良等人所注意，相關論文甚夥，茲擇要羅列於下：周振鶴，〈從明人文集看晚明旅遊風氣的形成〉，「明人文集與明代研究學術研討會」會議論文；陳建勤，〈明清江南地區的文人游風〉，《旅游科學》第 4 期（2000 年），頁 43-46；陳建勤，〈論「游道」──明清文人旅遊觀研究之一〉，《旅遊學刊》第 4 期（2000 年），頁 64-68；吳智和，《明人山水休閒生活》，《漢學研究》20 卷 1 期（2002 年），頁 101-128；巫仁恕，〈晚明的旅遊風氣與士大夫心態──以江南為討論中心〉，收入熊月之、熊秉真主編，《明清以來江南社會與文化論集》（上海市：上海社會科學院出版社，2004 年），頁 225-255。

這些論文針對明代旅遊現象，由社會、經濟、文化及文物等諸面向深入考掘，成果斐然。而中文學界對於旅遊文學之研究，亦方興未艾，其中如毛文芳先生之作亦有可觀，見氏著〈閱讀與夢憶──晚明旅遊小品試論〉，《中正大學中文學術年刊》，第 3 期（2000 年 9 月），頁 1-44；〈晚明的旅遊小品〉，東海大學中國文學系編輯，《旅遊文學研討會論文集》（臺北市：文津出版社，2000 年），頁 24-69。

者，經年累月地跋涉攀登，絲毫不以之為苦；至於城市近郊的平巒淺丘，則因地近之便，除了市井小民得以隨興造訪、一日遍遊之外，更不乏騷人墨客即景賦詩、題詠留誌[3]。就以虎丘（或曰虎邱）一地為例，去城方才七八里，又無高巖邃壑需要攀爬匍伏，於是乎「簫鼓樓船，無日無之」[4]。尤其是中秋月夜，更是文人筆下屢次出現的場景，如明季文人張岱（1597-1679），即宣稱「虎丘中秋」與「揚州清明」、「秦淮夏日、」「西湖逢春」，足以並列為江南的四大景致[5]。千載之後如我輩者，無得親眼目睹當時勝狀，端賴這些文人歷遊之後的文字書寫[6]、相關的紀遊繪畫[7]（圖

---

[3] 有關江南城郊山水為時人遊歷勝景的敘述，可參見〔明〕沈周（1427-1509）在其巨作《蘇州山水全圖》的題跋：「吳中無甚崇山峻嶺，有皆陂陀連衍，映帶乎西潟，若天平、天池、虎丘為最勝，而一日可遊遍，遠而光福、鄧尉亦一宿可盡。」轉引自胡光華主編，《海外藏中國歷代名畫・明（下）》（長沙市：湖南美術出版社，1998 年 12 月），第 6 卷，頁 16。可參見圖二十。

[4] 〔明〕袁宏道〈虎丘〉，收入〔明〕袁宏道著；錢伯城箋校，《袁宏道集箋校》（上海市：上海古籍出版社，1981 年 7 月），卷 4，《錦帆集》，頁 157-158。

[5] 〔明〕張岱，《陶庵夢憶》（臺北縣：漢京文化事業，1984 年 3 月 25 日），卷 5，〈揚州清明〉，頁 48。以下版本皆同此。

[6] 本題研究之主要的核心資料，以文字敘述的遊記為主，其餘輔以相關之圖版、繪畫以及史料筆記、方志文獻。

[7] 因應旅遊風氣之盛而有圖文並茂的導覽書籍，如成書於萬曆三十七年，由〔明〕楊爾曾所輯之《新鐫海內奇觀》卷 2，即收有〈虎丘圖〉兩幅（見圖二十六、圖二十七），並引入袁宏道〈虎丘〉等遊記（書中引文並未註明作者為袁宏道），以圖文輝映的方式，為閱讀者提供臥遊暢情之資籍。

該書收入《續修四庫全書》（上海市：上海古籍出版社，1997 年），史部・地理類第 721 冊，據明萬曆三十八年（1610）錢塘楊氏夷白堂刊本影印。明萬曆三十七（己酉）年（1609）楊氏自序，陳邦瞻引，葛寅亮序，三十八（庚戌）年（1610）方慶來題語。相關的介紹可參見王正華，〈過眼繁華——晚明城市圖、城市觀與文化消費的研究〉一文，收入李孝悌編，《中國的城市生活》（臺北市：聯經出版事業公司，2005 年），頁 1-57。

此外，尚有吳門畫派為主的「紀遊圖」，依胡光華所考，目前學術界公認「紀遊圖」這種繪畫新體是由吳門畫派首開風氣之先的。蓋吳人好遊而文人畫家以圖繪來紀遊，遂有以吳中湖山勝景為場景的諸多作品流傳於世，如沈周〈蘇州山水全圖〉、〈承天寺夜遊詩圖〉、〈蘇臺紀勝圖〉、〈虎邱山十二景圖〉，文徵明有〈吳山攬勝圖〉、〈洞庭西山圖〉、〈天平紀遊圖〉，錢穀有〈虎邱前景圖〉、張宏有〈越中十景圖〉、

二十）以及大量的史料筆記與方志文獻[8]，心領神會地作一場跨時空的想像之旅 —— 想像這座落在江南城郊的山水風景，每年值逢佳節時，是如何地遊人如織、笙歌處處。一如李流芳（1575-1629）所載錄：

> 虎丘，中秋游者尤盛。士女傾城而往，笙歌笑語，填山沸林，終夜不絕，遂使丘壑化為酒場，穢雜可恨。予初十日到郡，連夜游虎丘，月色甚美，游人尚稀，風亭月榭間，以紅粉笙歌一兩隊點綴，亦復不惡。然終不若山空人靜，獨往會心。[9]

又如袁宏道（1568-1610）在吳縣當令長時的遊覽經驗：

> 虎丘去城可七八里，其山無高巖邃壑，獨以近城故，簫鼓樓船，無日無之。凡月之夜，花之晨，雪之夕，游人往來，紛錯如織，而中秋為尤勝。每至是日，傾城闔戶，連臂而至，衣冠士女，下迨蔀屋，莫不靚粧麗服，重茵累席，置酒交衢間。從千人石上至山門，櫛比如鱗，檀板丘積，樽罍雲瀉，遠而望之，如雁落平沙，霞鋪江上，雷鯤電霍，無得而狀。[10]

李士達有〈石湖圖〉等等。參見胡光華〈明四家與吳門畫派〉，收入胡光華主編，《海外藏中國歷代名畫・明（下）》（長沙市：湖南美術出版社，1998 年 12 月），第 6 卷，頁 1-16。

[8]　有關江南城市的地方文獻，本文主要使用了南京江蘇古籍出版社所出版之《江蘇地方文獻叢書》，旁及《日本藏中國罕見地方志叢刊》（北京：書目文獻出版社，1991 年 10 月）；史料筆記部分則有北京中華書局出版之《元明史料筆記叢刊》、臺灣新興書局出版之《筆記小說大觀》等叢書。

[9]　〔明〕李流芳，《檀園集》（臺北市：臺灣學生書局，1975 年），卷 8，〈游虎丘小記〉，頁 349。據明崇禎二年刊本影印。

[10]　〔明〕袁宏道著；錢伯城箋校，《袁宏道集箋校》，卷 4，《錦帆集》，〈虎丘〉，頁 157-158。此文收入〔清〕顧詒祿所撰輯，《虎邱山志》，卷 23，頁 830-831。

這兩段文字，雖出自不同觀點的敘述者，但閱讀者卻恰恰可由讚賞與批評的正反兩極，縱橫交織地拼湊出這幅江南時令風情圖 [11] ——就在虎邱，這個人人稱勝的江南風景區，每逢中秋佳節，上自官府閨閣、下至窮家好婦，都極盡盛裝之能事地連袂前往、一路遊觀。沿路有著縈繞耳畔的笙歌樂曲、映入眼簾的花景秋月，以及交錯如織的靚妝粉黛，填山沸林、連夜不絕，一時間可真是令身處其間者，為之眼花撩亂、應接不暇。虎丘的中秋月夜，在晚明江南的城市風景中，是何其繁華耀眼、盛極一時啊！

然而，細究此二文，除了呈現出「讚賞」與「厭惡」兩種迥然不同的觀看情緒之外，實則揭示了什麼更引人入勝、一探究竟的問題？

蓋虎丘中秋這樣的城郊勝景，對於袁宏道來說，可說是一種令人魂縈夢牽、刻骨銘心的時代體驗，正如文中之極言笙歌亂耳令「聽者銷魂」[12]，閱讀者由其文字表述之中，彷彿看到了撰者賣力操觚、馳騁文采，務期描繪出一幅城郊的盛世狂歡圖；但有趣的是，同一勝景對喜於清山遠水、兼擅書畫的文人李流芳而言，卻猶如焚琴煮鶴之折煞風雅，一場熱鬧非凡的中秋節慶，遂硬生生地在其遊歷體驗中，展演成一種雜亂汙穢、幾至於可恨可唾的不快陰影，無怪乎李氏在該文末尾頗具慨歎意味地說，就算一兩隊紅粉笙歌點綴其間還尚可領略，但終究不如「山空人靜，獨往會心」來得好。一樣的喧鬧場景，遊觀者面對並存的「山水自然」與「城市人文」時，卻引發出異樣的情致感受，而此種「差異」，正是筆者

---

[11] 就李流芳的文章而言，虎丘乃「城郊勝景」，既以山水吸引文人目光，故筆下帶入山水場景，自是理所當然，如文中之「月色甚美」「獨往會心」即屬之；但卻也因為所遊之地，係屬靠近城市的風景區，長久以來發展出充滿城市／塵世況味的消費文化，撰者無法避而不談。就算對此種風尚所表露的情感是深度厭惡，但事實上，恰恰已然以負面語調「再現」了這個熱鬧場景與塵世況味。

[12] 〔明〕袁宏道，〈虎丘〉，收入氏著；錢伯城箋校，《袁宏道集箋校》，卷 4，《錦帆集 虎丘》，頁 157-158。此文亦收入〔清〕顧詒祿所撰輯，《虎邱山志》卷 23，頁 830-831。

在眾多城市歷遊書寫中亟欲抉發的現象——蓋藉此「差異」的抉發，吾人從而開啟了中晚明小品遊記之外的複雜面相——所謂「一樣風景，異樣情致」，不僅僅是文人尋常情緒的兩端，實則更觸及了晚明文人在觀看／再現城郊風景時，存在了依違於「山水自然」與「城市人文」之間的多元模式。

（二）核心研究文獻

更具體地說，本文亟欲抉發出來的，就是這類城郊山水遊紀當中，於字裡行間所散發出來的「城市／塵世」況味。這種況味，乃是一種熱鬧喧騰、熙來攘往、塵土飛揚的人間氣息，倘又逢佳節慶典，則又糅雜了女性倩妝麗服的粉黛薰香與濃厚的狂歡氣氛。為了行文論述之便，故凡此種種「帶有城市喧囂、充滿人間氣息、慶典狂歡兼又糅雜粉黛倩影」的指涉，本文姑且名之為「城市人文」。

而這種「城市人文」與「山水自然」錯雜交織的現象，為數不少地存留於晚明文人的城郊遊記[13]、紀遊圖繪與地誌圖版當中，除了上述李流芳、袁宏道的作品，閱讀者可以輕易地在當時盛行的文藝作品中，找到相映成趣的例證。

執此以觀中晚明以降的大批山水遊記，強調山林隱逸情調者係屬大宗，然而，這類標彰城市歷遊之塵世風調者亦儼然形成一類，論者可由袁

---

[13] 本文中或稱城市遊記、城郊遊記、城市歷遊書寫、城郊歷遊書寫，乃因應行文暢美之需而有所變化，但所指涉的對象，皆歸屬同類文本。

　　就李流芳的文章而言，虎丘乃「城郊勝景」，既以山水吸引文人目光，故筆下帶入山水場景，自是理所當然，如文中之「月色甚美」「獨往會心」即屬之；但卻也因為所遊之地，係屬靠近城市的風景區，長久以來發展出充滿城市／塵世況味的消費文化，撰者無法避而不談。就算對此種風尚所表露的情感是深度厭惡，但事實上，恰恰已然以負面語調「再現」了這個熱鬧場景與塵世況味。

宏道、張岱、張大復（1554-1630）等人 [14] 的散文窺見一斑。閱者多半質
疑：既是山水景點，又何以歸類於「城市人文」？蓋此類山水風景之遊
人，多半來自城市，而所形成之旅遊習尚亦大多符應城市／塵世風調，故
將之納入城市風景之一端，謂之「城市人文」，亦無不可。正如明人黃省
曾所述：「芙蓉近倚闐闐城，眺閣觸樓逐勢成，珠寺翻為歌舞地，青山盡
是綺羅情」 [15]，芙蓉一地因為地近城市，閣樓酒館四處林立，連原本清修
的珠寺與自然的青山都沾染了綺羅歌舞的塵世風調；而本文研究的城郊山
水遊記，乃以虎邱、西湖二地為主，二者都是地近城市的山水風景，較之
黃省曾所論「芙蓉」一地，更是綺羅笙歌、喧天鬧地，以是，有關「山
水」與「粉黛」二者於「文藝再現」時的角力論爭，遂堂而皇之地浮上檯
面，這也是本文特別鍾情此類遊記的最大緣故。

　　就因為這類遊記當中，研究者最可以明確覺察出兩種觀點與再現模式
（它們可能同時被選入同一本方志，並列在同一部門之下），隱隱然存在
於字裡行間，不斷地憤然角力，甚至論爭抗辯。是故本題以「山光／粉
黛」「文藝再現模式與敘述策略」為主標題，就因關切的焦點 —— 在於
探討文人面對「山水」與「粉黛」[16] 雜然並陳的景觀時，是如何各持己見
地、深具文人階層意識地表述其批判或認同的立場，而說話者背後之心態
觀點，又是如何透過文人嫻熟的敘述策略，諸如援引歷史典例或當時盛行
於文人士夫的雅俗論述或狂禪論述，為自身處境尋求一個文化庇護所。

　　吾人可以由地誌之「藝文」科所收入之大量詩文題詠，了解到該地誠

---

[14] 感謝匿名審查之指正：學界以隆慶元年（1567）或萬曆元年（1573）以降為晚明，文中
考察之文人如李流芳、袁宏道、張大復、張岱等諸人，其生平活動幾乎都在晚明，本文
原題為「中晚明文人」後修正為「晚明文人」，更為貼切。

[15] 見〔清〕顧詒祿撰輯，《虎邱山志》，收入沈雲龍主編，《中國名山勝蹟志叢刊》（臺
北市：文海出版社，1971年），第4輯第35冊，頁485。

[16] 舉凡繁華塵世之種種，本文則緊扣歌館酒樓之「粉黛」習尚。

為多數明代文人歷遊江南印象深刻的景點。以虎丘為例，相關的《虎丘山志》，蓋始創於明代王賓[17]，這在〔清〕顧詒祿（1699-1768）所撰輯的《虎邱山志》前序中，清楚地交代了地誌的傳鈔譜系，依時羅列而下——起於〔明〕王賓、明成化間（1466-1487）徐源，又經萬曆年間（1573-1619）文肇祉、徐乾學（1631-1694）之手，終於清康熙十五（丙辰）年（1676）顧湄（約 1653 前後）重修、顧詒祿再修。該地誌之「藝文科」中與時俱增、轉相傳鈔地收入了明中葉以降歷遊虎邱的文人作品，其中明代部分有王鏊（1450-1524）、沈周（1427-1509）、文徵明（1470-1559）、祝允明（1460-1526）、胡纘宗（1480-1560）、黃省曾（1496-1546）、王世貞（1526-1590）、王穉登（1535-1612）、鍾惺（1574-1624）、湯傳楹（1620-1644）等多人之作[18]。

　　筆者著意的是，這些詩文當中展現出「山林幽靜」以外的喧鬧嘈雜。虎邱既為江南中秋賞月之最佳去處[19]，故文人品題者眾，除了前述李流芳、袁宏道之外，沈明臣（1518-1596）亦有〈中秋虎邱看月行〉一詩，述說勝事如下：

> 中秋看月何處好，除卻十洲與三島，東南勝事說蘇州，最好從來是虎邱。虎邱十里遙連郭，錯落青山盡畫閣，千年霸棄劍池寒，

---

[17] 王賓承曾大父王玘《雲嶠類要》遺稿而成，其後文肇祉二修，周安期三修，然上述諸本散佚，至清朝顧湄始彙集成書。本文所據版本乃〔清〕顧詒祿再修。

[18] 詳見該書卷 15「藝文四」、卷 16「藝文五」，頁 409-556。

[19] 虎丘之勝，為當時文人所公認，茲引一例為證，如〔明〕楊應詔〈游虎丘記〉：「東南號佳山水，控三江五湖之勝，莫最於姑蘇，姑蘇左淮海，右洞庭、靈巖，巀屼秀聳莫最于虎丘，去州治僅數里，濱接舟陸，中多小溪」，收入〔明〕慎蒙（明嘉靖三十二年進士）輯，《天下名山諸勝一覽記》14 卷，附朝鮮國山川 1 卷，收入《四庫全書存目叢書》，史部・地理類第 251 冊，據清華大學圖書館藏明萬曆四年（1576）自刻本影印。頁 108-109。

一片清光水晶薄。通國如狂歌舞來，木蘭載酒笙鏞作，男女雜坐
生夜光，香風舄履吹交錯，歌吹香風真可憐，三三五五各成筵。
千人石滿千人坐，千頃雲浮千頃煙。……姣童似玉紫瑛悲，艷女
如花韓重思。[20]

又如王昊（1627-1679）〈虎邱竹枝詞〉：

虎邱山前盈綺羅，虎邱山上列笙歌。盡向中天看明月，不知若箇
最情多。
錦燈紅袖一時新，踏遍芳隄處處塵，別有雙鬟簾下立，夜深閒看
上山人。[21]

除了節慶之外，敘寫虎丘平日街市之喧鬧景象者亦有之，如周宗建
（1582-1627）〈虎丘花市〉所述：

艤舟白公堤，香風拂人面。時逢寒食天，百花開已遍。旗亭間花
市，紅妝隔簾見，遊人隘山塘，春泥踏花片。[22]

再如王穉登〈虎邱看伎人走馬〉，描繪鬧市風貌：

---

[20] 該詩引入〔清〕顧詒祿撰輯，《虎邱山志》，收入沈雲龍主編，《中國名山勝蹟志叢刊》第 4 輯第 35 冊，卷 16，頁 508-509。

[21] 該詩引入〔清〕顧詒祿撰輯，《虎邱山志》，收入沈雲龍主編，《中國名山勝蹟志叢刊》第 4 輯第 35 冊，卷 18，頁 621。

[22] 該詩引入〔清〕顧詒祿撰輯，《虎邱山志》，收入沈雲龍主編，《中國名山勝蹟志叢刊》第 4 輯第 35 冊，卷 16，「藝文五・詩・明」，頁 511-512。

　　駿馬龍駒種，佳人燕子身。馳驅下夕坂，險絕太驚人。血是蹄間
　　汗，香為鬢裏塵。解鞍慵不語，遊子替傷神。[23]

又如濮淙〈虎丘竹枝詞〉：

　　一半青山是酒樓，畫船多載錦纏頭。白公隄上春風早，二月遊人
　　遍虎邱。綠鬟雲鬢寶髻盤，巧將眉黛鬭春巒。鐵花岩下泉如鏡，
　　背著遊人照影看。[24]

再如顧樵〈虎丘竹枝詞〉：

　　海涌峰頭連袂行，生公石畔綺羅情。遊人只覓紅妝去，不聽鶯聲
　　聽曲聲。楊柳隄邊繫畫船，紫騮花裡去垂鞭。當壚少婦顏如玉，
　　酒價何愁費十千。白公堤上花成市，斟酌橋邊水拍隄。[25]

這些遊記中屢屢出現粉黛綺羅，如「男女雜坐生夜光，香風舃履吹交
錯」、「虎邱山前盈綺羅，虎邱山上列笙歌」、「香為鬢裏塵」、「紅妝
隔簾見」、「綠鬟雲鬢寶髻盤，巧將眉黛鬭春巒」、「生公石畔綺羅
情」，不同的說話者卻不約而同地，透過文字「再現」出一幅充滿了雜亂
喧鬧、男女群集、消費娛樂的城市／塵世圖繪。誠如前述論點，這眾多的

---

[23] 該詩引入〔清〕顧詒祿撰輯，《虎邱山志》，收入沈雲龍主編，《中國名山勝蹟志叢
　　刊》第 4 輯第 35 冊，頁 508-510。

[24] 見《澹軒集鈔》，收入王利器、王慎之、王子今輯，《歷代竹枝詞》（西安市：陝西人
　　民出版社，2003 年），甲編，頁 384。以下引用此書者，同此版本。

[25] 見《澹軒集鈔》，收入王利器、王慎之、王子今輯，《歷代竹枝詞》，乙編《吳門雜
　　詠》卷 1，頁 49。

城郊勝景歷遊書寫當中,隱隱然呈現了依違於「城市人文」與「山水自然」之間的文藝再現模式,頗值研究者玩味再三。這即是本文具以為論的核心研究文獻。

(三)本文論述進程

　　為了論述之便,筆者姑且在這類城郊山水遊記中,歸納出兩種文藝現模式:其一,撰者務去城市/塵世風調以期彰顯自然山水之性靈清俊者,如李流芳之屬;其二,撰者唯恐喧鬧不足故騁筆光鮮,而致文中充滿城市/塵世況味者,如袁宏道之屬。以下茲就此二種文藝再現模式,分析撰者之審美趣味與再現文藝之敘述策略,並且擴而言之地徵引諸例,析探於下。

二　變色或消失的塵世況味──文藝再現模式之一

　　細究其觀看/敘述模式之別,乃源自於歷遊者不同的文化立場、審美趣味;而不同的文化立場與審美趣味,對於「城市人文」與「山水自然」,則有著不同比例的取擇與偏重。也因為此種不同,連帶牽引出觀者透過文字敘述所再現出來的城市風情,異趣橫生、各如其面。

　　茲以李流芳為例 ── 他是中晚明時期的文學家兼畫家,平日即與畫家程嘉燧(1565-1643)等人交遊往來,嘗自言「平生愛山心,對此即欲死」[26],足見其山水癖好甚篤;又購置一小丘於鐵山下,以盡覽湖山

---

[26] 〔明〕李流芳,《檀園集》,卷1,〈西湖泛舟走筆戲呈同遊諸子〉,頁52;又同卷〈為子將題夜遊卷〉(頁55)則有「平生山水心」一句亦為佐證。

之勝[27]，雖在近城之西湖、虎丘一帶屢現蹤跡[28]，但惡近俗眾、不喜喧囂。清人丁文衡就在李流芳《西湖臥遊圖卷題跋》卷末作了一篇題詞[29]，給了他「寄情山水，托意書畫，塵氛俗跡不惹胸次」的評價。綜上所考，筆者約略可以勾勒出李流芳這類文人的文化立場與審美趣味 —— 係以清幽簡遠為尚、以文人階層為雅之品味者，故李氏遊記中大多「以避俗離群方得此清幽境界」為詮釋模式。此一捨「城市人文」而就「山水自然」的觀看／敘述模式，亦可考諸於李氏其他作品，如《江南臥游冊》題詞，其中以虎丘為場景的敘述如下：

> 虎丘宜月，宜雪，宜雨，宜煙，宜春曉，宜夏，宜秋爽，宜落木，宜夕陽，無所不宜，而獨不宜于游人雜沓之時。蓋不幸與城市密邇，游者皆以附羶逐臭而來，非知登覽之趣者也。今年八月，孟陽過吳門，余挐舟往會。中秋夜，無月。十六日，晚霽，偕游虎丘，穢雜不可近，掩鼻而去。今日為孟陽畫此，不覺放出山林本色矣。丁巳九月六日清溪道中題。[30]

萬曆四十五年丁巳（1617），時年四十三歲的李流芳，在八月十六日中秋過後前往虎邱賞月，敗興而返，有感而發。文中一開始以排比手法，羅列鋪陳出各種景致，或依春、夏、秋、冬之時序移轉，或就雨、雪、煙、月

27　〔明〕李流芳，《檀園集》，卷2，頁132。

28　如卷1〈西湖泛舟走筆戲呈同遊諸子〉、卷2〈與仲和期潭西看花云當至洞庭已聞滯虎丘走筆寄嘲〉、〈西湖喜遇譚友夏賦贈〉等，皆明言所遊之地點為西湖、虎丘。依序見〔明〕李流芳，《檀園集》，頁51-52、頁110、頁135-136。

29　收入《叢書集成・續編》（臺北市：新文豐出版公司，1989年），「藝術類」第95冊，頁285。據光緒七年季夏錢唐丁氏刊本影印。

30　〔明〕李流芳，《檀園集》卷11，《江南臥游冊》題詞之三〈虎丘〉，頁476。

之晨昏變化，大抵皆屬山林之自然景象。文人徜徉其中，心領神會個中之美感逸趣，故曰虎丘之遊是「無所不宜」。然話鋒一轉，李氏進一步指稱遊觀此地，唯獨不宜於「遊人雜沓之時」，因為來自城市的旅客，其遊觀層次甚低，都是一些「附羶逐臭」、汲汲營營之徒，並非真正知曉登臨意趣者，故文中以「穢雜不可近」、「掩鼻而去」等措辭，強烈表態，實大有「吾輩文人不與之同列」的區辨意味。

李氏的「城市」觀點，亦可參見另一則《江南臥遊冊》題詞，[31] 文中提到「橫塘」一地，這個村落山夷水曠、溪橋映帶，李流芳每回途經此地，都「覺城市漸遠，湖山可見，意思豁然」，觀其文中「城市漸遠」一詞，雖含括地點距離的漸遠，但恐怕更偏重於「遠離塵世之喧囂擾攘」的抽象意涵。

由這些文獻來看，李流芳所述「附羶逐臭」、「雜穢」、「可恨」等主觀感受，係與「城市」一詞緊密相連，在「城市」地點活動的人，雖不盡然皆屬此類，但這個詞彙，在李流芳作品中，已由實際地點之指涉，轉為偏重於抽象意涵的指涉──舉凡種種不認同、甚至是深惡痛絕的文化內容，皆由「城市」一詞概括之。這顯然是敘述者對於「城市」的文化想像，透過了文字敘述與視覺表述，將「城市」推擠成「他者」，彷彿人性沉淪墮落之種種，皆生於繁華城市；以故，繁華城市誠乃罪惡敗德之淵藪。於是乎就形成了「山水／城市」與「清幽／雜穢」二元對立的兩組概念。李流芳之「城市／山水」觀大抵如此。

當其時類同此種觀看模式者甚夥，茲聊舉數例為佐證，如徐禎卿（1479-1511）〈虎邱精舍〉：「名邦多士女，偏愛茲山遊。我來何所

---

[31] 〔明〕李流芳，《檀園集》卷 11，《江南臥游冊》題詞之一〈橫塘〉，頁 473。

憩，窈窕入林邱」；[32] 又如杜大綬〈雨後登虎邱〉：「名山近郭日紛紜，過雨來登景物分，膩屐偏宜笻竹杖，鉛華都洗石榴裙」，[33] 又徐應雷：「虎丘歌舞地，日日似青樓。獨有歲寒好，還宜夜半遊。池空塔影落，冷月光流，頓與塵囂遠，但聞天籟幽」，[34] 諸人率皆表述避俗離群、惡鬧好靜的取向。下及清代，如錢芳標〈虎丘月夜同越江姪〉所述：「茲山雖屢躋，冶遊失真境，地僻人復閒，邱壑趣斯領。乍喜群從俱，暨覺塵鞅屏。微陽斂何促，眾籟暝逾靜」，[35] 錢氏對於「冶遊」風尚深痛惡絕，遊覽時就愛往偏僻的荒郊邱壑走，還聲稱這才是領略了此山的真趣真境。由此可見，這種「避俗趨靜」的觀賞癖好，即使異時異代，仍不乏同聲相應者。

　　這類文獻足成一派，代表了中晚明以降文人階層觀看「城市／山水」的一種模式，衍生出來的是，標舉退離人世、突顯隱逸清高風格的生活態度。臺灣學界很早就對這類的晚明作品進行深度的抉發與研究，文學界引領先驅者有陳萬益、曹淑娟等人，[36] 帶動了性靈小品的研究風潮，多年來已然累積出相當可觀的成果；然而，性靈小品果真僅僅為清新脫俗、退離人世一派？

32　〔清〕顧詒祿撰輯，《虎邱山志》，沈雲龍主編，《中國名山勝蹟志叢刊》第 4 輯第 35 冊，卷 16，藝文五，「詩——明」，頁 486。

33　〔清〕顧詒祿撰輯，《虎邱山志》，沈雲龍主編，《中國名山勝蹟志叢刊》第 4 輯第 35 冊，卷 16，藝文五，「詩——明」，頁 526。

34　〔清〕顧詒祿撰輯，《虎邱山志》，沈雲龍主編，《中國名山勝蹟志叢刊》第 4 輯第 35 冊，卷 16，藝文五，「詩——明」，頁 543。

35　〔清〕顧詒祿撰輯，《虎邱山志》，沈雲龍主編，《中國名山勝蹟志叢刊》第 4 輯第 35 冊，卷 18，藝文五，「詩——清」，頁 621。

36　民 66 年陳萬益先生即以《晚明性靈文學思想研究》通過臺大中文研究所博士學位，後任教於清華大學，講授明代文學相關議題之課程，後又於民 77 年發表了重要的《晚明小品與明季文人生活》（臺北市：大安出版社，1988 年）一書，迄今為晚明研究者視為入門必備書；曹淑娟先生則有《晚明性靈小品研究》（臺北市：文津出版社，1988 年）一書為代表，兩位先生還有多篇期刊論文行世，茲略舉其要以示其影響。

　　吾人姑且假諸藝術史研究成果以揭露問題，正如王正華在〈過眼繁華
──晚明城市圖、城市觀與文化消費的研究〉一文[37]指出：藝術史研究
領域向來認為，最能代表中晚明蘇州清雅意象者，莫過於以文徵明以來的
吳門畫派為代表；但蘇州圖像果真僅僅為清雅脫俗一類？受過藝術史訓練
的她深知：視覺表述（visual representations）並非客觀反映現實世界，而是
主觀整理後具有視角的觀點呈現，所以王氏在論文中抉發出另一類圖像如
〈南都繁會圖〉者加以兩相對照，從而揭示了一有趣現象──吳門文人
畫家心中一無市儈之氣、脫俗高潔的蘇州圖像如沈周之《虎丘十二景圖
冊》（圖二十）、《吳中名勝冊・虎丘山》、《蘇州山水全圖・虎丘山》
〈吳中勝覽圖〉[38]等，與〈南都繁會圖〉（圖二十一）一類作品所烘染出
來充滿喧囂熱鬧的城市／塵世圖像，二者實大相逕庭、大異其趣！王正華
的研究極有啟發性地揭露了文藝「再現」[39]的問題，不管是文字或是圖象
表述，都帶有濃厚的主觀視角，換言之，不同的觀點（主要指的是創作者
「慣習」）（habitus）[40]所牽引的文化素養與審美趣味），必然導致所再

---

[37] 詳見王正華〈過眼繁華──晚明城市圖、城市觀與文化消費的研究〉一文，頁 4，36-
　　39。

[38] 學界關注虎丘圖者已有數人，如吳海濱，〈吳門畫派虎丘山圖初探〉，《河南師範大學
　　學報》（哲學社會科學版），第 24 卷第 6 期（1997 年），頁 89-93；〔日〕吉田晴
　　紀，〈關於虎丘山圖之我見〉，《吳門畫派研究》（北京市：紫禁城出版社，1993
　　年），頁 65-75。

[39] 另可參見王正華在 2004 年 2 月 28 日發表〈藝術史研究中的再現問題〉之演講紀要，
　　http：//arthf.npm.gov.tw/art/dc/s_mans.asp?item=1116#。
　　　　關於「再現」的問題，實深深感謝匿名審查的意見，指出本文應更細緻地討論到
　　「再現」有兩層意涵，其一指再現自然、模仿自然，故與其再現的對象中有某種
　　resemblance 的關係；其二是不一定與自然有關，故無 resemblance 的問題，近於中文翻
　　譯為「代表」、「視覺表述」，指文字或圖像如何呈現世界、認識世界。而本文所論傾
　　向於後者，特此說明。

[40] 或譯為「習性」。「慣習」與「場域」二詞，是布氏最為當代文史學人津津樂道的學術
　　觀點。已為國內如張誦聖、國外如雅樂塔・賓爾沙克者所倚重，前者見張氏〈臺灣女作
　　家與當代主導文化〉，《文學場域的變遷──當代臺灣小說論》（臺北市：聯合文學，

現之文藝圖像與情致有所不同，反觀上述李流芳與袁宏道的虎丘遊記，一樣的風景卻有異樣的情致，何嘗不也是如此！

　　擴而言之，倘若從創作者對於「城市人文」與「山水自然」的依違來看，透過文字敘述或圖像之媒材再現時，創作者對於喜歡或不喜歡的範疇，自可在下筆時染以情緒色彩，或使之明亮，或使之晦暗，或渲染誇大，或刻意避開、使之消聲匿跡。

　　如李流芳者，文字敘述與圖畫兼而有之，他在遊記中描述了虎丘的中秋月夜，是如何喧囂如何令人厭惡，而唯有後來為好友程嘉燧所繪之〈臥遊冊〉，方足以放出「山林本色」，這似乎意味著繪畫再現對於李氏而言，是充分篩選過的，較貼近其理想境界（山林本色）的。筆者未找到以李文所述之〈江南臥遊冊〉為名的圖版，但經查證後即為今傳之《吳中十景圖冊》，十景之中的第二幅名為〈虎丘〉[41]（圖二十二），據撰寫釋文者所見，該冊題詞即為上述「虎丘宜月，宜雪，宜雨」之文，由此足知李流芳之歷遊經驗，透過文章以及繪畫的再現後，呈現了與實際體驗有別的審美趣味與風格；倘若，再考察李流芳現今流傳於世的文人畫風格，如依《海外藏中國歷代名畫》收入〈山水圖〉二幅之釋文[42] 所言，其畫風有類「吳門畫派」，大抵即清雅脫俗一派，這又顯然與「山林本色」一語遙相呼應。

　　如此看來，文字敘述（遊記），因為創作者（李流芳）欲藉此抒發負

　　2001 年 6 月），頁 113-134；後者見雅樂塔・賓爾沙克〈地方性知識、地方史：紀爾茲與超越紀爾茲〉，收入〔美〕林・亨特（Lynn Hunt）編；江政寬譯，《新文化史＝The New Cultural History》（臺北市：麥田出版公司，2002 年 4 月 30 日），頁 137。

[41]　收入《中國美術全集・繪畫編》（北京市：文物出版社；上海市：上海人民美術出版社，1984-1989 年），第 8 冊「明代繪畫」（下），頁 94-95。

[42]　見第 6 卷，明（下），頁 127。該書係湖南長沙市之湖南美術出版社於 1998 年 12 月出版。胡光華、林樹中二人在該圖釋文指出李氏：「遠山純以水墨寫意，類吳門畫派筆致。」「得倪雲林筆法」。

面情緒，而在字裡行間帶入了城市／塵世風景，但原本燦爛明亮的慶典色彩，卻因為蒙上情緒陰影而變為黯淡無光；至於繪畫，對李氏而言，似因其媒材表現特質與中國山水畫之隱逸格調接軌，而更可表現純然主觀之浪漫情致、勾勒創作者心中的理想淨境（如宗炳臥遊[43] 以暢神的觀點），從而導致筆下之蘇州圖像絲毫不帶市儈之氣？於是乎在李流芳的山水圖繪中，曾經是文人眼見親歷的塵世／城市風景與況味，卻在「再現」的過程中，因著「慣習」所牽引的文化素養與審美趣味，加以主觀地篩選或刻意遺忘，從而完完全全地消失不見了。[44]

三　發光的城市風景與塵世記憶──文藝再現模式之二

相異其趣的，另派文人有著另類寫法[45]。

面對「歌吹為風，粉汗為雨，羅紈之盛」[46] 的艷冶情調，這派文人非但沒有刻意遺忘，反而還理直氣壯、堂而皇之地，使之成為遊記鋪陳的主要部分。最經典的例子，莫過於張岱的〈西湖七月半〉[47]，一上場就言明「西湖七月半，一無可看，止可看看七月半之人」，於是乎有關西湖自然山水景致之種種，全都後退淡化為敘事背景，僅以三兩句話交差了事。但

---

[43] 「臥遊」一詞係出自六朝畫家宗炳（375-443）〈畫山水序〉一文，原文點校與闡述可參見陳傳席，《陳傳席文集》（鄭州市：河南美術出版者，2001 年），第 1 冊，頁 130-165。

[44] 這種藝術表現中被創作者刻意「視而不見」的隱喻，著實有著極其豐富的意涵，有關這點筆者已經另撰他文專論，此略舉以示觀點／敘述之不同。

[45] 誠如大陸學者黃卓越認為晚明性靈觀，應當區分出「虛空式性靈觀」與「混情式性靈觀」二類，虛空式性靈觀之作品標舉離群脫俗的文化審美趣味，混情式則雜入禪學以跨越對立地取超越式的美學趣味。詳見氏著《明中後期文學思想研究》（北京市：北京大學出版社，2005 年 11 月）。

[46] 〔明〕袁宏道著；錢伯城箋校，《袁宏道集箋校》，卷 10，《解脫集》，〈西湖二〉，頁 423。萬曆二十五年（1597）。

[47] 〔明〕張岱，《陶庵夢憶》，卷 7，頁 62。

觀文中主力，極力馳騁於捕捉各色人等之姿態情狀，務求俯瞰全局、一覽
無遺 ── 或樓船簫鼓，峨冠盛筵；或名娃閨秀，名妓閑僧；或酒醉飯
飽，嗚呼嘈雜；或匿影樹下，逃囂里湖。這種種姿態情狀不僅僅被「看
見」了，還被文人以鋪陳羅列、烘托輝映的方式「再現」出來，仔仔細細
地品評了箇中趣味。

　　被載錄下來的城市景觀與塵世況味當中，尤令人矚目的，莫過於靚妝
麗服的女性身姿。這些出遊的女性身姿，如張岱〈虎丘中秋夜〉所述，有
「曲中名伎戲婆」、「女樂聲伎」、「士夫眷屬」、「民間少婦好女」，
因為這個慶典場合，而與「土著流寓、崽子孌童、遊冶惡少、清客幫閑、
傒童走空」之各色人等，泯除了身分階級、性別界限地，混雜同處、狂歡
作樂。

　　明人好遊，層次上自冠蓋下及普羅大眾，而遊記中出現女性身影，係
有多重原因，此單就社會文化背景來列舉說明。其一乃源於明清文人盛行
家班、蓄有樂妓[48]，文人謂之「梨園癖」[49]，故出遊場合也自然而然地出
現「曲中名伎戲婆」、「女樂聲伎」。如張岱嘗描述當時的包涵所，在西
湖湖畔置有私人樓船，常令聲妓「靚妝走馬，嫛姍勃窣，穿柳過之，以為
笑樂」[50]；或因應文人風雅而衍生出來的消費型態，如張岱所述江南之煙
雨樓[51]，「多精舫，美人航之，載書畫茶酒」，「艤舟于煙波縹緲」，

---

[48] 可參見王寧、任孝溫著，《昆曲與明清樂伎》（瀋陽市：春風文藝出版社，2005 年 2
月）。書中考證出明人顧璘、王錫爵、冒襄、屠隆、祁豸佳、張岱、查繼佐、汪汝謙、
何元朗、曹學佺、康海、李開先、尤侗、李漁等等皆有家班樂伎，其風尚如此。

[49] 〔明〕張岱，《陶庵夢憶》，卷 4，〈祁止祥癖〉，頁 39。

[50] 〔明〕張岱，《陶庵夢憶》，卷 3，〈包涵所〉，頁 27。

[51] 煙雨樓地處嘉興，相關大量的藝文詩作可參見〔明〕羅炌修、黃承昊纂，《崇禎嘉興縣
志》，收入《日本藏中國罕見地方志叢刊》（北京市：書目文獻出版社，1991 年 10
月）。

「偶有仙緣，灑然言別，不落姓氏」[52]，真極其浪漫之至。

其二，係因節令俗尚、廟會慶典，提供了女性出遊機會，如元宵觀燈、中和探春、清明郊遊、上巳臨水、六六歸寧、七夕乞巧、中秋賞月等等，皆為自古以來的婦女可以參與的習俗活動[53]，故文人遊記也就出現了「士夫眷屬」、「民間少婦好女」。由此可以想見：明代女性出遊的現象有其普遍性，並非只有秦淮河畔的遊女[54]才出來拋頭露面，就算是良家之閨閣仕女，也會在時令節慶時大剌剌出來遊山逛街，據《清嘉錄》卷八[55]載，中秋夜「婦女盛裝出遊，互相往還，或隨喜尼庵，雞聲喔喔，猶娑娑月下，為之走月亮。」此種「走月亮」之習俗[56]，提供了蘇州婦女出遊的合理說法；另有「走百病／走百媚」之說，亦類近。[57]此外，廟會祈福也提供婦女出遊的機會，如嘉靖《吳江縣志》指出廟會時「士女拈香，闐塞塘路，樓船野舫，充滿溪河」[58]；至於時令俗尚，如越俗掃墓，「男女袨裝靚妝，畫船簫鼓，如杭州人遊湖」[59]；揚州清明時節，「城中男女畢

---

[52] 〔明〕張岱，《陶庵夢憶》，卷6，〈煙雨樓〉，頁56。

[53] 詳見羅時進，《中國婦女生活風俗》（西安市：陝西人民出版社，2004年），頁209-259。

[54] 秦淮河河畔有許多河房，「便寓、便交際、便淫冶」，「女客團扇清紈，緩鬢傾髻，軟媚著人」，見〔明〕張岱，《陶庵夢憶》，卷4，〈秦淮河房〉，頁30。

[55] 〔清〕顧祿撰；王邁校點，《清嘉錄》（南京市：江蘇古籍出版社，1999年8月），卷8，〈走月亮〉，頁164-165。

[56] 〔清〕袁學瀾亦載錄「走月亮」之說，茲引其按語所言為補充：「按《傳奇錄》：『中秋夜，婦女出遊，名踏八步，以卻病。』郡志：『中秋，傾城士女，出遊虎丘，笙歌徹夜。』」詳見氏著，甘蘭經、吳琴校點，《吳郡歲華紀麗》（南京市：江蘇古籍出版社，1998年12月），卷8，〈走月亮〉，頁269。

[57] 有關慶典節令與婦女走百病之研究，詳見陳熙遠〈中國夜未眠——明清時期的元宵、夜禁與狂歡〉，收入蒲慕州主編，《生活與文化》（北京市：中國大百科全書出版社，2005年4月），頁309-341。

[58] 詳論可參見巫仁恕〈明清江南東嶽神信仰與城市群眾的集體抗議——以蘇州民變為討論中心〉，收入李孝悌編，《中國的城市生活》（臺北市：聯經出版事業公司，2005年），頁149-206。

[59] 〔明〕張岱，《陶庵夢憶》，卷1，〈越俗掃墓〉，頁6。

出」、「是日也，四方流寓及徽商西賈、曲中名妓，一切好事之徒，無不咸集」[60]；再如燈會，「城中婦女，多相率步行」[61]、「拾婦人鞋掛樹上如秋葉」[62]諸如此類的敘述場合中，都出現了許許多多的女性身影。

然而，會擇入旅遊回憶錄、並視為風景勝況之一，意味著男性文人觀看粉黛時印象深刻，正如《揚州竹枝詞》說到「八月中秋秋氣新，滿街鑼鼓鬧閑身。光明寶塔光明月，便益男人看女人」[63]，男人不僅看月，出遊重點恐怕還是在於看女人，這首竹枝詞把心照不宣的事給直接講了出來；但在明代，男人看女人，更重要的是能品賞女性種種姿態，因為這意謂的是時代文人風雅的身分標幟。[64]

筆者深感興趣的是：作為男性文人觀看以及慾望投射的對象 —— 女性，是透過何種敘述策略，被牢牢鑲嵌於個人之歷遊書寫，繼而輾轉成為地方上的文化記憶與歷史記憶？文人又是如何透過援引典例的方式、成功地與文人風雅的古典隱喻接軌密合？下文主要以袁宏道、張岱遊記作為深入探討的核心資料，旁及同時期相應的作品，以期見樹而後見林地掌握文人風尚之一端。

（一）銘刻記憶與文化展演

袁宏道筆下的江南城郊勝景，總帶著濃厚的塵世況味 —— 一年四季

---

60 〔明〕張岱，《陶庵夢憶》，卷5，〈揚州清明〉，頁48。

61 〔明〕張岱，《陶庵夢憶》，卷6，〈紹興燈景〉，頁53。

62 〔明〕張岱，《陶庵夢憶》，卷8，〈龍山放燈〉，頁71。

63 〔清〕董偉業，於乾隆五年（1740），作〈揚州竹枝詞〉，共99首，見〔明〕李艾塘等撰；陳恒和輯刻，《揚州叢刻》，收入《中國方志叢書》（臺北市：成文出版社，1970年），華中地方第三號「江蘇省」第3冊，頁1025-1026。

64 衍伸而出的論述有或曰「情之所鍾，正在我輩」，或曰「事事無礙為極則」。由於牽涉之觀點繁複，現正另撰專文論述中。此處則略而不論。

總是遊人如織，綺羅簫管充耳盈目，喧騰猶如城中熱鬧街市。誠如「虎丘如冶女艷妝」[65] 所言，這類遊記中的粉黛煙塵氣味，濃濃地蓋過了山林煙霞氣色，也無怪乎陳田（1849-1921）《明詩紀事》中謂之「不離綺語」[66]，而張大復（1554-1630）以「如春花美女，婉媚多風」[67] 來評論袁宏道的遊記了。

　　或假譬喻，或借排比，袁宏道於不同時節的江南遊記中，一再刻畫類同的塵世景致，這一方面反映了名勝風景果為遊人青睞有加，故終年遊人如織；但另一方面，卻也透露出，諸如此類零星散落的生活斷片，在文人回顧過往時，在腦海中清舞飛揚、閃耀光彩的，就屬這些亮眼鮮明的靚妝麗服。她，一遍又一遍地不斷自記憶的幽暗深谷處召喚著文人，亟欲驅促文人以文字或圖像的敘寫描繪，使之復現而出，從而銘刻為永不褪色的時代記憶[68]。

　　如初春時節，以白樂天顯名的天平山：「遊舟甚盛，簫管綺羅」[69]。二、三月間，傳聞中支公遁隱的楞伽山，「遊人甚勝，朱樓複閣之女，騷人逸士之流，狹斜平康之伎，社南社北之兒，花攢綺簇，雜踏山間，不減上方、虎丘」。[70] 三月時節，桃柳相間的光福山，「落花染成湖水作臙脂浪，畫船簫鼓，往來湖上。堤中妖童麗人，歌板相屬，不減虎林、西

65　〔明〕袁宏道著；錢伯城箋校，《袁宏道集箋校》，卷 4，《錦帆集》，〈上方〉，頁 160。萬曆二十四年（1596）。

66　〔清〕陳田，《明詩紀事》（上海市：上海古籍出版社出版：新華書店發行，1995 年），庚籤卷 5：「中郎才調殊絕，《錦帆》、《解脫》，不離綺語」，頁 2303。

67　〔明〕張大復評：「袁石公遊盤山記如春花美女，婉媚多風；陶周望臺宕路程，綽有煙霞氣色」。〔明〕張大復，《梅花草堂筆談》（長沙市：岳麓書社，1991 年），卷 5〈袁陶〉條，頁 130。

68　類近觀點可參見〔美〕宇文所安著；鄭學勤譯，《追憶──中國古典文學中的往事再現 =Remembrances》（北京市：生活・讀書・新知三聯書店，2004 年 12 月）。

69　〔明〕袁宏道著；錢伯城箋校，《袁宏道集箋校》，頁 177。

70　〔明〕袁宏道著；錢伯城箋校，《袁宏道集箋校》，頁 176。

湖」，[71] 盛夏時涼風颯然的陰澄湖，「遊舟綺錯，日不下百餘艘。玉腕青眉，嬌歌緩板，來往羅泊中，亦勝遊也」。[72] 綜觀諸文，以比較方式繫聯了上方、虎林、西湖、虎丘等地，使類同經驗得以融合一氣。除此之外，文人又好以女子姿態比況山水佳景，如「山色如娥，花光如頰，溫風如酒，波紋如綾，纔一舉頭，已不覺目酣神醉」，[73] 透過此種敘述策略，將歷遊山水的經驗與紅妝粉黛的經驗交織串聯，豐富了文學的想像空間。這種觀看山林／粉黛的方式，亦見諸當時文人，如黃汝亨（1558-1626）所言：

> 我輩看名山，如看美人。顰笑不同情，修約不同體，坐臥徙倚不同境，其狀千變。山色之落眼光亦爾，其至者不容言也。[74]

如此這般地一再敘寫，或是換地點但又不換敘述重點，或明明是描述山水卻又以譬喻方式帶入粉黛經驗，這猶如不斷地從四面八方、錯綜複雜地施力於文人的記憶版圖，將「粉黛」與「山水」一起銘刻成又深又長的痕跡；閱讀者亦可循此痕跡，累積堆疊地漸次在腦海中，拼貼出一幅山光／粉黛輝映其趣的晚明江南城市風景。

其中又以六月二十四日的荷花蕩，勝景頗為當時文人所津津樂道。如袁宏道在萬曆二十四年（1596）所描述的情形：

---

71 〔明〕袁宏道著；錢伯城箋校，《袁宏道集箋校》，頁 170-171。
72 〔明〕袁宏道著；錢伯城箋校，《袁宏道集箋校》，頁 168。
73 〔明〕袁宏道著；錢伯城箋校，《袁宏道集箋校》，頁 422。
74 〔明〕黃汝亨〈姚元素黃山記引〉，收入〔明〕陸雲龍等選評；蔣金德點校，《明人小品十六家》（杭州市：浙江古籍古出版社，1996 年）。梅新林、俞樟華認為這乃是作者在創作風格上對個性化的追求，見梅新林、俞樟華主編，《中國遊記文學史》（上海市：學林出版社，2004 年），頁 241。筆者則以為，那不是個性風格的單一個案而已，而在當時文人遊記中已足成一派說法。

> 荷花蕩在葑門外，每年六月二十四日，遊人最盛。畫舫雲集，漁
> 刀小艇，僱覓一空。遠方遊客，至有持數萬錢，無所得舟，蟺旋
> 岸上者。舟中麗人，皆時粧淡服，摩肩簇舃，汗透重紗如雨。其
> 男女之雜，燦爛之景，不可名狀。大約露幃則千花競笑，舉袂則
> 亂雲出峽，揮扇則星流月映，聞歌則雷輥濤趨。蘇人遊冶之盛，
> 至是日極矣。[75]

這段文字極寫男女遊人雜沓燦爛的情狀，其中敘述者的視覺焦點，又特別
集中在舟中麗人身上。透過袁宏道的敘寫，閱讀者彷彿由字裡行間看到
了，一個又一個走出畫舫幃幕的女子，在盛暑烈日下，舉袂揮扇、香汗淋
漓，而此一情景又與耳畔如雷似濤的樂聲、交相撩亂，誠為喧鬧至極的夏
日風景！

　　時隔二三十年，張岱在天啟壬戌年（1622）來到了荷花蕩遊覽，顯然
拜讀過袁文的他，傾心之餘，或摘抄、或鋪陳敷衍地，寫出了另一篇異曲
同工的〈葑門荷蕩〉：

> 天啟壬戌六月二十四日，偶至蘇州，見士女傾城而出，畢集于葑
> 門外之荷花蕩。樓船畫舫至魚舟蠡小艇，雇覓一空。遠方遊客，
> 有持數萬錢無所得舟，蟺旋岸上者。余移舟往觀，一無所見。蕩
> 中以大船為經，小船為緯，遊冶子弟，輕舟鼓吹，往來如梭。舟
> 中麗人，皆倩粧淡服，摩肩簇舃，汗透重紗。舟楫之勝以擠，鼓
> 吹之勝以集，男女之勝以溷，歊暑燀爍，靡沸終日而已。荷花蕩

---

[75] 〔明〕袁宏道著；錢伯城箋校，《袁宏道集箋校》，卷 4，《錦帆集》，〈荷花蕩〉，
　　頁 170。萬曆二十四年（1596）。

> 經歲無人跡，是日士女以鞵靹不至為恥。袁石公曰：「其男女之雜，燦爛之景，不可名狀。大約露幃則千花競笑，舉袂則亂雲出峽，揮扇則星流月映，聞歌則雷輥濤趨。」蓋恨虎丘中秋夜之模糊閃躲，特至是日而明白昭著之也。[76]

上述引文當中特別以黑底線標示的文字段落，即是張岱或抄或敷衍袁宏道文章的部分。這種書寫特色，筆者並不簡單地認為那只是「割裂他文」的拼湊行為而已，而視此為一種「向文人傳統表達深度敬意」的文化儀式。這段引文當中，追憶過往年華的張岱，以重點徵引的方式，將所認同、類感的他人記憶，鑲嵌入自我體驗的再現文本當中，來自萬曆／天啟（相隔二十餘年）不同發源的星光，在文人編織記憶的再現敘述中，交相輝映；後世閱讀者，倘依星辰光芒追索源頭，則又可發現其源各有一段精采故事（當回歸時代語脈與個人意義脈絡時，就各自可帶出寫作背景中的私人故事）。今／昔體驗的種種，透過鑲嵌、拼貼的敘述策略，無時序性地以「互文」[77]（intertextualite）方式，豐富了閱讀者想像時所依憑的隱喻意涵；而「文中有文」的現象，則又意味著文人與文人之間的跨時空對話，隱然形成了一種與時俱進的文化展演。

　　除此之外，該文特別的是在舟楫、鼓吹、男女等諸多景致之中，刻意彰顯了「擁擠」、「聚集」、「溷雜」的喧鬧氣氛，並視此方為一時勝況所在。此中所顯露的文人審美趣味，則又顯然與李流芳之「避俗崇雅」、

---

[76] 〔明〕張岱，《陶庵夢憶》，卷1，頁6。

[77] 所謂的「互文性」，主要為法國朱麗葉‧克莉絲蒂娃（Julia Kristeva）所提出，指稱文中有文的現象，其衍生而出的敘述策略有引用、暗示、參考、仿作、戲擬、剽竊等等。可參見蒂費納‧薩莫瓦約著；邵煒譯，《互文性研究》（天津市：天津人民出版社，2002年），以及王瑾，《互文性》（桂林市：廣西師範大學出版社，2005年9月）等書。

「好靜尚虛」一類，恰恰相反、相映成趣。

類同的敘述方式，又可見於〈西湖香市〉（圖二十三）一文：

> 此時春暖，桃柳明媚，鼓吹清和，岸無留船，寓無留客，肆無留
> 釀。袁石公所謂「山色如娥，花光如頰，波紋如綾，溫風如
> 酒」，已畫出西湖三月。而此以香客雜來，光景又別。士女閒
> 都，不勝其村妝野婦之喬畫；芳蘭薌澤，不勝其合香芫荽之薰
> 蕕；絲竹管弦，不勝其搖鼓郐笙之聒帳；鼎彝光怪，不勝其泥人
> 竹馬之行情；宋元名畫，不勝其湖景佛圖之紙貴。如逃如逐，如
> 奔如追，撩撲不開，牽挽不住。數百十萬男男女女、老老少少，
> 日簇擁于寺之前後左右者，凡四閱月方罷。[78]

張岱在此引入了萬曆二十五年袁宏道的西湖體驗，作為三月春景的底色，
之後，專就香市的熱鬧場景作映襯式的誇大鋪陳──士女的閒都雅致，
比不上村野婦女的喬畫；植物的自然芳香，比不上女子身上的薰香氣味[79]
（圖二十四）；典雅的絲竹樂聲，則比不上樂班鼓吹的聒躁等等。觀其所
述之審美趣味，泰半顛覆了傳統雅俗之分判、倫理價值之秩序，不僅僅如
此，張岱還務求藉此誇大其詞、渲染喧鬧場面，以求烘托一場節慶的狂歡
氣氛[80]。

---

[78] 〔明〕張岱，《陶庵夢憶》，卷7，頁61。

[79] 以空氣中漂浮著女子薰香之煙塵氣味來狀寫映入眼簾之女性身姿，類近的敘述手法又可
參見李陳玉〈煙雨樓即事四首〉詩句：「衣有香風步有煙，倚欄人在晚霞邊。芰荷九曲
迷航艇，燈火千家映管絃。何處穠歌猜艷女，偶然狂論俠飛仙。」收入〔明〕羅炘修；
〔明〕黃承昊纂，《崇禎嘉興縣志》，頁809。

[80] 有關巴赫汀的狂歡理論，可參見劉康，《對話的喧聲──巴赫汀文化理論述評
=Bakhtin's dialogism and culture theory》（臺北市：麥田出版公司，1995年）一書，國
內研究者如陳熙遠嘗援引以解釋明代元宵節慶的現象，見氏著〈中國夜未眠──明清時

綜上所述，以荷花蕩為例，張岱的文章中節引了袁宏道之文，而張岱之文後來又被後來的清人袁景瀾收入《吳郡歲華紀麗》〈荷花蕩〉（圖二十五）[81] 的按語當中；再以虎丘為例，袁宏道於萬曆二十四年寫下〈虎丘〉[82] 一文，而多年後張岱則寫下〈葑門荷宕〉[83] 一文，其中幾乎抄錄了大部分的袁文，只在最後強調了仕女們以足跡不到此地為恥，以及強調了人聲鼎沸與倩影盈目的景狀。其後，到了萬曆三十七年，因應旅遊風氣之盛而出現了圖文並茂具有導覽性質的書籍──〔明〕楊爾曾所輯之《新鐫海內奇觀》[84]，該書卷二刊刻了兩幅〈虎丘圖〉（圖二十六、圖二十七），圖旁列入袁宏道〈虎丘〉等多篇遊記（書中引文並未註明作者為袁宏道），該書以「圖文輝映」的方式，為閱讀者提供臥遊暢情之資藉。下及清代，袁文則又輾轉收入顧詒祿所撰輯之《虎丘山志》（圖二十八）[85] 當中，成為現今研究虎丘者所資藉的重要文獻。

此種歷遊經驗的堆疊與滾動，展示了一種與時俱進的歷程──最初始的私人歷遊經驗，輾轉變成文人共有的地方文化記憶與追憶逝水奢華的時代儀式。再現的敘述策略是──透過重點式的徵引、類同感受的誇大以及「圖文輝映」的刊刻，一如上述諸例之由袁宏道到張岱，又如〔明〕

期的元宵、夜禁與狂歡〉，收入蒲慕州主編，《生活與文化》（北京市：中國大百科全書出版社，2005 年 4 月），頁 309-341。

[81] 張岱文見引於袁景瀾著，甘蘭經、吳琴校點，《吳郡歲華紀麗》，頁 220-221。

[82] 〔明〕袁宏道著；錢伯城箋校，《袁宏道集箋校》，卷 4，《錦帆集》，頁 157-158。

[83] 〔明〕袁宏道著；錢伯城箋校，《袁宏道集箋校》，卷 4，《錦帆集》，〈荷花蕩〉頁 170。萬曆二十四年（1596）。

[84] 該書收入《續修四庫全書》（上海市：上海古籍出版社，1997 年），史部‧地理類，第 721 冊，據明萬曆三十八年（1610）錢塘楊氏夷白堂刊本影印。明萬曆三十七（己酉）年（1609）楊氏自序，陳邦瞻引，萵寅亮序，三十八（庚戌）年（1610）方慶來題語。相關的介紹可參見王正華，〈過眼繁華──晚明城市圖、城市觀與文化消費的研究〉一文，收入李孝悌編，《中國的城市生活》（臺北市：聯經出版事業公司，2005年），頁 1-57。

[85] 〔明〕袁宏道著；錢伯城箋校，《袁宏道集箋校》，卷 23，頁 830-831。

張岱→〔清〕袁景瀾《吳郡歲華紀麗》,再如張岱→《海內奇觀》、《虎丘山志》,如此一來,今昔遊記中的城市風景與塵世況味,遂以幢幢疊影、映襯誇大、圖文並置的方式,逐漸展演成一代文人共有的城市體驗與地方文化記憶。

(二)文人風雅與身分標幟

明人潘之恆(嘉靖間中書舍人)曾經為袁宏道《解脫集》寫了一篇敘文,當中提到一首小詩:

> 辛丑夏,中郎以建禮使出,途次請告,與小修與太史還柞林,遺書西子湖,有「杭粉上愁髮」之嘲。余從吳門報之云:「吳粉雖棲鬢,燕花不住瓶」。[86]

此種風流韻事之粉黛經驗,成為文人尺牘往返之間調笑嘲弄的資佐,足見此風乃文人隱然共有的經驗。蓋文人所認同的型態固然有如李流芳一類者,但多數的晚明文人除了好遊之外,多半都沾染了粉黛習尚,故遊記中帶入自身體驗或是引用古人典例作為「敘述庇護所」(narrative home)[87],乃是尋常手法。茲以虎林山為例,流傳在地方上的文人掌故豐富了山水景致的閱讀意涵:

---

[86] 〔明〕潘之恆〈解脫集序〉,收入〔明〕袁宏道著;錢伯城箋校,《袁宏道集箋校》,頁 1693。

[87] 此觀點受到約翰・戴維斯(John Davis)之啟發,參見氏著〈歷史與歐洲以外的民族〉,收入〔丹麥〕克斯汀・海斯翠普(Kirsten Hastrup)編;賈士蘅譯,《他者的歷史──社會人類學與歷史製作》,頁 39。

> 虎林，名郡也。昔白太傅入洛陽，猶云「江南憶，最憶是杭
> 州」，足知杭之佳麗也。然唐時為太守者，公事之餘，放情山
> 水，歌黛與煙嵐共翠，笳鼓與松風間作。蘇和仲為守，每出遊
> 時，分曹徵妓，鳴金聚食，杭人至今以為美談。[88]

袁宏道歷數典例，敘說著地方上共有的文化記憶 —— 當年白居易入洛陽
時，對江南一地仍戀戀不忘的，就是杭州的紅塵佳麗；而宋代的蘇軾，身
為太守時，每次出遊的排場可都是分曹徵妓、鳴金聚食。如此羅列文人典
例，意味著：此種「歌黛與煙嵐共翠，笳鼓與松風間作」風尚，乃自古有
之，而當代（明代）文人豈可自外於風流系譜？

　　袁宏道曾當過吳郡小令，亦頗有撰寫方志之使命感，如〈歲時紀
異〉[89]一文所述：

> 范《志》云：吳中自昔號繁盛，郊無曠土，隨高下悉為田。以故
> 俗多奢少儉，競節好遊。……王《志》云：……二月始和，樓船
> 載簫管遊山，其虎丘、天平、觀音、上方諸山最盛。……余（袁
> 宏道）觀二公所志，皆歲時常態。吳俗最重六月二十四日荷花
> 蕩，中秋日虎丘，而皆不書，何也？虎丘諸山之遊，王《志》亦
> 略載之，然在今則尺雪層冰，疾風苦雨，游者不絕，何必二月始
> 和哉？

---

[88] 〔明〕袁宏道著；錢伯城箋校，《袁宏道集箋校》，卷 43，《瀟碧堂集》，〈與李杭
州〉，頁 1269-1270。作於萬曆三十四年。

[89] 〔明〕袁宏道著；錢伯城箋校，《袁宏道集箋校》，卷 4，《錦帆集》，頁 182。約萬
曆二十四至二十五年間作。

文中指出遠自宋朝范成大（1126-1193）在嘉定修撰《吳郡志》時，即載錄吳中競節好遊之奢華風尚，而到了明代正德年間，王鏊與林世遠合修之《姑蘇志》六十卷，則明載二月天氣才剛剛暖和，就有許多樓船載著簫管歌樂、遊歷諸山。然而，此種載記尚且闕漏了吳俗中最重要的兩個節慶──六月二十四日荷花蕩及中秋日虎丘，袁氏在萬曆二十四至二十五年所見，當時遊歷山水勝景的風氣，已不再為天候時辰所侷限，即使尺雪層冰，疾風苦雨，仍游者不絕。袁宏道檢證了昔人載紀，認為俗尚遞變的情形，理應納入地誌書寫當中。

這種隸屬於地域特色、所謂「山光粉黛交相映」的文人風雅，在吳郡的地誌書寫俯拾皆是。如五嶽山人黃省曾在《吳風錄》[90] 起首，即載明吳中自古以來的山水／妓樂相映成趣的文人習尚：

> 自吳王闔廬造九曲路，以遊姑胥之臺，臺上立春宵宮，為長夜之飲。作天池泛青龍舟，舟中盛致妓樂，日與西施為嬉。白居易治吳，則與容滿蟬態輩十妓遊宿湖島。至今，吳中士夫畫舡遊泛、攜妓登山，而虎丘則以太守胡纘宗創造臺閣數重，增益勝眺。自是四時遊客無寂寥之日，寺如喧市，妓女如雲。而它所則春初西山踏青，夏則泛觀荷蕩，秋則桂嶺九月登高，鼓吹沸川以往。

觀其文中遠溯吳王闔廬與西施之事以及白居易治吳事，意在描述文人歷遊山水不離妓樂的習尚，是以今日吳中士夫，多畫船遊泛、攜妓登山的風氣，實其來有自。有關白居易挾妓游吳的記載，遠自宋朝范成大（1126-

---

[90] 收入《百部叢書集成》（臺北市：藝文出版社，1967 年），第 8 輯《百陵學山》。

1193）在嘉定修撰《吳郡志》[91]時即被載入：

> 白居易〈夜遊西武丘詩〉云：「領郡時將久，遊山數幾何？一年
> 十二度，非少亦非多。」蓋一月一遊武丘矣。此詩中又識侍行
> 容、滿、蟬、態十妓姓名，殊不以為嫌。雖白公風格高邁，好事
> 不窘束，亦當時文法網疏，不以為怪，古今時異事異有如此
> 者。[92]

當時范氏對白居易直言侍行容、滿、蟬、態十妓姓名，尚且略表微詞。但
到了明代，有關吳郡（包含西湖、虎丘等山水勝景）的地志文獻，編撰者
則大都公認此種文人攜妓遊歷之風，實不可不言，於是書中遂收錄了為數
不少、甚至是連篇累牘而不離粉黛的作品。如〔明〕田汝成撰輯《西湖遊
覽志》，即在序中明言：

> 客有病予此書多述游冶之事，歌舞之談，導欲宣奢，非以長化
> 也。予則以為志者，史家之一體也，史不實錄，則觀者何稽焉？
> 故泰華、終南，守國者恃為金湯之固；武夷、雁蕩，栖真者隱為
> 解化之區；岳麓、鵝湖，講學者辟為都授之所。西湖三者無依居
> 焉，而欲諱游冶之事、歌舞之談，假借雄觀，祇益浮偽耳，史家
> 不為也。[93]

---

[91] 〔宋〕范成大撰；陸振岳校點，《吳郡志》，收入《叢書集成‧初編》（北京市：中華
書局，1985 年），第 3147-3152 冊，卷 50，頁 417。

[92] 此則文獻後來被收入〔清〕顧湄重修之《虎丘山志》，收入《故宮珍本叢刊》（海口
市：海南出版社，2001 年），史部‧地理類第 263 冊，卷 10，頁 424。據清康熙四十
一年（1662）懷嵩堂刻本影印。

[93] 明嘉靖二十六年（1547），〔明〕田汝成撰輯，《西湖遊覽志》（上海市：上海古籍出
版社，1998 年），頁 1-2。

文中假擬世人之疑問與敗德焦慮 ── 此書多敘西湖之游冶歌舞，作為一
本地方志而言，原本應該符合長遠的教化作用，田氏如此不避忌地詳載其
實，豈不是犯了「導欲宣奢」的罪過？但田汝成可是理直氣壯地聲稱
── 既然西湖遊冶之風為事實，史家不當刻意隱瞞不論。其後〔清〕夏
基撰寫《西湖覽勝詩志》時亦沿襲此例，總序中提到：

> 自白樂天為郡守，而西湖始盛，郡治在鳳凰龍山之下，湖處其
> 西，因名之曰西湖。樂天耽情詩酒，留意丘壑，蒐泉剔石，表異
> 開幽，無所不到。故其時士大夫家，相沿成風，因而各辦園宇，
> 名僧奇士，往往來遊。掛瓢下榻、接踵而至。自樂天去後，人始
> 知有西湖之勝焉。[94]

此處明言西湖之興盛，乃起於唐代白居易，而樂天在西湖之種種，為唐士
大夫起而效仿，蔚為風尚。而宋代蘇東坡，則是另一位文人風尚的代表：

> 哲宗時，東坡倅杭州，法樂天之遺，耽情山水，故人稱東坡為樂
> 天後身焉。二公共居杭州，凡八九載，以故湖上佳景、良辰美
> 夕、風花雪月之奇，莫不題詠殆盡。自茲以往，學士大夫家，有
> 豪懷雅致者，率皆追白蘇遺事。……明初，二百餘載，浙之居
> 民，暨往來遊士，受東瀛之澤者不少，一如昔之受樂天與東坡之
> 澤者然。……細閱田志見其序事浩繁，因略而修之，以為遊覽者
> 快觀焉。[95]

---

[94] 上海圖書館藏清順治十二年刻本，收於《四庫全書存目叢書》（臺南縣：莊嚴文化事業
有限公司，1996 年），史部第 243 冊，頁 6。

[95] 《四庫全書存目叢書》（臺南縣：莊嚴文化事業有限公司，1996 年），史部第 243

人稱「樂天後身」的蘇軾，在杭州時耽情山水，舉凡「湖上佳景、良辰美夕、風花雪月之奇」皆透過文字敘寫「再現」為個人遊歷經驗。寫序的夏基更宣稱──自此以往，追憶「白蘇遺事」，遂成為後代文人雅士共有的「儀式」。如此說來，好遊山水且不離粉黛──所謂「白蘇遺事／儀式」，遂成為江南地方文人風雅的一種身分標幟，一種被歷時堆疊、「創造」出來的文人傳統。[96] 而就晚明文人而言，這些古典範例，則是自身言行舉止，可資援引的文化參照系統（Internal reference frame）與象徵資源（symbolic resource）。[97]

撰輯地誌者顯然認為：「山光」與「粉黛」，一為自然景緻，一為城市塵世風調，自白蘇以降，早就成為遊觀者視為賞玩風景，無須刻意隱諱，而至使之消聲匿跡。此種文藝再現模式，誠乃整個大時代氛圍的寫照。茲以袁宏道為例，即便他晚年由禪轉淨，在萬曆二十七年檢視自己一生「生平濃習，無過粉黛」，雖已稍輕減，現對「清歌艷舞」，也可如「花鳥寓目」[98]；萬曆二十八年（1600）袁宏道寫了一封尺牘向友人自剖心路歷程：

> 弟往時亦有青娥之癖，近年以來，稍稍勘破此機，暢快無量。始知學人不能寂寞，決不得徹底受用也。回思往日孟浪之語最多，

冊，頁6。

96 英國左派史學家霍布思邦（Eric Hobsbawm）認為：「傳統」是人為創造的、具有現實文化與社會意義，所以特別借重「過去和現在」（Past and Present），可參見霍布思邦（Eric Hobsbawm）等著；陳思仁等譯，《被發明的傳統＝The Invention of Tradition》（臺北市：貓頭鷹出版：城邦文化發行，2002年）。

97 觀念之運用可參見拙作《中晚明文藝場域狂士身份之研究》（臺北市：臺灣師範大學國文研究所博士論文，2003年），頁48。

98 〔明〕袁宏道著；錢伯城箋校，《袁宏道集箋校》，卷30，《瀟碧堂集‧顧升伯修撰》，頁1232。

以寄為樂，不知寄之不可常。今已矣，縱幽崖絕壑，亦與清歌妙舞等也。願兄早自警發，他日意地清涼，得離聲色之樂，方信弟言不欺也。[99]

面對年華老去，唯有勘破青娥之癖，方得離聲色之樂。年輕時「以寄為樂」的諸多論調實為孟浪狂放之語，如今雲淡風清，人間種種皆是境界，所以「幽崖絕壑」也與「清歌妙舞」等同了。萬曆三十三年泛舟渡河有感作詩，倡言「山光與粉黛，一種是逍遙」[100]。粉黛身影，似乎從未消失匿跡於袁宏道山水遊記中，而是轉換了他種方式被再現出來，不同的只在於──年少時期（以萬曆二十四、五年為代表）之觀看敘寫，印象深刻、下筆穠麗；而晚期（約自以萬曆二十八年以後）則日顯平淡，猶如尋常光景，不必特意著寫，但也不刻意避諱[101]。山光／粉黛可以共消遙，在記憶光影的編織中，文人確認了自己的身分與認同，確認了已消逝的時光曾如許真實而鮮活地存在。

袁氏如是觀看自身經歷，而《虎丘山誌》、《西湖遊覽志》等撰述者之心態恰恰與之符應。所有發生過的，就讓它雜然並存地收錄於地誌之中。山光粉黛可以共消遙，李流芳的幽雅堅持與袁宏道的混俗同塵，率皆一併收入地誌文獻當中，恰如圖繪之經緯縱橫，留待後人在想像中自由編織，這城郊山水的時代風貌。

99　〔明〕袁宏道著；錢伯城箋校，《袁宏道集箋校》，卷 42，《瀟碧堂集‧李湘洲編修》，頁 1233。
100　〔明〕袁宏道著；錢伯城箋校，《袁宏道集箋校》，卷 32，〈夏日同龍君超……泛舟便河，得橋字〉，頁 1070。萬曆三十三年（1605）。
101　有關袁宏道由狂禪轉淨的生活態度，可參見拙作《中晚明文藝社會狂士身份之研究》，第三編〈耽溺與超拔的辯證〉。

四　結語——多元並置的敘述圖像與紙上城市的生成

　　明代文人邵濂曾作了〈禁遊戲為一絕句〉，戲謔地指出了「山水」與
「粉黛」之間，存在著世人審美與道德上的衝突議題：

> 青山亦有官司管，遊伎遊船總不容。獨放生公臺上月，孤懸清影
> 照寒筇。[102]

而早在隆慶二年（1568）十月，官府見局勢難控，還在虎丘勒刻「蘇州府
示禁挾妓游山碑」，明文規定「覽勝尋幽超然情境」的士大夫方可涉足虎
丘一地：

> 直隸蘇州府為禁約事。照得虎丘山寺往昔游人喧雜，流蕩淫佚，
> 今雖禁止，恐後復開，合立石以垂永久。今後除士大夫覽勝尋幽
> 超然情境之外者，住持僧即行延入外，其有蕩子挾妓攜童，婦女
> 冶容艷妝來遊此山者，許諸人拿送到官，審實婦人財物，即行給
> 賞。若住持及總保甲人等縱容不舉，及日後將此石毀壞者，本府
> 一體追究。[103]

「山光／粉黛」的混同並置的景象，的確引起明代社會控制者深切的敗德
焦慮，此石碑歷時至今，彷彿無聲地表述立場。然而，一只石碑禁令終究

---

[102] 收入〔清〕顧詒祿撰輯，《虎邱山志》，沈雲龍主編，《中國名山勝蹟志叢刊》，第 4
　　 輯第 35 冊，頁 529-530。
[103] 王國平、唐力行主編，《明清以來蘇州社會史碑刻集》（蘇州市：蘇州大學出版社，
　　 1998 年 8 月），頁 565。

無法力挽時代局勢之洶湧狂瀾，稍後與李流芳同時期的程嘉燧，描述虎丘生公臺上：「粉黛穿蘿行閣道，袈裟出竹上樓船」[104]，即明言女性與寺僧出入虎丘之眺閣觸樓。直至清代道光十八年前後，裕謙撰文痛陳遊覽風氣之敗壞：

> 虎阜、靈岩，名山勝景，春秋佳日，何礙清遊。……獨可恨者，浪遊子弟，以流覽為名，借觀婦女。

仍舊言及山水勝景充斥了粉黛身影與浪遊弟子。足見「山水」與「粉黛」之間的爭論，是個異時異代都永不止息的敏感議題[105]。本文無意站在任何一端企圖為誰說項，只是在千載後披覽這些文獻，縱身其間，力騁想像地經歷當時的種種景緻。

　　而姑不論李流芳一類之文人意識，是否存在了值得反思的文化優越感，也不論袁宏道等人援引典例或禪學來解釋自身穿梭粉黛／山林之間的行徑，是否僅僅為敗德焦慮的遁逃之詞，本文所嘗試所揭示的，即在晚明文人歷遊書寫中，的的確確曾經存在著依違於「城市人文」與「山水自然」兩端，所發展出來的多元殊異之觀看／想像／再現模式，而這些迥然殊異的再現模式，則又分別從不同面向 ── 或以「文中有文」互文方式，或以重點誇大的銘刻效應，或以圖文並置的刊刻傳播方式，豐富了那

---

[104] 〔明〕程嘉燧，〈生公臺同張六泉唐叔達孫履和晚坐〉，收入〔清〕顧詒祿撰輯，《虎邱山志》，沈雲龍主編，《中國名山勝蹟志叢刊》，第4輯第35冊，頁516-517。

[105] 有關旅遊名勝之色情問題，陳建勤書中論及諸多例證。如〔明〕胡胤嘉，《遊虎丘紀》言虎丘「舟妓」甚多，所以「四方狎客勝流，望期而至」，又〔明〕邵長蘅《青門剩稿》卷2有〈冶遊〉詩；見陳建勤，《明清旅遊活動研究──以長江三角洲為中心》（中國社會科學出版社，2008年9月），頁25-28。

　　至於官方的禁令則見論於該書頁269-270。該書指出清康熙九年（1670）清康熙二十三年（1684）之湯斌、乾隆時期之陳宏謀皆倡言「禁冶游」。

些曾經在晚明文人記憶中熠熠生輝的江南勝景。

在千載以下、異時異地的讀者腦海中，依循著這些紙上文字與圖繪所再現的多重面向，我們任憑想像之光影，縱橫交織，一幅幅令人沉醉迷戀的城市山水風景圖繪，於焉生成。

圖二十 〔明〕沈周《蘇州山水全圖》[106]

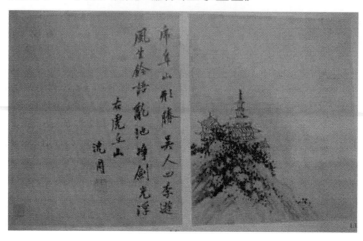

圖二十一 〔明〕佚名〈南都繁會圖卷〉局部 [107]

---

[106] 〔明〕沈周，《蘇州山水全圖》，收入胡光華主編，《海外藏中國歷代名畫・明（下）》（長沙市：湖南美術出版社，1998 年 12 月），第 6 卷，頁 16。

[107] 原作藏於北京歷史博物館藏。圖片擷取網站：http://data.shoucang.hexun.com.tw/article.aspx?articleid=1249，擷取時間：2014 年 9 月 28 日。

圖二十二　〔明〕李流芳《吳中十景圖冊》之二〈虎丘〉[108]

吳中十景圖冊〔之二〕　李流芳

圖二十三　〔清〕《西湖志》〈天竺香市〉[109]

---

[108] 收入《中國美術全集・繪畫編》，第 8 冊，『明代繪畫』（下），頁 94-95。

[109] 見〔清〕李衛、傅玉露撰，《西湖志》，卷 4 名勝二，收入故宮博物院編，《故宮珍本叢刊》（海口市：海南出版社，2001 年 6 月），第 264 冊，『史部・地理・山水』，頁 99-100。

圖二十四 〔明〕陳洪綬〈斜倚薰籠圖〉[110]

圖二十五 〔清〕袁景瀾《吳郡歲華紀麗》〈荷花蕩〉[111]

[110] 綾本，設色，（約 1639 年），上海博物館藏，收入翁萬戈編著，《陳洪綬》（上海市：上海人民出版社，1997 年 8 月），『中卷・彩圖編』，頁 111。

[111] 〔清〕袁學瀾著；甘蘭經、吳琴校點，《吳郡歲華紀麗》（南京市：江蘇古籍出版社，1998 年 12 月）。

圖二十六 〔明〕楊爾曾輯《新鐫海內奇觀》〈虎丘圖〉[112]

圖二十七 〔明〕楊爾曾輯《新鐫海內奇觀》〈虎丘〉圖文並置

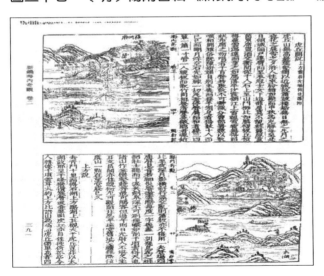

[112] 見〔明〕楊爾曾所輯之《新鐫海內奇觀》卷 2，收入《續修四庫全書》（上海市：上海古籍出版社，1997 年），史部・地理類，第 721 冊，頁 391。

圖二十八 〔清〕《虎邱山志》〈虎丘〉圖 [113]

參考文獻

凡例

1. 古籍部分，先依時代，再依著者筆畫順序排列。收入叢書者，亦標明出版資料。

2. 近人論著，先列各國著者中譯作品，再列中文著者作品。皆依主要撰輯者筆畫順序排列。

一 古籍

〔周〕左丘明 《左氏春秋傳》 收入李學勤主編 《十三經注疏》 北京市 北京大學出版社出版發行 1999 年

〔周〕左丘明著；〔吳〕韋昭注 《國語》 臺北縣 漢京文化事業有限公司 1983 年

〔周〕呂不韋輯 《呂氏春秋》 收入《叢書集成初編》 第 582-584 冊 北京市 中華書局 1991 年

〔周〕韓 非 《韓非子》 收入《四部叢刊》 初編・子部 第 79 冊 臺北市 臺灣商務印書館 1965 年

〔漢〕司馬遷 《史記》 北京市 中華書局 1982 年

〔東漢〕班 固 《漢書》一百二十卷 《二十六史》 第 3-4 冊 臺北市成文出版社有限公司 1971 年

〔晉〕葛 洪 《肘後備急方》 收入《中國古代醫方真本秘本全集》 北京市 全國圖書館文獻縮微復製中心 2004 年

〔晉〕葛 洪 《抱朴子內外篇》 臺北市 臺灣商務印書館 1978 年

〔晉〕葛　洪　《神仙傳》　收入《中國神仙傳記文獻初編》　第 1 冊
　　　　　　臺北市　捷幼出版社　1992 年

〔晉〕郭　璞注《爾雅》　收入《續修四庫全書》　經部・小學類　第
　　　　　　185 冊　上海市　上海古籍出版社　2002 年

〔唐〕孫思邈著；〔宋〕林億等校　《孫真人備急千金要方》　收入《正
　　　　　　統道藏》　太平部・投字號隱字號　第 44-45 冊　臺北
　　　　　　市　新文豐出版公司　1985 年

〔宋〕李　昉等奉敕撰　《太平廣記》　臺北市　新興書局　1958 年

〔宋〕辛棄疾　《稼軒長短句》　收入《續修四庫全書》　集部・詞類第
　　　　　　1723 冊　上海市　上海古籍出版社　2002 年

〔宋〕陸　游著；錢仲聯校注　《劍南詩稿校注》　上海市　上海古籍出
　　　　　　版社　1985 年

〔宋〕范成大著；陸振岳校點　《吳郡志》　收入《叢書集成・初編》
　　　　　　第 3147-3152 冊　北京市　中華書局　1985 年

〔宋〕蘇　軾　《蘇軾文集》　北京市　中華書局　1996 年 2 月四刷

〔明〕方　文著；胡金望，張則桐校點　《方嵞山詩集》　收入《安徽古
　　　　　　籍叢書》　合肥市　黃山書社　2010 年

〔明〕王　圻輯　《三才圖會》　上海市　上海古籍出版社　1997 年

〔明〕王肯堂　《證治準繩》　收入《景印文淵閣四庫全書》　子部・醫
　　　　　　家類　第 73-77 冊　臺北市　臺灣商務印書館　1983 年

〔明〕田汝成撰輯　《西湖遊覽志》　上海市　上海古籍出版社　1998 年

〔明〕何繼充增編；何時希校編　《醫方捷徑》　《何氏歷代醫學叢書》
　　　　　　續編　上海市　上海科學技術出版社　1994 年

〔明〕吳偉業著；李學穎集評標校　《吳梅村全集》　上海市　上海古籍
　　　　　　出版社　1999 年 12 月

〔明〕吳　崑著；何耀榮整理　《醫方考》　收入《傳世藏書‧子庫‧醫部》　第 3 輯　海口市　海南國際出版中心　1996 年

〔明〕呂留良　《留良詩文集》　杭州市　浙江古籍出版社　2011 年

〔明〕呂留良　《何求老人詩稿》　《集外詩》　北京市　北京出版社　2005 年

〔明〕呂留良　《呂留良醫論醫案集》　北京市　學苑出版社　2012 年

〔明〕呂留良　《呂晚村先生文集》　《續集》　《附錄》　上海市　上海古籍出版社　1995 年

〔明〕呂留良　《呂晚村先生古文》　北京市　北京出版社　2000 年

〔明〕呂留良　《東莊醫案》　長沙市　岳麓書社　1994 年

〔明〕李士材　《鐫補雷公炮製藥性解》　收入《四庫全書存目叢書》　子部‧醫家類　第 45-46 冊　臺南縣　莊嚴文化事業公司　1997 年

〔明〕李艾塘等著；陳恒和輯刻　《揚州叢刻》　臺北市　成文出版社　1970 年　《中國方志叢書》　華中地方第 3 號　「江蘇省」第 3 冊

〔明〕李流芳　《檀園集》　臺北市　臺灣學生書局　1975 年

〔明〕李時珍　《本草綱目》　五十二卷　附圖　九卷　收入任繼愈、傅璇琮總主編　《文津閣四庫全書》　子部‧醫家類　第 256 冊　北京市　商務印書館　2005 年

〔明〕汪　昂　《醫方集解》　收入《續修四庫全書》　子部‧醫家類　第 1002 冊　上海市　上海古籍出版社　1997 年

〔明〕沈壽民　《姑山遺集》　《昔者詩》　收入《四庫禁毀書叢刊》　集部　第 119 冊　北京市　北京出版社　2000 年

〔明〕沈壽民　《閑道錄》　收入《四庫全書存目叢書》　子部‧儒家類

第 15 冊　臺南縣　莊嚴文化事業公司　1995 年

〔明〕周文采輯　《醫方選要》　收入《四庫全書存目叢書》　子部・醫家類　第 41 冊　臺北市　莊嚴文化事業公司　1995 年

〔明〕周永年輯　《鄧尉聖恩寺志圖》　明崇禎 17 年（1644）　上海圖書館線善本

〔明〕侯方域著；王樹林校箋　《侯方域全集校箋》　北京市　人民文學出版社　2013 年

〔明〕姜　垓　《流覽堂詩稿殘編》　收入氏著、〔清〕解瑤等撰；高洪鈞編　《明清遺書》五種　北京市　北京圖書館出版社　2006 年

〔明〕姜　埰　《敬亭集》　《補遺》　《附錄》　《自著年譜》　《年譜續編》　收入《四庫全書存目叢書》　集部・別集類　第 193 冊　臺南縣　莊嚴文化事業公司　1997 年

〔明〕姜　埰編；〔清〕姜安節續編；姜實節訂　《姜貞毅先生自著年譜》　收入《北京圖書館藏珍本年譜叢刊》　第 63 冊　北京市　北京圖書館出版社　1998 年

〔明〕姜實節著；羅振玉輯　《鶴澗先生遺詩》　收入《百部叢書集成續編》　第 8 輯　《雪堂叢刻》第 19 冊　臺北縣板橋市　藝文印書館　1971 年

〔明〕胡慎柔　《慎柔五書》　收入《續修四庫全書》　子部・醫家類　第 1005 冊　上海市　上海古籍出版社　1997 年

〔明〕徐　枋　《居易堂集》　收入《歷代畫家詩文集》　第 31 冊　臺北市　臺灣學生書局　1973 年

〔明〕徐　枋　《居易堂集》　上海市　華東師範大學出版社　2010 年

〔明〕徐　枋　《居易堂集》二十卷　收入《續修四庫全書》　集部・別

集類　第 1404 冊　上海市　上海古籍出版社　1995 年

〔明〕徐　枋　《居易堂集》二十卷　附集外詩文一卷　收入《清代詩文集彙編》　第 81 冊　上海市　上海古籍出版社　2010 年

〔明〕徐　枋　《居易堂集》二十卷　集外詩文一卷　收入《四部叢刊》三編‧集部　第 66 冊　上海市　商務印書館　1936 年

〔明〕徐　枋　《讀史稗語》十一卷　收入《四庫未收書輯刊》　第三輯　第 28 冊　北京市　北京出版社　1997 年

〔明〕徐　柯著；徐笑吟、印曉峰注解　《一老庵詩文集》　上海市　華東師範大學出版社　2010 年

〔明〕徐春甫　《古今醫統大全》　臺北市　新文豐出版公司　1978 年

〔明〕袁宏道著；錢伯城箋校　《袁宏道集箋校》　上海市　上海古籍出版社　1981 年

〔明〕馬　蒔　《黃帝內經靈樞註發微》　收入《四庫全書存目叢書》子部‧醫家類　第 39 冊　臺南縣　莊嚴文化事業公司　1995 年

〔明〕巢鳴盛　《老圃良言》一卷　收入《續修四庫全書》　子部‧農家類　第 976 冊　上海市　上海古籍出版社　1997 年

〔明〕張大復　《梅花草堂筆談》　長沙市　岳麓書社　1991 年

〔明〕張介賓　《景岳全書》六十四卷　收入《景印文淵閣四庫全書》第 777-778 冊　臺北市　臺灣商務印書館　1983 年

〔明〕張　岱　《陶庵夢憶》　臺北縣　漢京文化事業　1984 年

〔明〕莫　震著；〔明〕莫旦增補　《石湖志》　收入《續修四庫全書》史部　第 729 冊　上海市　上海古籍出版社　1997 年

〔明〕郭孟堅　《療癬經驗良方》　收入《國家圖書館藏稀見古代醫籍鈔（稿）本叢編》　第 12 冊　北京市　全國圖書館文獻縮

微複製中心　2002 年

〔明〕陳子龍著；王英志編纂校點　《陳子龍全集》　北京市　人民文學出版社　2010 年

〔明〕陳嘉謨　《本草蒙筌》　收入《續修四庫全書》　子部・醫家類　第 991 冊　上海市　上海古籍出版社　1997 年

〔明〕陸雲龍等選評；蔣金德點校　《明人小品十六家》　杭州市　浙江古籍古出版社　1996 年

〔明〕傅　山　《傅山全書》　太原市　山西人民出版社　1991 年

〔明〕傅　山　《傅山全書補編》　太原市　山西人民出版社　2004 年

〔明〕傅　山　《傅山醫學手稿》　太原市　山西人民出版社　1985 年

〔明〕傅　山　《霜紅龕集》　臺北市　文史哲出版社　1886 年

〔明〕慎　蒙輯　《天下名山諸勝一覽記》十四卷　附朝鮮國山川一卷　收入《四庫全書存目叢書》　史部・地理類　第 251 冊　臺南縣　莊嚴文化事業公司　1996 年

〔明〕楊　炤　《懷古堂詩選》　上海市　華東師範大學出版社　2010 年

〔明〕楊循吉等著；陳其第點校　《吳中小志叢刊》　揚州市　廣陵書社　2004 年

〔明〕劉　基著；林家驪點校　《劉基集》　杭州市　浙江古籍出版社　1999 年

〔明〕盧　襄　《石湖志略》一卷《文略》一卷　收入《四庫全書存目叢書》　史部　第 243 冊　臺南縣　莊嚴文化事業公司　1996 年

〔明〕擔　當著；余嘉華、楊開達點校　《擔當詩文全集》　昆明市　雲南人民出版社、雲南美術出版社　2003 年

〔明〕應　檟　《大明律釋義》　收入《續修四庫全書》　史部・政書

　　　　　　　類　第 863 冊　上海市　上海古籍出版社　2002 年

〔明〕歸　莊　《歸莊集》　上海市　上海古籍出版社　1984 年 6 月

〔明〕羅　炌修；黃承昊纂　《崇禎嘉興縣志》　收入《日本藏中國罕見
　　　　　　　地方志叢刊》　北京市　書目文獻出版社　1991 年 10 月

〔明〕譚元春著；徐汧、張澤等評點　《新刻譚友夏合集》　上海圖書館
　　　　　　　藏善本池白水刻本明崇禎（1628-1644）

〔明〕龔居中　《新刻痰火點雪》四卷　收入《續修四庫全書》　子部・
　　　　　　　醫家類　第 1005 冊　上海市　上海古籍出版社　1997 年

〔清〕王鴻緒　《橫雲山人集》　臺北市　明文書局　1991 年

〔清〕全祖望　《全祖望集彙校集注》　上海市　上海古籍出版社　2000
　　　　　　　年

〔清〕李文通　《鄧尉紀游草》《天末涼風集》　抄本　上海圖書館藏

〔清〕李　衛、傅玉露著　《西湖志》　收入故宮博物院編《故宮珍本叢
　　　　　　　刊》　『史部・地理・山水』　第 264-265 冊　海口
　　　　　　　市　海南出版社發行　2001 年 6 月

〔清〕汪　汲　《怪疾奇方》一卷　原版本見《古愚老人消夏錄》第 23
　　　　　　　冊　收入《中國古代醫方真本秘本全集・清代卷》
　　　　　　　第 3 冊　北京市　全國圖書館文獻縮微複製中心　2004 年

〔清〕洪亮吉　《春秋左傳詁》　收入《續修四庫全書》經部・春秋類
　　　　　　　第 124 冊　上海市　上海古籍出版社　2002 年

〔清〕奚　誠　《農政發明》一卷　《耕心農話》一卷　收入《續修四庫
　　　　　　　全書》　子部・農家類　第 976 冊　上海市　上海古籍
　　　　　　　出版社　1997 年

〔清〕徐　鼏　《小腆紀傳》　上海市　上海古籍出版社　1997 年

〔清〕徐大椿　《醫學源流論》　收入《景印文淵閣四庫全書》　第 785

冊　臺北市　臺灣商務印書館　1983 年

〔清〕徐大椿　《蘭臺軌範》　收入《中國古代醫方真本秘本全集》　清代卷第 74 冊　北京市　全國圖書館文獻縮微復制中心　2004 年

〔清〕徐大椿　《洄溪醫案》　收入《續修四庫全書》　子部‧醫家類第 1027-1028 冊　上海市　上海古籍出版社　1997 年

〔清〕徐嗣伯　《風眩方》　收入《中國古代醫方真本秘本全集》　清代卷　第 75 冊　北京市　全國圖書館文獻縮微復制中心　2004 年

〔清〕徐大椿著；江忍庵增批；林直清校勘　《徐靈胎醫書全集》　新北市　五洲出版社　2013 年三刷

〔清〕袁學瀾著；甘蘭經、吳琴校點　《吳郡歲華紀麗》　南京市　江蘇古籍出版社　1998 年 12 月

〔清〕張　確　《醫說》　上海圖書館藏稿本

〔清〕陳　田　《明詩紀事》　上海市　上海古籍出版社出版　1995 年

〔清〕黃宗羲著；沈善洪主編　《黃宗羲全集》　杭州市　浙江古籍出版社　2005 年

〔清〕楊陸榮　《殷頑錄》　臺北市　明文書局　1991 年

〔清〕趙學敏　《本草綱目拾遺》　臺北市　鼎文書局公司　1973 年

〔清〕顧湄重修　《虎丘山志》　收入《故宮珍本叢刊》　史部‧地理類第 263 冊　海口市　海南出版社　2001 年

〔清〕顧詒祿輯　《虎邱山志》　收入沈雲龍主編　《中國名山勝蹟志叢刊》　第 4 輯第 35 冊　臺北市　文海出版社　1971 年

〔清〕顧　祿著；王邁校點　《清嘉錄》　南京市　江蘇古籍出版社　1999 年 8 月

謝正光、范金民編　《明遺民錄彙輯》　南京市　南京大學出版社　1995
　　　　年 7 月

羅振玉　　　　《徐俟齋先生年譜》　收入《北京圖書館藏珍本年譜叢
　　　　刊》　第 75 冊　北京市　北京圖書館出版社　1999 年

羅振玉編　　　《明季三孝廉集》　收入氏編　《羅雪堂先生全集》　五
　　　　編　第 10-12 冊　臺北市　大通書局　1977 年

國家圖書館分館主編　《國家圖書館藏稀見古代醫籍鈔槁本叢編》　北京
　　　　市　全國圖書館文獻縮微複製中心　2002 年

鄭金生編　　　《海外回歸中醫善本古籍叢書》　北京市　民眾衛生出版
　　　　社　2002-2003 年

二　近人論著

（一）專書

〔丹麥〕克斯汀・海斯翠普（Kirsten Hastrup）編；賈士蘅譯　《他者的歷
　　　　史：社會人類學與歷史製作》　臺北市　麥田出版公司　1998 年

〔日〕大木康　《明清文學の人びと —— 職業別文學誌》　東京都　創
　　　　文社　2008 年

〔日〕大木康　《中國遊里空間 —— 明清秦淮妓女的世界》　東京　青
　　　　土社　2002 年 1 月

〔日〕大木康　《冒襄和影梅庵憶語》　臺北市　里仁出版社　2013 年
　　　　12 月

〔日〕山田慶兒　《夜鳴く鳥 —— 醫學・呪術・傳說》　東京都　岩波
　　　　書店　1990 年

〔日〕山田慶兒　《古代東亞哲學與科技文化：山田慶兒論文集》　瀋陽
　　市　遼寧教育出版社　1996 年

〔日〕山田慶兒著；廖育群、李建民編譯　《中國古代醫學的形成》　臺
　　北市　東大圖書公司　2003 年

〔日〕坂出祥伸　《中國思想研究：醫藥養生・科學思想篇》　吹田市
　　關西大學出版部　1999 年

〔日〕荒木見悟著；廖肇亨譯　《明末清初的思想與佛教》　臺北市　聯
　　經出版事業公司　2006 年

〔西班牙〕曼紐爾・卡斯特（Manuel Castells）著；曹榮湘譯　《認同的
　　力量》　北京市　社會科學文獻出版社　2006 年

〔法〕莫裡斯・哈布瓦赫（Halbwachs, M.）著；華然、郭金華譯　《論
　　集體記憶》　上海市　上海人民出版社　2002 年

〔法〕傅柯著，劉絜愷譯　《臨床醫學的誕生：醫學知識的考古學》
　　（The Birth of the Clinic: An Archaeology of Medical Perception）
　　臺北市　時報文化出版社　1994 年

〔法〕傅柯（Michle Foucault）著；劉北成、楊遠嬰譯　《規訓與懲罰：
　　監獄的誕生》　臺北市　桂冠圖書公司　1998 年

〔美〕史景遷著；溫洽溢譯　《前朝夢憶：張岱的浮華與蒼涼》　桂林
　　市　廣西師範大學出版社　2010 年

〔美〕白馥蘭著；江湄、鄧京力譯　《技術與性別：晚期帝制中國的權力
　　經緯》　南京市　江蘇人民出版社　2006 年

〔美〕宇文所安（Stephen Owen）著；鄭學勤譯　《追憶：中國古典文學
　　中的往事再現》　北京市　生活・讀書・新知三聯書店　2004
　　年

〔美〕安德魯・斯特拉森（Strathern, Andrew）著；〔美〕帕梅拉・斯圖

瓦德著；梁永佳、阿嘎佐詩等譯　《人類學的四個講座：謠言‧想像‧身體‧歷史》　北京市　中國人民大學出版社　2005年

〔美〕克利弗德‧紀爾茲著；楊德睿譯　《地方知識》　臺北市　麥田出版公司　2007年

〔美〕林‧亨特（Lynn Hunt）編；江政寬譯　《新文化史》　臺北市　麥田出版公司　2002年

〔美〕哈羅德‧伊芳羅生（Harold R. Isaacs）著；鄧伯宸譯　《群氓之族：群體認同與政治變遷》　桂林市　廣西師範大學出版社　2008年

〔美〕班納迪克‧安德森（Benedict Anderson）著；吳叡人譯　《想像的共同體：民族主義的起源與散布》　臺北市　時報文化出版企業公司　2002年

〔美〕高夫曼（Erving Goffman）著；江敏、李姚軍譯　《日常生活的自我表演》　臺北市　桂冠出版公司　1992年

〔美〕高夫曼（Erving Goffman）著；曾凡慈譯　《污名：管理受損身分的筆記》　臺北市　群學出版社　2010年

〔美〕高彥頤（Dorothy Ko）著；李志生譯　《閨塾師：明末清初江南的才女文化》　南京市　江蘇人民出版社　2004年

〔美〕理查‧桑內特（Richard Sennett）著；黃煜文譯　《肉體與石頭：西方文明中的人類身體與城市》　臺北市　麥田出版公司　2003年

〔美〕凱博文（Arthur Kleinman）著；郭金華譯　《苦痛和疾病的社會根源：現代中國的抑鬱、神經衰弱和病痛》　上海市　上海三聯書店　2008年3月

〔美〕凱博文著；陳新綠譯　《談病說痛：人類的受苦經驗與痊愈之道

=The illness narrative :suffering, healing, and the human condition》
臺北市　桂冠出版公司　1994 年

〔美〕費俠莉（Charlotte Furth）著；甄橙主譯；吳朝霞主校　《繁盛之
陰：中國醫學史中的性（960-1665 年）》　南京市　江蘇人民
出版社　2006 年

〔美〕雷可夫（George Lakoff）、詹森（Mark Johnson）著；周世箴譯注
《我們賴以生存的譬喻=Metaphors We Live By》　臺北市　聯經
出版事業公司　2006 年

〔美〕羅伯哈恩（Robert Hahn）著；禾木譯　《疾病與治療：人類學怎
麼看=sickness and healing : an anthropological perspective》　北京
市　東方出版中心　2010 年

〔美〕蘇珊・桑塔格（Susan Sontag）著；程巍譯　《疾病的隱喻=Illness
as Metaphor》　上海市　上海譯文出版社　2003 年

〔英〕Kathryn Woodward 編；林文琪譯　《認同與差異》　臺北市　韋
伯文化國際出版公司　2006 年

〔英〕安東尼・紀登斯（Anthony Giddens）著；趙旭東、方文譯　《現
代性與自我認同：晚期現代的自我與社會》　臺北市　左岸文化
出版社　2002 年

〔英〕霍布思邦（Eric Hobsbawm）等　《被發明的傳統=The Invention of
Tradition》　臺北市　貓頭鷹出版社　2002 年

〔愛爾蘭裔〕班納迪克・安德森（Benedict Anders0n）著，吳叡人譯
《想像的共同體：民族主義的起源與散布》　臺北市　時報文化
出版社　1999 年

薩依德（Edward W. Said）著；蔡源林譯　《文化與帝國主義》　臺北
市　立緒文化事業公司　2001 年

Jeff Lewis 著；邱志勇、許夢芸譯　《文化研究的基礎》　臺北市　韋伯文化國際出版公司　2006 年

Paul Cloke, Philip Crang, Mark Goodwin 編；王志弘等譯　《人文地理概論》　臺北市　巨流圖書公司　2007 年

Tim Cresswell 著；徐苔玲、王志弘譯　《地方：記憶、想像與認同》　臺北市　群學出版社　2006 年

Virinder S. Kalra, Reminder Kaur, John Hutnyk 著；陳以新譯　《離散與混雜》　臺北市　韋伯文化國際出版公司　2008 年

孔定芳　《清初遺民社會：滿漢異質文化整合視野下的歷史考察》　武漢市　湖北民眾出版社　2009 年

王成勉　《氣節與變節 —— 明末清初士人的處境與抉擇》　臺北市　黎明文化　2012 年 3 月

王汎森　《晚明清初思想十論》　上海市　復旦大學出版社　2004 年

王明珂　《華夏邊緣：歷史記憶與族群認同》　臺北市　允晨文化事業公司　2001 年

王國平、唐力行主編　《明清以來蘇州社會史碑刻集》　蘇州市　蘇州大學出版社　1998 年 8 月

王　寧、任孝溫著　《昆曲與明清樂伎》　瀋陽市　春風文藝出版社　2005 年 2 月

王德威　《後遺民寫作》　臺北市　麥田出版公司　2007 年

王瑷玲主編　《空間與文化場域：空間移動之文化詮釋》　臺北市　國家圖書館　2009 年

田崇雪　《遺民的江南：中國文化史上的遺民群落》　上海市　學林出版社　2008 年

白謙慎　《白謙慎書法論文選》　北京市　榮寶齋出版社　2010 年 6 月

何小蓮　《西醫東漸與文化調適》　上海市　上海古籍出版社　2006 年
5 月

何冠彪　《生與死：明季士大夫的抉擇》　臺北市　聯經出版事業公司
1997 年

何冠彪　《明末清初學術思想研究》　臺北市　臺灣學生書局　1991 年

何冠彪　《明清人物與著述》　臺北市　臺灣商務印書館　1996 年

余英時　《東漢生死觀》　臺北市　聯經出版事業公司　2008 年

余新忠主編　《清以來的疾病、醫療和衛生：以社會文化史　視角的探
索》　北京市　生活‧讀書‧新知三聯書店　2009 年

吳一煥　《海路‧移民‧遺民社會：以明清之際中朝交往為中心》　天津
市　天津古籍出版社　2007 年

巫仁恕、狄雅斯（Imma Di Biase）合著　《游道：明清旅遊文化》　臺
北市　三民書局公司　2010 年

李　瑄　《明遺民群體心態與文學思想研究》　成都市　巴蜀書社
2009 年

李經緯、林昭庚主編　《中國醫學通史‧古代卷》　北京市　人民衛生出
版社　1999 年

李　零　《中國方術考》　北京市　東方出版社　2001 年

李有成、張錦忠主編　《離散與家國想像：文學與文化研究集稿》　臺北
市　允晨文化實業公司　2010 年

李孝悌　《昨日到城市：近世中國的逸樂與宗教》　臺北市　聯經出版事
業公司　2008 年

李孝悌　《戀戀紅塵：中國的城市、欲望與生活》　臺北市　一方出版公
司　2002 年

李孝悌編　《中國的城市研究》　臺北市　聯經出版事業公司　2005 年

李建民 《方術‧醫學‧歷史》 臺北市 南天書局 2000 年

李建民 《生命史學 —— 從醫療看中國歷史》 臺北市 三民書局公司 2005 年

李建民 《死生之域 —— 周秦漢脈學之源流》 臺北市 中央研究院歷史語言研究所 2000 年 2001 年 4 月再版 2001 年 12 月三版

李建民 《旅行者的史學 —— 中國醫學史的旅行》 臺北市 允晨文化實業公司 2009 年

李貞德 《女人的中國醫療史 —— 漢唐之間的健康照顧與性別》 臺北市 三民書局公司 2008 年

李貞德 《公主之死 —— 你所不知道的中國法律史》 臺北市 三民書局 2001 年

李豐楙主編 《文學、文化與世變 —— 第三屆國際漢學會議論文集：文學組》 臺北市 中央研究院中國文哲研究所 2002 年

杜三鑫執行編輯 《明末清初書法展：忠烈‧名臣‧遺民‧高僧》 臺北市 何創時書法藝術文教基金會 1996 年

杜三鑫執行編輯 《明末清初書法展：書家》 臺北市 何創時書法藝術文教基金會 1998 年

杜正勝 《從眉壽到長生 —— 醫療文化與中國古代生命觀》 臺北市 三民書局 2006 年

周煥卿 《清初遺民詞人群體研究》 上海市 上海古籍出版社 2008 年

周慶華 《身體權力學》 臺北市 弘智文化 2005 年

周 憲主編 《中國文學與文化的認同》 北京市 北京大學出版社 2008 年

林志宏 《民國乃敵國也：政治文化轉型下的清遺民》 臺北市 聯經出版事業公司 2009 年

林宜蓉　《中晚明文藝場域「狂士」身分之研究》　臺北縣　花木蘭文化
　　　　出版社　2010 年

林富士　《小歷史——歷史的邊陲》　臺北市　三民書局公司　2000 年

林富士　《中國中古時期的宗教與醫療》　臺北市　聯經出版事業公司
　　　　2008 年

林富士　《孤魂與鬼雄的世界——北臺灣的厲鬼信仰》　臺北縣　臺北
　　　　縣立文化中心　1995 年

林富士　《疾病終結者：中國早期的道教醫學》　臺北市　三民書局公司
　　　　　2001 年

林富士　《漢代的巫者》　臺北市　稻鄉出版社　1988 年

林富士編　《宗教與醫療》　臺北市　聯經出版事業公司　2011 年 12 月

林富士編　《疾病的歷史》　臺北市　聯經出版事業公司　2011 年 12 月

林慶勳主編　《離散與族裔研究 = Diaspora and ethnic studies》　高雄市
　　　　　國立中山大學　2008 年

金惠敏總主編；汪民安主編　《身體的文化政治學》　開封市　河南大學
　　　　　出版社　2003 年

胡曉真主編　《世變與維新：晚明與晚清的文學藝術》　臺北市　中央研
　　　　　究院中國文哲研究所籌備處　2001 年

范行準著；牛亞華校注　《明季西洋傳入之醫學》　上海市　上海人民出
　　　　　版社　2012 年

范家偉　《中古時期的醫者與病者》　上海市　上海復旦大學出版社
　　　　2010 年 6 月

夏鑄九、王志弘編譯　《空間的文化形式與社會理論讀本》　臺北市　明
　　　　　文書局　1999 年

徐忠明　《眾聲喧嘩：明清法律文化的複調敘事》　北京市　清華大學出

版社　2007 年 8 月

張京媛編　《後殖民理論與文化認同》　臺北市　麥田出版公司　2007 年

張誦聖　《文學場域的變遷——當代臺灣小說論》　臺北市　聯合文學　2001 年 6 月

曹淑娟　《晚明性靈小品研究》　臺北市　文津出版社　1988 年

梁其姿　《面對疾病：傳統中國社會的醫療觀念與組織》　北京市　中國人民大學　2012 年

梁其姿　《麻風：一種疾病的醫療社會史》　北京市　商務印書館　2013 年

梅新林　《中國古代文學地理形態與演變》　上海市　復旦大學出版社　2006 年

梅新林、俞樟華編　《中國遊記文學史》　上海市　學林出版社　2004 年 12 月

許守泯　《明代遺民的悲情與救亡：傅青主生平與思想研究》　臺北市　新文豐出版公司　1995 年

許紀霖主編　《公共空間中的知識分子 = Intellectuals in the public space》　南京市　江蘇民眾出版社　2007 年

陳秀芬　《養生與修身——晚明文人的身體書寫與攝生技術》　臺北市　稻香出版社　2009 年

陳　垣　《明季滇黔佛教考》　石家莊　河北教育出版社　2000 年 7 月

陳　恆、耿相新主編　《新文化史》　臺北市　胡桃木文化事業公司　2007 年

陳清橋編　《身分認同與公共文化——文化研究論文集》　香港　牛津大學出版社　1997 年

陳傳席　《陳傳席文集》　鄭州市　河南美術出版者　2001 年

陳萬益 《晚明小品與明季文人生活》 臺北市 大安出版社 1988 年

彭兆榮 《文學與儀式:文學人類學的一個文化視野 ── 酒神及其祭祀儀式的發生學原理》 北京市 北京大學出版社 2004 年

復旦大學歷史地理研究中心編 《跨越空間的文化:16-19 世紀中西文化的相遇與調適》 上海市 東方出版中心 2010 年

程美寶 《地域文化與國家認同:晚清以來「廣東文化」觀的形成》 北京市 生活‧讀書‧新知三聯書店 2006 年

馮其庸、葉君遠 《吳梅村年譜》 北京市 文化藝術出版社 2007 年

黃金麟 《歷史、身體與國家:近代中國的身體形成 1895-1937》 臺北市 聯經出版事業公司 2001 年

黃卓越 《明中後期文學思想研究》 北京市 北京大學出版社 2005 年 11 月

楊念群 《何處是江南? ── 清朝正統觀的確立和士林精神世界的變異生活》 北京市 生活‧讀書‧新知三聯書店 2010 年 7 月

楊念群編 《新史學:感覺‧圖像‧敘事》 第一卷 北京市 中華書局 2007 年

楊瑞松 《病夫、黃禍與睡獅:「西方」視野的中國形象與近代中國國族論述想像》 臺北市 政大出版社 2010 年

楊儒賓 《儒家身體觀》 臺北市 中央研究院中國文哲研究所籌備處 2003 年

萬木春 《味水軒裡的閑居者:萬歷末年嘉興的書畫世界》 杭州市 中國美術學院出版社 2008 年

廖育群 《醫者意也 ── 認識中國傳統醫學》 臺北市 東大圖書公司 2003 年

廖育群、李建民編譯 《中國古代醫學的形成》 臺北市 三民書局公

司 2003 年

熊秉真、呂妙芬主編 《禮教與情慾——前近代中國文化中的後／現代性》 臺北市 中央研究院近代史研究所 1999 年

蒲慕州編 《鬼魅神魔：中國通俗文化側寫》 臺北市 麥田出版公司 2005 年

趙 園 《制度・言論・心態：《明清之際士大夫研究》續編》 北京市 北京大學出版社 2006 年

趙 園 《明清之際士大夫研究》 北京市 北京大學出版社 1999 年

趙 園 《明清之際的思想與言說》 香港 三聯書店 2008 年

趙 園 《易堂尋蹤：關於明清之際一個士人群體的敘述》 南昌市 江西教育出版社 2001 年

趙 園 《想像與敘述》 北京市 民眾文學出版社 2009 年

趙紅娟 《明遺民董說研究》 上海市 上海古籍出版社 2006 年

劉苑如主編 《游觀——作為身體技藝的中古文學與宗教》 臺北市 中央研究院中國文哲研究所 2009 年

劉 康 《對話的喧聲——巴赫汀文化理論述評=Bakhtin's dialogism and culture theory》 臺北市 麥田出版公司 1995 年

潘承玉 《清初詩壇：卓爾堪與遺民詩的研究》 北京市 中華書局 2004 年

蔣竹山 《當代史學研究的趨勢、方法與實踐：從新文化史到全球史》 臺北市 五南圖書出版公司 2013 年 3 月二刷

鄭毓瑜 《文本風景：自我與空間的相互定義》 臺北市 麥田出版公司 2005 年

盧建榮主編 《性別、政治與集體心態：中國新文化史》 臺北市 麥田出版社 2001 年

謝正光　《清初詩文與士人交游考》　南京市　南京大學出版社　2001 年

謝正光編著　《明遺民傳記資料索引》　臺北市　新文豐出版公司　1990 年

謝明陽　《明遺民的「怨」「群」詩學精神：從覺浪道盛到方以智、錢澄之》　臺北市　大安出版社　2004 年

謝明陽　《明遺民的莊子定位論題》　臺北市　國立臺灣大學出版委員會出版　國立臺灣大學文學院發行　2001 年

謝國楨　《明末清初的學風》　上海市　上海書局　2004 年

謝國楨　《明清之際黨社運動考》　上海市　上海書局　2006 年

羅時進　《中國婦女生活風俗》　西安市　陝西人民出版社　2004 年

饒宗頤　《明遺民書畫初論》　北京市　中國人民大學出版社　2009 年

《中國美術全集・繪畫編》　北京市：文物出版社　上海市：上海人民美術出版社　1984-1989 年

（二）期刊論文、專書論文、研討會論文

〔日〕山田慶兒　〈扁鵲傳〉　《東方學報》　京都大學人文科學研究所編　1988 年 3 月　通 60　頁 73-158

〔日〕出石誠彥　〈鬼神考〉　《東洋學報》　東京　東洋文庫　第 22 卷　第 2 期　1935 年 2 月　頁 96-139

〔日〕吉田晴紀　〈關於虎丘山圖之我見〉　《吳門畫派研究》　北京市　紫禁城出版社　1993 年　頁 65-75

〔日〕池田末利　〈魂魄考〉　《東方宗教》　京都　日本道教學會　第 3 卷　1953 年 7 月　頁 1-14

〔美〕Larissa Heinrich（韓依薇）　〈病態的身體：林華的醫學繪畫〉收入楊念群編　《新史學》第一卷　北京市　中華書局　2007

年　頁 185-216

〔美〕凱博文（Arthur Kleinman）著　張珣譯　〈文化建構病痛、經驗與行為：中國文化內的情感與症狀〉　《思與言》第 37 卷第 1 期　1993 年 3 月　頁 241-271

〔美〕費俠莉（Charlotte Furth）著　蔣竹山譯　〈再現與感知：身體史研究的兩種方向〉　《新史學》第 10 卷第 4 期　1999 年 12 月　頁 129-144

Qianshen Bai, "Illness, Disability, and Deformity in Seventeenth-Century Chinese Art." In Wu Hung and KatherineR. Tsiang Mino, eds., Body and Face in Chinese Visual Culture, 147-170, 391-398. Cambridge:Harvard University Asia Center, 2005.

方　燕　〈宋代女性祟病的民間療法 ── 以《夷堅志》為中心〉　《宗教學研究》第 4 期（2008 年）　頁 90-94

王正華　〈過眼繁華 ── 晚明城市圖、城市觀與文化消費的研究〉　收入李孝悌編　《中國的城市生活》　臺北市　聯經出版事業公司　2005 年　頁 1-57

王德威　〈魂歸來兮〉　收入氏著　《歷史與怪獸：歷史‧暴力‧敘事》（The Monster That Is History: History, Violence, Narrative）　臺北市　麥田出版公司　2004 年　頁 227-269

王瑷玲　〈《空間與文化場域：空間移動之文化詮釋》導言〉　《中國文哲通訊》第 19 卷第 3 期　2009 年 9 月　頁 127-137

王鴻泰　〈青樓名妓與情藝生活 ── 明清間的妓女與文人〉　收入熊秉真、呂妙芬主編　《禮教與情慾 ── 前近代中國文化中的後／現代性》　臺北市　中央研究院近代史研究所　1999 年　頁 73-123

余英時　〈中國古代死後世界觀的演變〉　收入氏著　《中國思想傳統的

現代詮釋》 臺北市 聯經出版事業有限公司 1987 年 頁
123-143

余新忠 〈「良醫良相」說源流考論 —— 兼論宋至清醫生的社會地位〉
南開大學中國社會史研究中心暨歷史學院編 《天津社會科
學》第 4 期 2011 年 頁 120-131

余新忠 〈中國疾病、醫療史探索的過去、現實與可能〉 《歷史研究》
第 4 期 2003 年 頁 158-168

吳一立 〈鬼胎、假妊娠與中國古典婦科中的醫療不確定性〉 收入李貞
德主編 《性別、身體與醫療》 臺北市 聯經出版事業公司
2008 年 頁 159-188

吳海濱 〈吳門畫派虎丘山圖初探〉 《河南師範大學學報》（哲學社會
科學版）第 24 卷第 6 期（1997 年） 頁 89-93

李 瑄 〈明遺民與仕清漢官之交往〉 《漢學研究》第 26 卷第 2 期
2008 年 6 月 頁 131-162

李有成 〈帝國與文化〉 收入李有成編 《帝國主義與文學生產》 臺
北市 中央研究院歐美研究所 1997 年 頁 21-42

李有成 〈階級、文化物質主義與文化研究〉 收入張漢良主編 《方
法：文學的路》 臺北市 臺大出版中心 2002 年 頁 15-32

李有成 〈漂泊離散的美學：論《密西西比的馬薩拉》〉 《中外文學》
第 21 卷第 7 期 1992 年 12 月 頁 71-87

李建民 〈身體感的歷史〉 收入〔日〕栗山茂久著 《身體的語言
—— 從中西文化看身體之謎》 臺北市 究竟出版社 2001 年
頁 5-10

李建民 〈祟病與場所：傳統醫學對祟病的一種解釋〉 《漢學研究》
第 12 卷第 1 期 1994 年 頁 101-148

李惠儀　〈世變與玩物 —— 略論清初文人的審美風尚〉　《中國文哲研究集刊》第 33 期　2008 年 9 月　頁 35-76

李惠儀　〈明末清初流離道路的難女形象〉　收入王璦玲主編　《空間與文化場域：空間移動之文化詮釋》　臺北市　國家圖書館　2009 年 10 月

杜正勝　〈形體、精氣與魂魄 —— 中國傳統對「人」認識的形成〉《新史學》第 2 卷第 3 期　1991 年　頁 1-65

杜正勝　〈從眉壽到長生 —— 中國古代生命觀念的轉變〉　《中央研究院歷史語言研究所集刊》第 66 卷第 2 期　1995 年　頁 383-487

杜正勝　〈作為社會史的醫療史 —— 並介紹「疾病、醫療和文化」研討小組的成果〉　《新史學》第 6 卷第 1 期　1995 年 3 月　頁 113-153

杜正勝　〈醫療、社會與文化 —— 另類醫療史的思考〉　《新史學》第 8 卷第 4 期　1997 年 12 月　頁 143-171

沈松橋　〈召喚沈默的亡者：跨越國族歷史的界線〉　收錄於思想委員會編　《歷史與現實》　臺北市　聯經出版事業公司　2006 年　頁 75-92

沈松橋　〈江山如此多嬌 —— 1930 年代的西北旅行書寫與國族想像〉《臺大歷史學報》第 37 期　2006 年 6 月　頁 145-261

林宜蓉　〈山光／粉黛共消遙？ —— 中晚明文人江南歷遊之文藝再現與敘述策略〉　《國文學報》第 47 期　臺北市　國立臺灣師範大學國文學系　2010 年 6 月　頁 197-236

林素娟　〈疾病的隱喻 —— 先秦及漢代禮教論述中的身體思維與倫理課題〉　《成大中文學報》第 41 期　2013 年 6 月　頁 1-46

林麗月　〈大雅將還：從「蘇樣」服飾看晚明的消費文化〉　《明史研究

論叢》第 6 期　河肥市　黃山書社　2004 年　頁194-208

林麗月　〈衣裳與風教：晚明的服飾風尚與「服妖」議論〉　《新史學》
　　　　第 10 卷第 3 期　1999 年 9 月　頁 111-157

林麗月　〈故國衣冠：鼎革易服與明清之際的遺民心態〉　《臺灣師大歷
　　　　史學報》第 30 期　2002 年 6 月　頁 39-56

邱仲麟　〈人藥與血氣──「割股療親」現象中的醫療觀念〉　《新史
　　　　學》第 10 卷第 4 期　1999 年　頁 67-116

邱仲麟　〈明代世醫與府州縣醫學〉　《漢學研究》第 22 卷第 2 期
　　　　2004 年　頁 327-359

邱仲麟　〈綿綿瓜瓞：關於明代江蘇世醫的初步考察〉　《中國史學》
　　　　京都　第 13 期　2003 年　頁 45-67

邱仲麟　〈儒醫、世醫與庸醫：明代典籍中對於醫者的評論〉　宣讀於漢
　　　　學研究中心、中國明代研究學會主辦，「明人文集與明代研究」
　　　　國際研討會　臺北市　漢學研究中心　2000 年 4 月 28-30 日

邱仲麟　〈醫生與病人──明代的醫病關係與醫療風習〉　收入李建民
　　　　主編　《從醫療看中國史》　臺北市　聯經出版事業公司　2008
　　　　年 10 月　頁 253-296

邱仲麟　〈誕日稱觴──明清社會的慶壽文化〉　《新史學》第 11 卷第
　　　　3 期　2000 年 9 月　頁 101-154

胡曉真　〈聲色西湖──「聲音」與杭州文學景味的創造〉　《中國文
　　　　化》25／26 期　2007 年秋季號　頁 72-92

胡曉真　〈離亂杭州──戰爭記憶與杭州記事文學〉　《中國文哲研究
　　　　集刊》第 36 期　2010 年 3 月　頁 45-78

范家偉　〈劉禹錫與《傳信方》──以唐代南方形象、貶官和驗方為中
　　　　心的考察〉　收入李建民編　《從醫療看中國史》　臺北市　聯

經出版社　　2008 年 10 月　　頁 111-145

孫　達　〈不為良相，則為良醫 —— 明代蘇州盛氏儒醫世家研究〉
　　　　《蘇州教育學院學報》第 5 期　　2011 年　　頁 29-32

徐聖心　〈儒學論最高教法之形態 —— 王夫之與方以智之「應病與藥」
　　　　喻辯〉　收入氏著《青天無處不同霞 —— 明末清初三教會通管
　　　　窺》　臺北市　國立臺灣大學出版中心　2010 年　　頁 159-182

涂豐恩　〈擇醫與擇病 —— 明清醫病間的權力、責任與信任〉　《中國
　　　　社會歷史評論》第 11 卷　天津　2010 年　　頁 149-169

祝平一　〈宋明之際的醫史與「儒醫」〉　《中央研究院歷史語言研究所
　　　　集刊》第 77 本第 3 分　2006 年 9 月　　頁 401-449

祝平一　〈藥醫不死病，佛度有緣人：明、清的醫療市場、醫學知識與醫
　　　　病關係〉　《中央研究院近代史研究所集刊》第 68 期　2010 年
　　　　6 月　頁 1-50

馬小鶴　〈摩尼教、基督教、佛教中的「大醫王」研究〉　《歐亞學刊》
　　　　北京市　中華書局　1999 年　第 1 輯　頁 243-258

康正果　〈泛文與泛情 —— 陳文述的詩文活動及其他〉　收入張宏生編
　　　　《明清文學與性別研究》　南京市　江蘇古籍出版社　2002
　　　　年　頁 727-760

張　暉　〈詩與史的交涉 —— 錢澄之《所知錄》書寫樣態及其意涵之研
　　　　究〉　《中國文哲通訊》第 20 卷第 2 期　2010 年 6 月　頁 143-168

張哲嘉　〈明代方志的地圖〉　收入黃克武主編　《畫中有話：近代中國
　　　　的視覺表述與文化構圖》　臺北市　中央研究院近代史研究所
　　　　2003 年　頁 179-212

張蜀蕙　〈馴化與觀看 —— 唐、宋文人南方經驗中的疾病經驗與國族論
　　　　述〉　《東華人文學報》第 7 期　2005 年 7 月　頁 41-84

張嘉鳳　〈「疾疫」與「相染」──以《諸病源候論》為中心試論魏晉至隋唐之間醫籍的疾病觀〉　《臺大歷史學報》第 27 期　2001年 6 月　頁 37-82（收入李建民主編，《生命與醫療》北京市：中國大百科全書出版社，2005 年，頁 390-428；收入林富士主編，《疾病的歷史》臺北市：聯經出版事業公司，2011 年，頁157-199）

張嘉鳳　〈愛身念重──《折肱漫錄》（1635）中文人之疾與養〉=Sensitivity on the Body and Health: Experience of Body Feeling, Disease and Medicine in the Zhegong Manlu（1635）　《臺大歷史學報》　第 51 期　2013 年 6 月　頁 1-80

張誦聖　〈臺灣女作家與當代主導文化〉　《文學場域的變遷──當代臺灣小說論》　臺北市　聯合文學　2001 年 6 月　頁 113-134

曹淑娟　〈從寓山到寧古塔──祁班孫的空間體認與遺民心事〉　收入王瓔玲主編　《空間與文化場域：空間移動之文化詮釋》　臺北市　國家圖書館　2009 年 10 月　頁 31-74

曹淑娟　〈園舟與舟園──汪汝謙湖舫身分的轉換與局限〉　《清華學報》新第 36 卷第 1 期　2006 年 6 月　頁 197-235

梁其姿著；蔣竹山譯　〈明代社會中的醫藥〉　《法國漢學》第 6 輯　北京市　清華大學出版社　2002 年　頁 345-361

陳秀芬　〈當病人見到鬼：試論明清醫者對於「邪祟」的態度〉　《國立政治大學歷史學報》第 30 期　2008 年　頁 43-86

陳秀芬　〈在夢寐之間──中國古典醫學對於「夢與鬼交」與女性情欲的構想〉　《中央研究院歷史語言研究所集刊》第 81 本第 4 分　2010 年 12 月　頁 701-736

陳熙遠　〈中國夜未眠──明清時期的元宵、夜禁與狂歡〉　收入蒲慕州

主編 《生活與文化》 北京市 中國大百科全書出版社 2005
年 4 月 頁 309-341

傅　申 〈董其昌書畫船：水上行旅與鑑賞、創作關係研究〉 《美術史
研究集刊》第 15 期 2003 年 頁 205-282

喻　亮、張忠智 〈治病之理寓治國之道 —— 以劉禹錫《鑒藥》為例〉
《長沙大學學報》第 4 期 湖南 長沙市 2006 年 頁 73-74

黃奕珍 〈陸游晚年以「疾病」隱喻之和戰思想〉 《成大中文學報》第
40 期 2013 年 3 月 頁 75-98

楊玉成 〈病人絮語 —— 晚明張大復的疾病與書寫〉 「2100 明清研究
前瞻國際學術研討會」會議論文 臺北市 中央研究院明清研究
推動委員會主辦 2011 年 頁 1-75

楊玉成 〈夢魘、嘔吐與醫療：晚明董說文學與心理傳記〉 中央研究院
文哲所主辦 「跨界想像與文化書寫 —— 近代中國文人生活的
道與藝」國際學術研討會 2008 年 12 月 頁 1-63（收入李豐
楙、廖肇亨主編，《沉淪、懺悔與救度 —— 中國文化的懺悔書
寫論集》臺北市：中央研究院中國文哲研究所，2013 年，頁
557-678）

楊彬彬 〈「自我」的困境 —— 一部清代閨秀詩集中的疾病呈現與自傳
欲望〉 《中國文哲研究集刊》第 37 期 2010 年 頁 95-130

廖育群 〈咒禁療法 ——「意」的神祕領域〉 收入氏著 《醫者意也
—— 認識中國傳統醫學》 臺北市 東大圖書公司 2003 年
頁 69-86

廖肇亨 〈從《琉球百問》看清代中葉琉球貴族的疾病與社會生活〉
《浙江工商大學學報》第 6 期 2010 年 11 月 頁 39-43

廖肇亨 〈藥地愚者禪學思想蠡探 —— 從「眾藝五明」到「俱熔一

　　　　味」〉　《中國文哲研究集刊》第 33 期　2008 年 9 月　頁 173-
　　　　203

蒲慕州　〈中國古代鬼論述的形成〉　收入蒲慕州編　《鬼魅神魔──
　　　　中國通俗文化側寫》　臺北市　麥田出版公司　2005 年　頁 19-40

劉宗靈　〈身體之史：歷史的再認識：近年來國內外身體史研究綜述〉
　　　　復旦大學歷史學系編　《新文化史與中國近代史研究》　北京市
　　　　　上海古籍出版社　2009 年　頁 287-322

劉苑如　〈從外游、內觀到游觀《游觀 ── 作為身體技藝的中古文學與
　　　　宗教》導論〉　《中國文哲通訊》第 19 卷第 4 期　2009 年 12
　　　　月　頁 19-32

蔣竹山　〈晚明江南祁彪佳家族的日常生活史 ── 以醫病關係為例的探
　　　　討〉　《都市文化研究》第 2 輯《都市、帝國與先知》　上海市
　　　　　上海三聯書店　2006 年　頁 181-212（後收入林富士編，《疾
　　　　病的歷史》臺北市：聯經出版事業公司，2011 年 12 月，頁 413-
　　　　433）

鄭毓瑜　〈從病體到個體 ──「體氣」與早期抒情說〉　收入楊儒賓、
　　　　祝平次編　《儒學的氣論與工夫論》　臺北市　國立臺灣大學出
　　　　版中心　2005 年　頁 417-459

謝正光　〈清初的遺民與貳臣 ── 顧炎武、孫承澤、朱彝尊交游考論〉
　　　　《漢學研究》第 17 卷第 2 期　1999 年 12 月　頁 31-60

韓　嵩　〈北攻伐，南保養：明代醫學的風土觀〉　收入李建民編　《從
　　　　醫療看中國史》　臺北市　聯經出版事業公司　2008 年 10 月
　　　　頁 203-253

顏健富　〈「易屍還魂」的變調 ── 論魯迅小說人物的體格、精神與民
　　　　族身分〉　《臺大文史哲學報》第 65 期　2006 年 11 月　頁

113-149

嚴志雄　〈「行旅、亂離、貶謫與明清文學」專輯前言〉　《中國文哲通訊》第 20 卷第 2 期　2010 年 6 月　頁 89-91

嚴志雄　〈流放、帝國與他者 —— 方拱乾、方孝標父子詩中的高麗〉《中國文哲通訊》第 20 卷第 2 期　2010 年 6 月　頁 93-120

（三）學位論文

王鴻泰　《流動與互動 —— 由明清間城市生活的特殊性探測公共場域的開展》　臺北市：國立臺灣大學歷史學博士論文　1998 年

金仕起　《論病以及國 —— 周秦漢方技與國政關係的一個分析》　臺北市：國立臺灣大學歷史研究所博士論文　2003 年

程君顯　《明末清初的揚州畫壇與遺民畫家》　臺北市：國立臺灣師範大學歷史研究所　1991 年

楊鎧銘　《流寓遺民：明清之際萊陽姜氏之研究（1608-1709）》　臺北市：國立臺灣師範大學歷史學系碩士論文　2008 年

廖肇亨　《明末清初遺民逃禪之風研究》　臺北市：國立臺灣大學中國文學研究所碩士論文　1994 年

蔡良昇　《造化之異與正：明清物怪黑眚信仰演變》　南投縣：國立暨南國際大學歷史研究所碩士論文　2011 年

謝崇熙　《清初明遺民的「屈陶」論述》　臺北市：國立臺灣師範大學歷史研究所碩士論文　2008 年

（四）網路或報刊

〔明〕徐　枋　〈題山東董樵谷樵隱圖〉　網址：www.ieshu.com　擷取時間：2010 年 9 月 30 日

〔明〕徐　枋　〈鷦鴣賦圖〉何創時書法藝術基金會　網址：www.flickr.com/photos/hosfoundation/3511391563/sizes/o/in/photostream/　擷取時間：2013 年 12 月 30 日

〔明〕程嘉燧　《山水冊》之〈西湖畫舫〉　藏於國立故宮博物院　網址：catalog.digitalarchives.tw/item/00/10/90/da.html　擷取時間：2014 年 2 月 23 日

〔清〕徐大椿　《醫學源流論》　網路資料：笈成資料庫　網址：jicheng.tw/jcw/book/%E9%86%AB%E5%AD%B8%E6%BA%90%E6%B5%81%E8%AB%96/index#治法

文學研究叢書・古典文學叢刊　　0803009

舟舫、療疾與救國想像——明清易代文人文化新探

作　　者　林宜蓉
責任編輯　游依玲

發 行 人　陳滿銘
總 經 理　梁錦興
總 編 輯　陳滿銘
副總編輯　張晏瑞
編 輯 所　萬卷樓圖書股份有限公司
排　　版　菩薩蠻數位文化有限公司
印　　刷　百通科技股份有限公司
封面設計　斐類設計工作室

發　　行　萬卷樓圖書股份有限公司
　　　　　臺北市羅斯福路二段 41 號 6 樓之 3
　　　　　電話 (02)23216565
　　　　　傳真 (02)23218698
　　　　　電郵 SERVICE@WANJUAN.COM.TW
　　　　　大陸經銷　廈門外圖臺灣書店有限公司
　　　　　電郵 JKB188@188.COM

ISBN　978-957-739-887-1
2014 年 10 月初版一刷
定價：新臺幣 360 元

如何購買本書：

1. 劃撥購書，請透過以下郵政劃撥帳號：
　　帳號：15624015
　　戶名：萬卷樓圖書股份有限公司

2. 轉帳購書，請透過以下帳戶
　　合作金庫銀行 古亭分行
　　戶名：萬卷樓圖書股份有限公司
　　帳號：0877717092596

3. 網路購書，請透過萬卷樓網站
　　網址 WWW.WANJUAN.COM.TW

大量購書，請直接聯繫我們，將有專人為
您服務。客服：(02)23216565 分機 10

如有缺頁、破損或裝訂錯誤，請寄回更換
版權所有・翻印必究
Copyright©2014 by WanJuanLou Books CO., Ltd.
All Right Reserved　　　　　**Printed in Taiwan**

國家圖書館出版品預行編目資料

舟舫、療疾與救國想像：明清易代文人文化
新探 / 林宜蓉著. -- 初版. -- 臺北市：萬卷
樓, 2014.10
　　面；　公分. -- (文學研究叢書. 古典文學叢
刊；0803009)
ISBN 978-957-739-887-1(平裝)
1.文化史 2.明清史
636　　　　　　　　　　　　　　103019376